全国出版专业技术人员职业资格考试

2017 年版

有关出版的法律法规选编

Youguan Chuban de Falü Fagui Xuanbian

初级　中级

国家新闻出版广电总局出版专业资格考试办公室　编

中原出版传媒集团
大地传媒

大象出版社
·郑州·

图书在版编目(CIP)数据

有关出版的法律法规选编 / 国家新闻出版广电总局出版专业资格考试办公室编.— 3版.— 郑州：大象出版社，2017.6

ISBN 978-7-5347-9383-7

Ⅰ.①有… Ⅱ.①国… Ⅲ.①出版法—汇编—中国—资格考试—自学参考资料 Ⅳ.①D922.169

中国版本图书馆CIP数据核字(2017)第137757号

有关出版的法律法规选编

Youguan Chuban de Falü Fagui Xuanbian

国家新闻出版广电总局出版专业资格考试办公室　编

出版人　王刘纯
责任编辑　管　昕
责任校对　马　宁　张迎娟
封面设计　陶　雷

出版发行　大象出版社(郑州市开元路16号　邮政编码450044)
　　　　　发行科　0371-63863551　总编室　0371-65597936
网　　址　www.daxiang.cn
印　　刷　新乡市龙泉印务有限公司
经　　销　各地新华书店经销
开　　本　890mm×1240mm　1/32
印　　张　13.75
字　　数　343千字
版　　次　2017年6月第3版　2017年6月第1次印刷
定　　价　45.00元

若发现印、装质量问题，影响阅读，请与承印厂联系调换。
印厂地址　河南省新乡经济开发区中央大道中段
邮政编码　453731　　　　电话　0373-5590988

说　明

与出版活动有关的法律法规知识是全国出版专业技术人员职业资格考试的重要模块之一。为了方便大家集中学习这些知识并在日常工作实践中经常查阅，我们于2002年编纂了《有关出版的法律法规选编》，作为与考试辅导教材配套的学习用书，供初级、中级考生共同使用(目录中以不同的符号标记说明了初级、中级的学习重点)。此后，随着国家法制建设的发展，根据《全国出版专业技术人员职业资格考试考试大纲》对考试要求的调整，有过数次修订。

本版以2016年版为基础，在三个方面进行了修订：

一是更新文件。2017年3月15日，第十二届全国人民代表大会第五次会议通过了《中华人民共和国民法总则》，据此，本书中的“《中华人民共和国民法通则》部分条款”也相应改为“《中华人民共和国民法总则》部分条款”。2016年5月31日，国家新闻出版广电总局公布了修订后的《出版物市场管理规定》，当时2016年版已经付印，所以没有及时更新，现在予以更新。

二是增收新文件。2016年12月30日，国家新闻出版广电总局颁布了《新闻单位驻地方机构管理办法(试行)》，取代《报刊记者站管理办法》。据此，这次增收了该文件。

三是删除文件。分为两种情况。一种是原有文件已经废止，主要涉及《报刊记者站管理办法》。另一种情况是根据专家意见，删除与出版专业技术人员工作实践关系不大的《新闻记者证管理办法》，以适当减轻考生的负担。

本书除供报考全国出版专业技术人员职业资格考试的人员作为备考学习的重要用书外，也可供从事编辑出版工作的其他人员在日常工作中查考。

国家新闻出版广电总局出版专业资格考试办公室

2017 年 5 月

目　录

说明:有“△”标记的,为报考初级职业资格者的学习重点;有“☆”标记的,为报考中级职业资格者的学习重点。

《中华人民共和国宪法》[1]
序言及部分条款

（1982 年 12 月 4 日第五届全国人民代表大会第五次会议通过　1982 年 12 月 4 日全国人民代表大会公告公布施行）

序　　言

中国是世界上历史最悠久的国家之一。中国各族人民共同创造了光辉灿烂的文化，具有光荣的革命传统。

1840 年以后，封建的中国逐渐变成半殖民地、半封建的国家。中国人民为国家独立、民族解放和民主自由进行了前仆后继的英勇奋斗。

20 世纪，中国发生了翻天覆地的伟大历史变革。

1911 年孙中山先生领导的辛亥革命，废除了封建帝制，创立了中华民国。但是，中国人民反对帝国主义和封建主义的历史任务还没有完成。

1949 年，以毛泽东主席为领袖的中国共产党领导中国各族人民，在经历了长期的艰难曲折的武装斗争和其他形式的斗争以后，终于推翻了帝国主义、封建主义和官僚资本主义的统治，取得了新民主主义革命的伟大胜利，建立了中华人民共和国。从此，中国人民掌握了国家的权力，成为国家的主人。

---

① 本法律有过修订，此处所载为据 2004 年 3 月 14 日第十届全国人民代表大会第二次会议通过的《中华人民共和国宪法修正案》修订的版本。

中华人民共和国成立以后，我国社会逐步实现了由新民主主义到社会主义的过渡。生产资料私有制的社会主义改造已经完成，人剥削人的制度已经消灭，社会主义制度已经确立。工人阶级领导的、以工农联盟为基础的人民民主专政，实质上即无产阶级专政，得到巩固和发展。中国人民和中国人民解放军战胜了帝国主义、霸权主义的侵略、破坏和武装挑衅，维护了国家的独立和安全，增强了国防。经济建设取得了重大的成就，独立的、比较完整的社会主义工业体系已经基本形成，农业生产显著提高。教育、科学、文化等事业有了很大的发展，社会主义思想教育取得了明显的成效。广大人民的生活有了较大的改善。

中国新民主主义革命的胜利和社会主义事业的成就，是中国共产党领导中国各族人民，在马克思列宁主义、毛泽东思想的指引下，坚持真理，修正错误，战胜许多艰难险阻而取得的。我国将长期处于社会主义初级阶段。国家的根本任务是，沿着中国特色社会主义道路，集中力量进行社会主义现代化建设。中国各族人民将继续在中国共产党领导下，在马克思列宁主义、毛泽东思想、邓小平理论和"三个代表"重要思想指引下，坚持人民民主专政，坚持社会主义道路，坚持改革开放，不断完善社会主义的各项制度，发展社会主义市场经济，发展社会主义民主，健全社会主义法制，自力更生，艰苦奋斗，逐步实现工业、农业、国防和科学技术的现代化，推动物质文明、政治文明和精神文明协调发展，把我国建设成为富强、民主、文明的社会主义国家。

在我国，剥削阶级作为阶级已经消灭，但是阶级斗争还将在一定范围内长期存在。中国人民对敌视和破坏我国社会主义制度的国内外的敌对势力和敌对分子，必须进行斗争。

台湾是中华人民共和国的神圣领土的一部分。完成统一祖国的大业是包括台湾同胞在内的全中国人民的神圣职责。

社会主义的建设事业必须依靠工人、农民和知识分子，团结一切可以团结的力量。在长期的革命和建设过程中,已经结成由中国共产党领导的,有各民主党派和各人民团体参加的,包括全体社会主义劳动者、社会主义事业的建设者、拥护社会主义的爱国者和拥护祖国统一的爱国者的广泛的爱国统一战线,这个统一战线将继续巩固和发展。中国人民政治协商会议是有广泛代表性的统一战线组织,过去发挥了重要的历史作用,今后在国家政治生活、社会生活和对外友好活动中,在进行社会主义现代化建设、维护国家的统一和团结的斗争中,将进一步发挥它的重要作用。中国共产党领导的多党合作和政治协商制度将长期存在和发展。

中华人民共和国是全国各族人民共同缔造的统一的多民族国家。平等、团结、互助的社会主义民族关系已经确立,并将继续加强。在维护民族团结的斗争中,要反对大民族主义,主要是大汉族主义,也要反对地方民族主义。国家尽一切努力,促进全国各民族的共同繁荣。

中国革命和建设的成就是同世界人民的支持分不开的。中国的前途是同世界的前途紧密地联系在一起的。中国坚持独立自主的对外政策,坚持互相尊重主权和领土完整、互不侵犯、互不干涉内政、平等互利、和平共处的五项原则,发展同各国的外交关系和经济、文化的交流;坚持反对帝国主义、霸权主义、殖民主义,加强同世界各国人民的团结,支持被压迫民族和发展中国家争取和维护民族独立、发展民族经济的正义斗争,为维护世界和平和促进人类进步事业而努力。

本宪法以法律的形式确认了中国各族人民奋斗的成果,规定了国家的根本制度和根本任务,是国家的根本法,具有最高的法律效力。全国各族人民、一切国家机关和武装力量、各政党和各社会团体、各企业事业组织,都必须以宪法为根本的活动准则,并且负有维护宪法尊严、保证宪法实施的职责。

部分条款

第二十二条 国家发展为人民服务、为社会主义服务的文学艺术事业、新闻广播电视事业、出版发行事业、图书馆博物馆文化馆和其他文化事业,开展群众性的文化活动。

国家保护名胜古迹、珍贵文物和其他重要历史文化遗产。

第三十五条 中华人民共和国公民有言论、出版、集会、结社、游行、示威的自由。

第四十七条 中华人民共和国公民有进行科学研究、文学艺术创作和其他文化活动的自由。国家对于从事教育、科学、技术、文学、艺术和其他文化事业的公民的有益于人民的创造性工作,给以鼓励和帮助。

《中华人民共和国刑法》[①]部分条款

(1979 年 7 月 1 日第五届全国人民代表大会第二次会议通过)

第一章　危害国家安全罪

第一百零三条　组织、策划、实施分裂国家、破坏国家统一的，对首要分子或者罪行重大的，处无期徒刑或者十年以上有期徒刑；对积极参加的，处三年以上十年以下有期徒刑；对其他参加的，处三年以下有期徒刑、拘役、管制或者剥夺政治权利。

煽动分裂国家、破坏国家统一的，处五年以下有期徒刑、拘役、管制或者剥夺政治权利；首要分子或者罪行重大的，处五年以上有期徒刑。

第一百零五条　组织、策划、实施颠覆国家政权、推翻社会主义制度的，对首要分子或者罪行重大的，处无期徒刑或者十年以上有期徒刑；对积极参加的，处三年以上十年以下有期徒刑；对其他参加的，处三年以下有期徒刑、拘役、管制或者剥夺政治权利。

以造谣、诽谤或者其他方式煽动颠覆国家政权、推翻社会主义制度的，处五年以下有期徒刑、拘役、管制或者剥夺政治权利；首要分子或者罪行重大的，处五年以上有期徒刑。

---

①　本法律有过修订，此处所载为据 2015 年 8 月 29 日第十二届全国人民代表大会常务委员会第十六次会议通过的《中华人民共和国刑法修正案(九)》修订的版本。

第三章第四节 破坏金融管理秩序罪

第一百八十一条 编造并且传播影响证券、期货交易的虚假信息，扰乱证券、期货交易市场，造成严重后果的，处五年以下有期徒刑或者拘役，并处或者单处一万元以上十万元以下罚金。

证券交易所、期货交易所、证券公司、期货经纪公司的从业人员，证券业协会、期货业协会或者证券期货监督管理部门的工作人员，故意提供虚假信息或者伪造、变造、销毁交易记录，诱骗投资者买卖证券、期货合约，造成严重后果的，处五年以下有期徒刑或者拘役，并处或者单处一万元以上十万元以下罚金；情节特别恶劣的，处五年以上十年以下有期徒刑，并处二万元以上二十万元以下罚金。

单位犯前两款罪的，对单位判处罚金，并对其直接负责的主管人员和其他直接责任人员，处五年以下有期徒刑或者拘役。

第三章第七节 侵犯知识产权罪

第二百一十三条 未经注册商标所有人许可，在同一种商品上使用与其注册商标相同的商标，情节严重的，处三年以下有期徒刑或者拘役，并处或者单处罚金；情节特别严重的，处三年以上七年以下有期徒刑，并处罚金。

第二百一十四条 销售明知是假冒注册商标的商品，销售金额数额较大的，处三年以下有期徒刑或者拘役，并处或者单处罚金；销售金额数额巨大的，处三年以上七年以下有期徒刑，并处罚金。

第二百一十五条 伪造、擅自制造他人注册商标标识或者销售伪造、擅自制造的注册商标标识，情节严重的，处三年以下有期徒刑、拘役或者管制，并处或者单处罚金；情节特别严重的，处三年以上七年以下有期徒刑,并处罚金。

第二百一十六条 假冒他人专利,情节严重的,处三年以下有期徒刑或者拘役,并处或者单处罚金。

第二百一十七条 以营利为目的,有下列侵犯著作权情形之一,违法所得数额较大或者有其他严重情节的,处三年以下有期徒刑或者拘役,并处或者单处罚金;违法所得数额巨大或者有其他特别严重情节的,处三年以上七年以下有期徒刑,并处罚金:

(一)未经著作权人许可,复制发行其文字作品、音乐、电影、电视、录像作品、计算机软件及其他作品的;

(二)出版他人享有专有出版权的图书的;

(三)未经录音录像制作者许可,复制发行其制作的录音录像的;

(四)制作、出售假冒他人署名的美术作品的。

第二百一十八条 以营利为目的,销售明知是本法第二百一十七条规定的侵权复制品,违法所得数额巨大的,处三年以下有期徒刑或者拘役,并处或者单处罚金。

第二百一十九条 有下列侵犯商业秘密行为之一,给商业秘密的权利人造成重大损失的,处三年以下有期徒刑或者拘役,并处或者单处罚金;造成特别严重后果的,处三年以上七年以下有期徒刑,并处罚金:

(一)以盗窃、利诱、胁迫或者其他不正当手段获取权利人的商业秘密的;

(二)披露、使用或者允许他人使用以前项手段获取的权利人的商业秘密的;

(三)违反约定或者违反权利人有关保守商业秘密的要求,披露、使用或者允许他人使用其所掌握的商业秘密的。

明知或者应知前款所列行为,获取、使用或者披露他人的商业秘密的,以侵犯商业秘密论。

本条所称商业秘密,是指不为公众所知悉,能为权利人带来经济利益,具有实用性并经权利人采取保密措施的技术信息和经营信息。

本条所称权利人,是指商业秘密的所有人和经商业秘密所有人许可的商业秘密使用人。

第二百二十条 单位犯本节第二百一十三条至第二百一十九条规定之罪的,对单位判处罚金,并对其直接负责的主管人员和其他直接责任人员,依照本节各该条的规定处罚。

第三章第八节 扰乱市场秩序罪

第二百二十一条 捏造并散布虚伪事实,损害他人的商业信誉、商品声誉,给他人造成重大损失或者有其他严重情节的,处二年以下有期徒刑或者拘役,并处或者单处罚金。

第二百二十二条 广告主、广告经营者、广告发布者违反国家规定,利用广告对商品或者服务作虚假宣传,情节严重的,处二年以下有期徒刑或者拘役,并处或者单处罚金。

第二百二十五条 违反国家规定,有下列非法经营行为之一,扰乱市场秩序,情节严重的,处五年以下有期徒刑或者拘役,并处或者单处违法所得一倍以上五倍以下罚金;情节特别严重的,处五年以上有期徒刑,并处违法所得一倍以上五倍以下罚金或者没收财产:

(一)未经许可经营法律、行政法规规定的专营、专卖物品或者其他限制买卖的物品的;

(二)买卖进出口许可证、进出口原产地证明以及其他法律、行政法规规定的经营许可证或者批准文件的;

(三)未经国家有关主管部门批准非法经营证券、期货、保险业务的,或者非法从事资金支付结算业务的;

(四)其他严重扰乱市场秩序的非法经营行为。

第四章　侵犯公民人身权利、民主权利罪

第二百四十六条　以暴力或者其他方法公然侮辱他人或者捏造事实诽谤他人，情节严重的，处三年以下有期徒刑、拘役、管制或者剥夺政治权利。

前款罪，告诉的才处理，但是严重危害社会秩序和国家利益的除外。

通过信息网络实施第一款规定的行为，被害人向人民法院告诉，但提供证据确有困难的，人民法院可以要求公安机关提供协助。

第二百五十条　在出版物中刊载歧视、侮辱少数民族的内容，情节恶劣，造成严重后果的，对直接责任人员，处三年以下有期徒刑、拘役或者管制。

第六章第一节　扰乱公共秩序罪

第二百八十四条　非法使用窃听、窃照专用器材，造成严重后果的，处二年以下有期徒刑、拘役或者管制。

第二百八十四条之一　在法律规定的国家考试中，组织作弊的，处三年以下有期徒刑或者拘役，并处或者单处罚金；情节严重的，处三年以上七年以下有期徒刑，并处罚金。

为他人实施前款犯罪提供作弊器材或者其他帮助的，依照前款的规定处罚。

为实施考试作弊行为，向他人非法出售或者提供第一款规定的考试的试题、答案的，依照第一款的规定处罚。

代替他人或者让他人代替自己参加第一款规定的考试的，处拘役或者管制，并处或者单处罚金。

第二百八十六条 违反国家规定，对计算机信息系统功能进行删除、修改、增加、干扰，造成计算机信息系统不能正常运行，后果严重的，处五年以下有期徒刑或者拘役；后果特别严重的，处五年以上有期徒刑。

违反国家规定，对计算机信息系统中存储、处理或者传输的数据和应用程序进行删除、修改、增加的操作，后果严重的，依照前款的规定处罚。

故意制作、传播计算机病毒等破坏性程序，影响计算机系统正常运行，后果严重的，依照第一款的规定处罚。

单位犯前三款罪的，对单位判处罚金，并对其直接负责的主管人员和其他直接责任人员，依照第一款的规定处罚。

第二百八十六条之一 网络服务提供者不履行法律、行政法规规定的信息网络安全管理义务，经监管部门责令采取改正措施而拒不改正，有下列情形之一的，处三年以下有期徒刑、拘役或者管制，并处或者单处罚金：

（一）致使违法信息大量传播的；

（二）致使用户信息泄露，造成严重后果的；

（三）致使刑事案件证据灭失，情节严重的；

（四）有其他严重情节的。

单位犯前款罪的，对单位判处罚金，并对其直接负责的主管人员和其他直接责任人员，依照前款的规定处罚。

有前两款行为，同时构成其他犯罪的，依照处罚较重的规定定罪处罚。

第二百八十七条 利用计算机实施金融诈骗、盗窃、贪污、挪用公款、窃取国家秘密或者其他犯罪的，依照本法有关规定定罪处罚。

第二百八十七条之一 利用信息网络实施下列行为之一，情节严重的，处三年以下有期徒刑或者拘役，并处或者单处罚金：

（一）设立用于实施诈骗、传授犯罪方法、制作或者销售违禁物品、管制物品等违法犯罪活动的网站、通讯群组的；

（二）发布有关制作或者销售毒品、枪支、淫秽物品等违禁物品、管制物品或者其他违法犯罪信息的；

（三）为实施诈骗等违法犯罪活动发布信息的。

单位犯前款罪的，对单位判处罚金，并对其直接负责的主管人员和其他直接责任人员，依照第一款的规定处罚。

有前两款行为，同时构成其他犯罪的，依照处罚较重的规定定罪处罚。

第二百八十七条之二 明知他人利用信息网络实施犯罪，为其犯罪提供互联网接入、服务器托管、网络存储、通讯传输等技术支持，或者提供广告推广、支付结算等帮助，情节严重的，处三年以下有期徒刑或者拘役，并处或者单处罚金。

单位犯前款罪的，对单位判处罚金，并对其直接负责的主管人员和其他直接责任人员，依照第一款的规定处罚。

有前两款行为，同时构成其他犯罪的，依照处罚较重的规定定罪处罚。

第二百九十一条 聚众扰乱车站、码头、民用航空站、商场、公园、影剧院、展览会、运动场或者其他公共场所秩序，聚众堵塞交通或者破坏交通秩序，抗拒、阻碍国家治安管理工作人员依法执行职务，情节严重的，对首要分子，处五年以下有期徒刑、拘役或者管制。

第二百九十一条之一 投放虚假的爆炸性、毒害性、放射性、传染病病原体等物质，或者编造爆炸威胁、生化威胁、放射威胁等恐怖信息，或者明知是编造的恐怖信息而故意传播，严重扰乱社会秩序的，处五年以下有期徒刑、拘役或者管制；造成严重后果的，处五年以上有期徒刑。

编造虚假的险情、疫情、灾情、警情，在信息网络或者其他媒体上传播，或者明知是上述虚假信息，故意在信息网络或者其他媒体上传播，严重扰乱社会秩序的，处三年以下有期徒刑、拘役或者管制；造成严重后果的，处三年以上七年以下有期徒刑。

第六章第九节　制作、贩卖、传播淫秽物品罪

第三百六十三条　以牟利为目的，制作、复制、出版、贩卖、传播淫秽物品的，处三年以下有期徒刑、拘役或者管制，并处罚金；情节严重的，处三年以上十年以下有期徒刑，并处罚金；情节特别严重的，处十年以上有期徒刑或者无期徒刑，并处罚金或者没收财产。

为他人提供书号，出版淫秽书刊的，处三年以下有期徒刑、拘役或者管制，并处或者单处罚金；明知他人用于出版淫秽书刊而提供书号的，依照前款的规定处罚。

第三百六十四条　传播淫秽的书刊、影片、音像、图片或者其他淫秽物品，情节严重的，处二年以下有期徒刑、拘役或者管制。

组织播放淫秽的电影、录像等音像制品的，处三年以下有期徒刑、拘役或者管制，并处罚金；情节严重的，处三年以上十年以下有期徒刑，并处罚金。

制作、复制淫秽的电影、录像等音像制品组织播放的，依照第二款的规定从重处罚。

向不满十八周岁的未成年人传播淫秽物品的，从重处罚。

最高人民法院
关于审理非法出版物刑事案件具体应用法律若干问题的解释

（1998年12月11日最高人民法院审判委员会第1032次会议通过　1998年12月17日中华人民共和国最高人民法院公告公布　1998年12月23日起施行　法释〔1998〕30号）

为依法惩治非法出版物犯罪活动，根据刑法的有关规定，现对审理非法出版物刑事案件具体应用法律的若干问题解释如下：

第一条　明知出版物中载有煽动分裂国家、破坏国家统一或者煽动颠覆国家政权、推翻社会主义制度的内容，而予以出版、印刷、复制、发行、传播的，依照刑法第一百零三条第二款或者第一百零五条第二款的规定，以煽动分裂国家罪或者煽动颠覆国家政权罪定罪处罚。

第二条　以营利为目的，实施刑法第二百一十七条所列侵犯著作权行为之一，个人违法所得数额在五万元以上，单位违法所得数额在二十万元以上的，属于“违法所得数额较大”；具有下列情形之一的，属于“有其他严重情节”：

（一）因侵犯著作权曾经两次以上被追究行政责任或者民事责任，两年内又实施刑法第二百一十七条所列侵犯著作权行为之一的；

（二）个人非法经营数额在二十万元以上，单位非法经营数额在一百万元以上的；

（三）造成其他严重后果的。

以营利为目的，实施刑法第二百一十七条所列侵犯著作权行为之一,个人违法所得数额在二十万元以上,单位违法所得数额在一百万元以上的,属于“违法所得数额巨大”;具有下列情形之一的,属于“有其他特别严重情节”:

(一)个人非法经营数额在一百万元以上,单位非法经营数额在五百万元以上的;

(二)造成其他特别严重后果的。

第三条 刑法第二百一十七条第(一)项中规定的“复制发行”,是指行为人以营利为目的,未经著作权人许可而实施的复制、发行或者既复制又发行其文字作品、音乐、电影、电视、录像作品、计算机软件及其他作品的行为。

第四条 以营利为目的,实施刑法第二百一十八条规定的行为,个人违法所得数额在十万元以上,单位违法所得数额在五十万元以上的,依照刑法第二百一十八条的规定,以销售侵权复制品罪定罪处罚。

第五条 实施刑法第二百一十七条规定的侵犯著作权行为,又销售该侵权复制品,违法所得数额巨大的,只定侵犯著作权罪,不实行数罪并罚。

实施刑法第二百一十七条规定的侵犯著作权的犯罪行为,又明知是他人的侵权复制品而予销售,构成犯罪的,应当实行数罪并罚。

第六条 在出版物中公然侮辱他人或者捏造事实诽谤他人,情节严重的,依照刑法第二百四十六条的规定,分别以侮辱罪或者诽谤罪定罪处罚。

第七条 出版刊载歧视、侮辱少数民族内容的作品,情节恶劣,造成严重后果的,依照刑法第二百五十条的规定,以出版歧视、侮辱少数民族作品罪定罪处罚。

第八条 以牟利为目的,实施刑法第三百六十三条第一款规定的行为,具有下列情形之一的,以制作、复制、出版、贩卖、传播淫秽物品牟利罪定罪处罚:

（一）制作、复制、出版淫秽影碟、软件、录像带五十至一百张（盒）以上，淫秽音碟、录音带一百至二百张（盒）以上，淫秽扑克、书刊、画册一百至二百副（册）以上，淫秽照片、画片五百至一千张以上的；

（二）贩卖淫秽影碟、软件、录像带一百至二百张（盒）以上，淫秽音碟、录音带二百至四百张（盒）以上，淫秽扑克、书刊、画册二百至四百副（册）以上，淫秽照片、画片一千至二千张以上的；

（三）向他人传播淫秽物品达二百至五百人次以上，或者组织播放淫秽影、像达十至二十场次以上的；

（四）制作、复制、出版、贩卖、传播淫秽物品，获利五千至一万元以上的。

以牟利为目的，实施刑法第三百六十三条第一款规定的行为，具有下列情形之一的，应当认定为制作、复制、出版、贩卖、传播淫秽物品牟利罪"情节严重"：

（一）制作、复制、出版淫秽影碟、软件、录像带二百五十至五百张（盒）以上，淫秽音碟、录音带五百至一千张（盒）以上，淫秽扑克、书刊、画册五百至一千副（册）以上，淫秽照片、画片二千五百至五千张以上的；

（二）贩卖淫秽影碟、软件、录像带五百至一千张（盒）以上，淫秽音碟、录音带一千至二千张（盒）以上，淫秽扑克、书刊、画册一千至二千副（册）以上，淫秽照片、画片五千至一万张以上的；

（三）向他人传播淫秽物品达一千至二千人次以上，或者组织播放淫秽影、像达五十至一百场次以上的；

（四）制作、复制、出版、贩卖、传播淫秽物品，获利三万至五万元以上的。

以牟利为目的，实施刑法第三百六十三条第一款规定的行为，其数量（数额）达到前款规定的数量（数额）五倍以上的，应当认定为制作、复制、贩卖、传播淫秽物品牟利罪"情节特别严重"。

第九条 为他人提供书号、刊号,出版淫秽书刊的,依照刑法第三百六十三条第二款的规定,以为他人提供书号出版淫秽书刊罪定罪处罚。

为他人提供版号,出版淫秽音像制品的,依照前款规定定罪处罚。

明知他人用于出版淫秽书刊而提供书号、刊号的,依照刑法第三百六十三条第一款的规定,以出版淫秽物品牟利罪定罪处罚。

第十条 向他人传播淫秽的书刊、影片、音像、图片等出版物达三百至六百人次以上或者造成恶劣社会影响的,属于"情节严重",依照刑法第三百六十四条第一款的规定,以传播淫秽物品罪定罪处罚。

组织播放淫秽的电影、录像等音像制品达十五至三十场次以上或者造成恶劣社会影响的,依照刑法第三百六十四条第二款的规定,以组织播放淫秽音像制品罪定罪处罚。

第十一条 违反国家规定,出版、印刷、复制、发行本解释第一条至第十条规定以外的其他严重危害社会秩序和扰乱市场秩序的非法出版物,情节严重的,依照刑法第二百二十五条第(三)项的规定,以非法经营罪定罪处罚。

第十二条 个人实施本解释第十一条规定的行为,具有下列情形之一的,属于非法经营行为"情节严重":

(一)经营数额在五万元至十万元以上的;

(二)违法所得数额在二万元至三万元以上的;

(三)经营报纸五千份或者期刊五千本或者图书二千册或者音像制品、电子出版物五百张(盒)以上的。

具有下列情形之一的,属于非法经营行为"情节特别严重":

(一)经营数额在十五万元至三十万元以上的;

(二)违法所得数额在五万元至十万元以上的;

(三)经营报纸一万五千份或者期刊一万五千本或者图书五

千册或者音像制品、电子出版物一千五百张(盒)以上的。

第十三条 单位实施本解释第十一条规定的行为,具有下列情形之一的,属于非法经营行为"情节严重":

(一)经营数额在十五万元至三十万元以上的;

(二)违法所得数额在五万元至十万元以上的;

(三)经营报纸一万五千份或者期刊一万五千本或者图书五千册或者音像制品、电子出版物一千五百张(盒)以上的。

具有下列情形之一的,属于非法经营行为"情节特别严重":

(一)经营数额在五十万元至一百万元以上的;

(二)违法所得数额在十五万元至三十万元以上的;

(三)经营报纸五万份或者期刊五万本或者图书一万五千册或者音像制品、电子出版物五千张(盒)以上的。

第十四条 实施本解释第十一条规定的行为,经营数额、违法所得数额或者经营数量接近非法经营行为"情节严重"、"情节特别严重"的数额、数量起点标准,并具有下列情形之一的,可以认定为非法经营行为"情节严重"、"情节特别严重":

(一)两年内因出版、印刷、复制、发行非法出版物受过行政处罚两次以上的;

(二)因出版、印刷、复制、发行非法出版物造成恶劣社会影响或者其他严重后果的。

第十五条 非法从事出版物的出版、印刷、复制、发行业务,严重扰乱市场秩序,情节特别严重,构成犯罪的,可以依照刑法第二百二十五条第(三)项的规定,以非法经营罪定罪处罚。

第十六条 出版单位与他人事前通谋,向其出售、出租或者以其他形式转让该出版单位的名称、书号、刊号、版号,他人实施本解释第二条、第四条、第八条、第九条、第十条、第十一条规定的行为,构成犯罪的,对该出版单位应当以共犯论处。

第十七条 本解释所称"经营数额",是指以非法出版物的定价数额乘以行为人经营的非法出版物数量所得的数额。

本解释所称“违法所得数额”,是指获利数额。

非法出版物没有定价或者以境外货币定价的,其单价数额应当按照行为人实际出售的价格认定。

第十八条 各省、自治区、直辖市高级人民法院可以根据本地的情况和社会治安状况,在本解释第八条、第十条、第十二条、第十三条规定的有关数额、数量标准的幅度内,确定本地执行的具体标准,并报最高人民法院备案。

最高人民法院、最高人民检察院关于办理侵犯知识产权刑事案件具体应用法律若干问题的解释

（2004年11月2日最高人民法院审判委员会第1331次会议　2004年11月11日最高人民检察院第十届检察委员会第28次会议通过　2004年12月8日中华人民共和国最高人民法院　中华人民共和国最高人民检察院公告公布　2004年12月22日起施行　法释[2004]19号）

为依法惩治侵犯知识产权犯罪活动，维护社会主义市场经济秩序，根据刑法有关规定，现就办理侵犯知识产权刑事案件具体应用法律的若干问题解释如下：

第一条　未经注册商标所有人许可，在同一种商品上使用与其注册商标相同的商标，具有下列情形之一的，属于刑法第二百一十三条规定的“情节严重”，应当以假冒注册商标罪判处三年以下有期徒刑或者拘役，并处或者单处罚金：

（一）非法经营数额在五万元以上或者违法所得数额在三万元以上的；

（二）假冒两种以上注册商标，非法经营数额在三万元以上或者违法所得数额在二万元以上的；

（三）其他情节严重的情形。

具有下列情形之一的，属于刑法第二百一十三条规定的“情节特别严重”，应当以假冒注册商标罪判处三年以上七年以下有期徒刑，并处罚金：

（一）非法经营数额在二十五万元以上或者违法所得数额在

十五万元以上的;

(二)假冒两种以上注册商标,非法经营数额在十五万元以上或者违法所得数额在十万元以上的;

(三)其他情节特别严重的情形。

第二条 销售明知是假冒注册商标的商品,销售金额在五万元以上的,属于刑法第二百一十四条规定的“数额较大”,应当以销售假冒注册商标的商品罪判处三年以下有期徒刑或者拘役,并处或者单处罚金。

销售金额在二十五万元以上的,属于刑法第二百一十四条规定的“数额巨大”,应当以销售假冒注册商标的商品罪判处三年以上七年以下有期徒刑,并处罚金。

第三条 伪造、擅自制造他人注册商标标识或者销售伪造、擅自制造的注册商标标识,具有下列情形之一的,属于刑法第二百一十五条规定的“情节严重”,应当以非法制造、销售非法制造的注册商标标识罪判处三年以下有期徒刑、拘役或者管制,并处或者单处罚金:

(一)伪造、擅自制造或者销售伪造、擅自制造的注册商标标识数量在二万件以上,或者非法经营数额在五万元以上,或者违法所得数额在三万元以上的;

(二)伪造、擅自制造或者销售伪造、擅自制造两种以上注册商标标识数量在一万件以上,或者非法经营数额在三万元以上,或者违法所得数额在二万元以上的;

(三)其他情节严重的情形。

具有下列情形之一的,属于刑法第二百一十五条规定的“情节特别严重”,应当以非法制造、销售非法制造的注册商标标识罪判处三年以上七年以下有期徒刑,并处罚金:

(一)伪造、擅自制造或者销售伪造、擅自制造的注册商标标识数量在十万件以上,或者非法经营数额在二十五万元以上,或者违法所得数额在十五万元以上的；

（二）伪造、擅自制造或者销售伪造、擅自制造两种以上注册商标标识数量在五万件以上，或者非法经营数额在十五万元以上，或者违法所得数额在十万元以上的；

（三）其他情节特别严重的情形。

第四条 假冒他人专利，具有下列情形之一的，属于刑法第二百一十六条规定的“情节严重”，应当以假冒专利罪判处三年以下有期徒刑或者拘役，并处或者单处罚金：

（一）非法经营数额在二十万元以上或者违法所得数额在十万元以上的；

（二）给专利权人造成直接经济损失五十万元以上的；

（三）假冒两项以上他人专利，非法经营数额在十万元以上或者违法所得数额在五万元以上的；

（四）其他情节严重的情形。

第五条 以营利为目的，实施刑法第二百一十七条所列侵犯著作权行为之一，违法所得数额在三万元以上的，属于“违法所得数额较大”；具有下列情形之一的，属于“有其他严重情节”，应当以侵犯著作权罪判处三年以下有期徒刑或者拘役，并处或者单处罚金：

（一）非法经营数额在五万元以上的；

（二）未经著作权人许可，复制发行其文字作品、音乐、电影、电视、录像作品、计算机软件及其他作品，复制品数量合计在一千张（份）以上的；

（三）其他严重情节的情形。

以营利为目的，实施刑法第二百一十七条所列侵犯著作权行为之一，违法所得数额在十五万元以上的，属于“违法所得数额巨大”；具有下列情形之一的，属于“有其他特别严重情节”，应当以侵犯著作权罪判处三年以上七年以下有期徒刑，并处罚金：

（一）非法经营数额在二十五万元以上的；

（二）未经著作权人许可，复制发行其文字作品、音乐、电影、电视、录像作品、计算机软件及其他作品，复制品数量合计在五千张（份）以上的；

（三）其他特别严重情节的情形。

第六条 以营利为目的，实施刑法第二百一十八条规定的行为，违法所得数额在十万元以上的，属于“违法所得数额巨大”，应当以销售侵权复制品罪判处三年以下有期徒刑或者拘役，并处或者单处罚金。

第七条 实施刑法第二百一十九条规定的行为之一，给商业秘密的权利人造成损失数额在五十万元以上的，属于“给商业秘密的权利人造成重大损失”，应当以侵犯商业秘密罪判处三年以下有期徒刑或者拘役，并处或者单处罚金。

给商业秘密的权利人造成损失数额在二百五十万元以上的，属于刑法第二百一十九条规定的“造成特别严重后果”，应当以侵犯商业秘密罪判处三年以上七年以下有期徒刑，并处罚金。

第八条 刑法第二百一十三条规定的“相同的商标”，是指与被假冒的注册商标完全相同，或者与被假冒的注册商标在视觉上基本无差别、足以对公众产生误导的商标。

刑法第二百一十三条规定的“使用”，是指将注册商标或者假冒的注册商标用于商品、商品包装或者容器以及产品说明书、商品交易文书，或者将注册商标或者假冒的注册商标用于广告宣传、展览以及其他商业活动等行为。

第九条 刑法第二百一十四条规定的“销售金额”，是指销售假冒注册商标的商品后所得和应得的全部违法收入。

具有下列情形之一的，应当认定为属于刑法第二百一十四条规定的“明知”：

（一）知道自己销售的商品上的注册商标被涂改、调换或者覆

盖的;

(二)因销售假冒注册商标的商品受到过行政处罚或者承担过民事责任又销售同一种假冒注册商标的商品的;

(三)伪造、涂改商标注册人授权文件或者知道该文件被伪造、涂改的;

(四)其他知道或者应当知道是假冒注册商标的商品的情形。

第十条 实施下列行为之一的,属于刑法第二百一十六条规定的“假冒他人专利”的行为:

(一)未经许可,在其制造或者销售的产品、产品的包装上标注他人专利号的;

(二)未经许可,在广告或者其他宣传材料中使用他人的专利号,使人将所涉及的技术误认为是他人专利技术的;

(三)未经许可,在合同中使用他人的专利号,使人将合同涉及的技术误认为是他人专利技术的;

(四)伪造或者变造他人的专利证书、专利文件或者专利申请文件的。

第十一条 以刊登收费广告等方式直接或者间接收取费用的情形,属于刑法第二百一十七条规定的“以营利为目的”。

刑法第二百一十七条规定的“未经著作权人许可”,是指没有得到著作权人授权或者伪造、涂改著作权人授权许可文件或者超出授权许可范围的情形。

通过信息网络向公众传播他人文字作品、音乐、电影、电视、录像作品、计算机软件及其他作品的行为,应当视为刑法第二百一十七条规定的“复制发行”。

第十二条 本解释所称“非法经营数额”,是指行为人在实施侵犯知识产权行为过程中,制造、储存、运输、销售侵权产品的价值。已销售的侵权产品的价值,按照实际销售的价格计算。制造、储存、运输和未销售的侵权产品的价值,按照标价或者已经查清的侵权产品的实际销售平均价格计算。侵权产品没有标价或者无法查清其实际销售价格的,按照被侵权产品的市场中间价格计算。

多次实施侵犯知识产权行为,未经行政处理或者刑事处罚的,非法经营数额、违法所得数额或者销售金额累计计算。

本解释第三条所规定的“件”,是指标有完整商标图样的一份标识。

第十三条 实施刑法第二百一十三条规定的假冒注册商标犯罪,又销售该假冒注册商标的商品,构成犯罪的,应当依照刑法第二百一十三条的规定,以假冒注册商标罪定罪处罚。

实施刑法第二百一十三条规定的假冒注册商标犯罪,又销售明知是他人的假冒注册商标的商品,构成犯罪的,应当实行数罪并罚。

第十四条 实施刑法第二百一十七条规定的侵犯著作权犯罪,又销售该侵权复制品,构成犯罪的,应当依照刑法第二百一十七条的规定,以侵犯著作权罪定罪处罚。

实施刑法第二百一十七条规定的侵犯著作权犯罪,又销售明知是他人的侵权复制品,构成犯罪的,应当实行数罪并罚。

第十五条 单位实施刑法第二百一十三条至第二百一十九条规定的行为,按照本解释规定的相应个人犯罪的定罪量刑标准的三倍定罪量刑。

第十六条 明知他人实施侵犯知识产权犯罪,而为其提供贷款、资金、账号、发票、证明、许可证件,或者提供生产、经营场所或者运输、储存、代理进出口等便利条件、帮助的,以侵犯知识产权犯罪的共犯论处。

第十七条 以前发布的有关侵犯知识产权犯罪的司法解释,与本解释相抵触的,自本解释施行后不再适用。

最高人民法院、最高人民检察院关于办理侵犯知识产权刑事案件具体应用法律若干问题的解释(二)

(2007年4月4日最高人民法院审判委员会第1422次会议　最高人民检察院第十届检察委员会第75次会议通过　2007年4月5日中华人民共和国最高人民法院　中华人民共和国最高人民检察院公告公布　2007年4月5日起施行　法释〔2007〕6号)

为维护社会主义市场经济秩序,依法惩治侵犯知识产权犯罪活动,根据刑法、刑事诉讼法有关规定,现就办理侵犯知识产权刑事案件具体应用法律的若干问题解释如下:

第一条　以营利为目的,未经著作权人许可,复制发行其文字作品、音乐、电影、电视、录像作品、计算机软件及其他作品,复制品数量合计在五百张(份)以上的,属于刑法第二百一十七条规定的"有其他严重情节";复制品数量在二千五百张(份)以上的,属于刑法第二百一十七条规定的"有其他特别严重情节"。

第二条　刑法第二百一十七条侵犯著作权罪中的"复制发行",包括复制、发行或者既复制又发行的行为。

侵权产品的持有人通过广告、征订等方式推销侵权产品的,属于刑法第二百一十七条规定的"发行"。

非法出版、复制、发行他人作品,侵犯著作权构成犯罪的,按照侵犯著作权罪定罪处罚。

第三条　侵犯知识产权犯罪,符合刑法规定的缓刑条件的,依法适用缓刑。有下列情形之一的,一般不适用缓刑:

（一）因侵犯知识产权被刑事处罚或者行政处罚后，再次侵犯知识产权构成犯罪的；

（二）不具有悔罪表现的；

（三）拒不交出违法所得的；

（四）其他不宜适用缓刑的情形。

第四条 对于侵犯知识产权犯罪的，人民法院应当综合考虑犯罪的违法所得、非法经营数额、给权利人造成的损失、社会危害性等情节，依法判处罚金。罚金数额一般在违法所得的一倍以上五倍以下，或者按照非法经营数额的50%以上一倍以下确定。

第五条 被害人有证据证明的侵犯知识产权刑事案件，直接向人民法院起诉的，人民法院应当依法受理；严重危害社会秩序和国家利益的侵犯知识产权刑事案件，由人民检察院依法提起公诉。

第六条 单位实施刑法第二百一十三条至第二百一十九条规定的行为，按照《最高人民法院、最高人民检察院关于办理侵犯知识产权刑事案件具体应用法律若干问题的解释》和本解释规定的相应个人犯罪的定罪量刑标准定罪处罚。

第七条 以前发布的司法解释与本解释不一致的，以本解释为准。

最高人民法院、最高人民检察院、公安部关于办理侵犯知识产权刑事案件适用法律若干问题的意见

（最高人民法院　最高人民检察院　公安部　2011 年 1 月 10 日　法发〔2011〕3 号）

为解决近年来公安机关、人民检察院、人民法院在办理侵犯知识产权刑事案件中遇到的新情况、新问题，依法惩治侵犯知识产权犯罪活动，维护社会主义市场经济秩序，根据刑法、刑事诉讼法及有关司法解释的规定，结合侦查、起诉、审判实践，制定本意见。

一、关于侵犯知识产权犯罪案件的管辖问题

侵犯知识产权犯罪案件由犯罪地公安机关立案侦查。必要时，可以由犯罪嫌疑人居住地公安机关立案侦查。侵犯知识产权犯罪案件的犯罪地，包括侵权产品制造地、储存地、运输地、销售地，传播侵权作品、销售侵权产品的网站服务器所在地、网络接入地、网站建立者或者管理者所在地，侵权作品上传者所在地，权利人受到实际侵害的犯罪结果发生地。对有多个侵犯知识产权犯罪地的，由最初受理的公安机关或者主要犯罪地公安机关管辖。多个侵犯知识产权犯罪地的公安机关对管辖有争议的，由共同的上级公安机关指定管辖，需要提请批准逮捕、移送审查起诉、提起公诉的，由该公安机关所在地的同级人民检察院、人民法院受理。

对于不同犯罪嫌疑人、犯罪团伙跨地区实施的涉及同一批侵权产品的制造、储存、运输、销售等侵犯知识产权犯罪行为，符合并案处理要求的，有关公安机关可以一并立案侦查，需要提请批准逮

捕、移送审查起诉、提起公诉的,由该公安机关所在地的同级人民检察院、人民法院受理。

二、关于办理侵犯知识产权刑事案件中行政执法部门收集、调取证据的效力问题

行政执法部门依法收集、调取、制作的物证、书证、视听资料、检验报告、鉴定结论、勘验笔录、现场笔录,经公安机关、人民检察院审查,人民法院庭审质证确认,可以作为刑事证据使用。

行政执法部门制作的证人证言、当事人陈述等调查笔录,公安机关认为有必要作为刑事证据使用的,应当依法重新收集、制作。

三、关于办理侵犯知识产权刑事案件的抽样取证问题和委托鉴定问题

公安机关在办理侵犯知识产权刑事案件时,可以根据工作需要抽样取证,或者商请同级行政执法部门、有关检验机构协助抽样取证。法律、法规对抽样机构或者抽样方法有规定的,应当委托规定的机构并按照规定方法抽取样品。

公安机关、人民检察院、人民法院在办理侵犯知识产权刑事案件时,对于需要鉴定的事项,应当委托国家认可的有鉴定资质的鉴定机构进行鉴定。

公安机关、人民检察院、人民法院应当对鉴定结论进行审查,听取权利人、犯罪嫌疑人、被告人对鉴定结论的意见,可以要求鉴定机构作出相应说明。

四、关于侵犯知识产权犯罪自诉案件的证据收集问题

人民法院依法受理侵犯知识产权刑事自诉案件,对于当事人因客观原因不能取得的证据,在提起自诉时能够提供有关线索,申请人民法院调取的,人民法院应当依法调取。

五、关于刑法第二百一十三条规定的“同一种商品”的认定问题

名称相同的商品以及名称不同但指同一事物的商品，可以认定为“同一种商品”。“名称”是指国家工商行政管理总局商标局在商标注册工作中对商品使用的名称，通常即《商标注册用商品和服务国际分类》中规定的商品名称。“名称不同但指同一事物的商品”是指在功能、用途、主要原料、消费对象、销售渠道等方面相同或者基本相同，相关公众一般认为是同一种事物的商品。

认定“同一种商品”，应当在权利人注册商标核定使用的商品和行为人实际生产销售的商品之间进行比较。

六、关于刑法第二百一十三条规定的“与其注册商标相同的商标”的认定问题

具有下列情形之一，可以认定为“与其注册商标相同的商标”：

（一）改变注册商标的字体、字母大小写或者文字横竖排列，与注册商标之间仅有细微差别的；

（二）改变注册商标的文字、字母、数字等之间的间距，不影响体现注册商标显著特征的；

（三）改变注册商标颜色的；

（四）其他与注册商标在视觉上基本无差别、足以对公众产生误导的商标。

七、关于尚未附着或者尚未全部附着假冒注册商标标识的侵权产品价值是否计入非法经营数额的问题

在计算制造、储存、运输和未销售的假冒注册商标侵权产品价值时，对于已经制作完成但尚未附着（含加贴）或者尚未全部附着（含加贴）假冒注册商标标识的产品，如果有确实、充分证据证明该产品将假冒他人注册商标,其价值计入非法经营数额。

八、关于销售假冒注册商标的商品犯罪案件中尚未销售或者部分销售情形的定罪量刑问题

销售明知是假冒注册商标的商品,具有下列情形之一的,依照刑法第二百一十四条的规定,以销售假冒注册商标的商品罪(未遂)定罪处罚:

(一)假冒注册商标的商品尚未销售,货值金额在十五万元以上的;

(二)假冒注册商标的商品部分销售,已销售金额不满五万元,但与尚未销售的假冒注册商标的商品的货值金额合计在十五万元以上的。

假冒注册商标的商品尚未销售,货值金额分别达到十五万元以上不满二十五万元、二十五万元以上的,分别依照刑法第二百一十四条规定的各法定刑幅度定罪处罚。

销售金额和未销售货值金额分别达到不同的法定刑幅度或者均达到同一法定刑幅度的,在处罚较重的法定刑或者同一法定刑幅度内酌情从重处罚。

九、关于销售他人非法制造的注册商标标识犯罪案件中尚未销售或者部分销售情形的定罪问题

销售他人伪造、擅自制造的注册商标标识,具有下列情形之一的,依照刑法第二百一十五条的规定,以销售非法制造的注册商标标识罪(未遂)定罪处罚:

(一)尚未销售他人伪造、擅自制造的注册商标标识数量在六万件以上的;

(二)尚未销售他人伪造、擅自制造的两种以上注册商标标识数量在三万件以上的;

（三）部分销售他人伪造、擅自制造的注册商标标识，已销售标识数量不满二万件，但与尚未销售标识数量合计在六万件以上的；

（四）部分销售他人伪造、擅自制造的两种以上注册商标标识，已销售标识数量不满一万件，但与尚未销售标识数量合计在三万件以上的。

十、关于侵犯著作权犯罪案件“以营利为目的”的认定问题

除销售外，具有下列情形之一的，可以认定为“以营利为目的”：

（一）以在他人作品中刊登收费广告、捆绑第三方作品等方式直接或者间接收取费用的；

（二）通过信息网络传播他人作品，或者利用他人上传的侵权作品，在网站或者网页上提供刊登收费广告服务，直接或者间接收取费用的；

（三）以会员制方式通过信息网络传播他人作品，收取会员注册费或者其他费用的；

（四）其他利用他人作品牟利的情形。

十一、关于侵犯著作权犯罪案件“未经著作权人许可”的认定问题

“未经著作权人许可”一般应当依据著作权人或者其授权的代理人、著作权集体管理组织、国家著作权行政管理部门指定的著作权认证机构出具的涉案作品版权认证文书，或者证明出版者、复制发行者伪造、涂改授权许可文件或者超出授权许可范围的证据，结合其他证据综合予以认定。

在涉案作品种类众多且权利人分散的案件中，上述证据确实难以一一取得，但有证据证明涉案复制品系非法出版、复制发行的,且出版者、复制发行者不能提供获得著作权人许可的相关证明材料的,可以认定为“未经著作权人许可”。但是,有证据证明权利人放弃权利、涉案作品的著作权不受我国著作权法保护,或者著作权保护期限已经届满的除外。

十二、关于刑法第二百一十七条规定的“发行”的认定及相关问题

“发行”,包括总发行、批发、零售、通过信息网络传播以及出租、展销等活动。

非法出版、复制、发行他人作品,侵犯著作权构成犯罪的,按照侵犯著作权罪定罪处罚,不认定为非法经营罪等其他犯罪。

十三、关于通过信息网络传播侵权作品行为的定罪处罚标准问题

以营利为目的,未经著作权人许可,通过信息网络向公众传播他人文字作品、音乐、电影、电视、美术、摄影、录像作品、录音录像制品、计算机软件及其他作品,具有下列情形之一的,属于刑法第二百一十七条规定的“其他严重情节”:

(一)非法经营数额在五万元以上的;

(二)传播他人作品的数量合计在五百件(部)以上的;

(三)传播他人作品的实际被点击数达到五万次以上的;

(四)以会员制方式传播他人作品,注册会员达到一千人以上的;

(五)数额或者数量虽未达到第(一)项至第(四)项规定标准,但分别达到其中两项以上标准一半以上的;

(六)其他严重情节的情形。

实施前款规定的行为,数额或者数量达到前款第(一)项至第(五)项规定标准五倍以上的,属于刑法第二百一十七条规定的

"其他特别严重情节"。

十四、关于多次实施侵犯知识产权行为累计计算数额问题

依照《最高人民法院、最高人民检察院关于办理侵犯知识产权刑事案件具体应用法律若干问题的解释》第十二条第二款的规定，多次实施侵犯知识产权行为，未经行政处理或者刑事处罚的，非法经营数额、违法所得数额或者销售金额累计计算。

二年内多次实施侵犯知识产权违法行为，未经行政处理，累计数额构成犯罪的，应当依法定罪处罚。实施侵犯知识产权犯罪行为的追诉期限，适用刑法的有关规定，不受前述二年的限制。

十五、关于为他人实施侵犯知识产权犯罪提供原材料、机械设备等行为的定性问题

明知他人实施侵犯知识产权犯罪，而为其提供生产、制造侵权产品的主要原材料、辅助材料、半成品、包装材料、机械设备、标签标识、生产技术、配方等帮助，或者提供互联网接入、服务器托管、网络存储空间、通讯传输通道、代收费、费用结算等服务的，以侵犯知识产权犯罪的共犯论处。

十六、关于侵犯知识产权犯罪竞合的处理问题

行为人实施侵犯知识产权犯罪，同时构成生产、销售伪劣商品犯罪的，依照侵犯知识产权犯罪与生产、销售伪劣商品犯罪中处罚较重的规定定罪处罚。

《中华人民共和国民法总则》部分条款

（2017年3月15日第十二届全国人民代表大会第五次会议通过，2017年10月1日起施行）

第一百零九条 自然人的人身自由、人格尊严受法律保护。

第一百一十条 自然人享有生命权、身体权、健康权、姓名权、肖像权、名誉权、荣誉权、隐私权、婚姻自主权等权利。

法人、非法人组织享有名称权、名誉权、荣誉权等权利。

第一百一十一条 自然人的个人信息受法律保护。任何组织和个人需要获取他人个人信息的，应当依法取得并确保信息安全，不得非法收集、使用、加工、传输他人个人信息，不得非法买卖、提供或者公开他人个人信息。

第一百一十九条 依法成立的合同，对当事人具有法律约束力。

第一百二十条 民事权益受到侵害的，被侵权人有权请求侵权人承担侵权责任。

第一百二十三条 民事主体依法享有知识产权。

知识产权是权利人依法就下列客体享有的专有的权利：

（一）作品；

（二）发明、实用新型、外观设计；

（三）商标；

（四）地理标志；

（五）商业秘密；

（六）集成电路布图设计；

（七）植物新品种；

（八）法律规定的其他客体。

第一百三十五条 民事法律行为可以采用书面形式、口头形式或者其他形式；法律、行政法规规定或者当事人约定采用特定形式的，应当采用特定形式。

第一百七十八条 二人以上依法承担连带责任的，权利人有权请求部分或者全部连带责任人承担责任。

连带责任人的责任份额根据各自责任大小确定；难以确定责任大小的，平均承担责任。实际承担责任超过自己责任份额的连带责任人，有权向其他连带责任人追偿。

连带责任，由法律规定或者当事人约定。

第一百八十五条 侵害英雄烈士等的姓名、肖像、名誉、荣誉，损害社会公共利益的，应当承担民事责任。

中华人民共和国著作权法[①]

（1990 年 9 月 7 日第七届全国人民代表大会常务委员会第十五次会议通过）

第一章　总　　则

第一条　为保护文学、艺术和科学作品作者的著作权，以及与著作权有关的权益，鼓励有益于社会主义精神文明、物质文明建设的作品的创作和传播，促进社会主义文化和科学事业的发展与繁荣，根据宪法制定本法。

第二条　中国公民、法人或者其他组织的作品，不论是否发表，依照本法享有著作权。

外国人、无国籍人的作品根据其作者所属国或者经常居住地国同中国签订的协议或者共同参加的国际条约享有的著作权，受本法保护。

外国人、无国籍人的作品首先在中国境内出版的，依照本法享有著作权。

未与中国签订协议或者共同参加国际条约的国家的作者以及无国籍人的作品首次在中国参加的国际条约的成员国出版的，或者在成员国和非成员国同时出版的，受本法保护。

第三条　本法所称的作品，包括以下列形式创作的文学、艺术

① 本法律有过修订，此处所载为据 2010 年 2 月 26 日第十一届全国人民代表大会常务委员会第十三次会议通过的《关于修改〈中华人民共和国著作权法〉的决定》修订的版本。

和自然科学、社会科学、工程技术等作品：

（一）文字作品；

（二）口述作品；

（三）音乐、戏剧、曲艺、舞蹈、杂技艺术作品；

（四）美术、建筑作品；

（五）摄影作品；

（六）电影作品和以类似摄制电影的方法创作的作品；

（七）工程设计图、产品设计图、地图、示意图等图形作品和模型作品；

（八）计算机软件；

（九）法律、行政法规规定的其他作品。

第四条 著作权人行使著作权，不得违反宪法和法律，不得损害公共利益。国家对作品的出版、传播依法进行监督管理。

第五条 本法不适用于：

（一）法律、法规，国家机关的决议、决定、命令和其他具有立法、行政、司法性质的文件，及其官方正式译文；

（二）时事新闻；

（三）历法、通用数表、通用表格和公式。

第六条 民间文学艺术作品的著作权保护办法由国务院另行规定。

第七条 国务院著作权行政管理部门主管全国的著作权管理工作；各省、自治区、直辖市人民政府的著作权行政管理部门主管本行政区域的著作权管理工作。

第八条 著作权人和与著作权有关的权利人可以授权著作权集体管理组织行使著作权或者与著作权有关的权利。著作权集体管理组织被授权后，可以以自己的名义为著作权人和与著作权有关的权利人主张权利，并可以作为当事人进行涉及著作权或者与著作权有关的权利的诉讼、仲裁活动。

著作权集体管理组织是非营利性组织，其设立方式、权利义务、著作权许可使用费的收取和分配，以及对其监督和管理等由国务院另行规定。

第二章 著 作 权

第一节 著作权人及其权利

第九条 著作权人包括：

（一）作者；

（二）其他依照本法享有著作权的公民、法人或者其他组织。

第十条 著作权包括下列人身权和财产权：

（一）发表权，即决定作品是否公之于众的权利；

（二）署名权，即表明作者身份，在作品上署名的权利；

（三）修改权，即修改或者授权他人修改作品的权利；

（四）保护作品完整权，即保护作品不受歪曲、篡改的权利；

（五）复制权，即以印刷、复印、拓印、录音、录像、翻录、翻拍等方式将作品制作一份或者多份的权利；

（六）发行权，即以出售或者赠与方式向公众提供作品的原件或者复制件的权利；

（七）出租权，即有偿许可他人临时使用电影作品和以类似摄制电影的方法创作的作品、计算机软件的权利，计算机软件不是出租的主要标的的除外；

（八）展览权，即公开陈列美术作品、摄影作品的原件或者复制件的权利；

（九）表演权，即公开表演作品，以及用各种手段公开播送作品的表演的权利；

（十）放映权，即通过放映机、幻灯机等技术设备公开再现美术、摄影、电影和以类似摄制电影的方法创作的作品等的权利；

（十一）广播权，即以无线方式公开广播或者传播作品，以有线传播或者转播的方式向公众传播广播的作品，以及通过扩音器或者其他传送符号、声音、图像的类似工具向公众传播广播的作品的权利；

（十二）信息网络传播权，即以有线或者无线方式向公众提供作品，使公众可以在其个人选定的时间和地点获得作品的权利；

（十三）摄制权，即以摄制电影或者以类似摄制电影的方法将作品固定在载体上的权利；

（十四）改编权，即改变作品，创作出具有独创性的新作品的权利；

（十五）翻译权，即将作品从一种语言文字转换成另一种语言文字的权利；

（十六）汇编权，即将作品或者作品的片段通过选择或者编排，汇集成新作品的权利；

（十七）应当由著作权人享有的其他权利。

著作权人可以许可他人行使前款第（五）项至第（十七）项规定的权利，并依照约定或者本法有关规定获得报酬。

著作权人可以全部或者部分转让本条第一款第（五）项至第（十七）项规定的权利，并依照约定或者本法有关规定获得报酬。

第二节　著作权归属

第十一条　著作权属于作者，本法另有规定的除外。

创作作品的公民是作者。

由法人或者其他组织主持，代表法人或者其他组织意志创作，并由法人或者其他组织承担责任的作品，法人或者其他组织视为作者。

如无相反证明，在作品上署名的公民、法人或者其他组织为作者。

第十二条　改编、翻译、注释、整理已有作品而产生的作品，其著作权由改编、翻译、注释、整理人享有，但行使著作权时不得侵犯原作品的著作权。

第十三条　两人以上合作创作的作品，著作权由合作作者共同享有。没有参加创作的人，不能成为合作作者。

合作作品可以分割使用的，作者对各自创作的部分可以单独享有著作权，但行使著作权时不得侵犯合作作品整体的著作权。

第十四条　汇编若干作品、作品的片段或者不构成作品的数据或者其他材料，对其内容的选择或者编排体现独创性的作品，为汇编作品，其著作权由汇编人享有，但行使著作权时，不得侵犯原作品的著作权。

第十五条　电影作品和以类似摄制电影的方法创作的作品的著作权由制片者享有，但编剧、导演、摄影、作词、作曲等作者享有署名权，并有权按照与制片者签订的合同获得报酬。

电影作品和以类似摄制电影的方法创作的作品中的剧本、音乐等可以单独使用的作品的作者有权单独行使其著作权。

第十六条　公民为完成法人或者其他组织工作任务所创作的作品是职务作品，除本条第二款的规定以外，著作权由作者享有，但法人或者其他组织有权在其业务范围内优先使用。作品完成两年内，未经单位同意，作者不得许可第三人以与单位使用的相同方式使用该作品。

有下列情形之一的职务作品，作者享有署名权，著作权的其他权利由法人或者其他组织享有，法人或者其他组织可以给予作者奖励：

（一）主要是利用法人或者其他组织的物质技术条件创作，并由法人或者其他组织承担责任的工程设计图、产品设计图、地图、计算机软件等职务作品；

（二）法律、行政法规规定或者合同约定著作权由法人或者其他组织享有的职务作品。

第十七条 受委托创作的作品，著作权的归属由委托人和受托人通过合同约定。合同未作明确约定或者没有订立合同的，著作权属于受托人。

第十八条 美术等作品原件所有权的转移，不视为作品著作权的转移，但美术作品原件的展览权由原件所有人享有。

第十九条 著作权属于公民的，公民死亡后，其本法第十条第一款第（五）项至第（十七）项规定的权利在本法规定的保护期内，依照继承法的规定转移。

著作权属于法人或者其他组织的，法人或者其他组织变更、终止后，其本法第十条第一款第（五）项至第（十七）项规定的权利在本法规定的保护期内，由承受其权利义务的法人或者其他组织享有；没有承受其权利义务的法人或者其他组织的，由国家享有。

第三节 权利的保护期

第二十条 作者的署名权、修改权、保护作品完整权的保护期不受限制。

第二十一条 公民的作品，其发表权、本法第十条第一款第（五）项至第（十七）项规定的权利的保护期为作者终生及其死亡后五十年，截止于作者死亡后第五十年的12月31日；如果是合作作品，截止于最后死亡的作者死亡后第五十年的12月31日。

法人或者其他组织的作品、著作权（署名权除外）由法人或者其他组织享有的职务作品，其发表权、本法第十条第一款第（五）项至第（十七）项规定的权利的保护期为五十年，截止于作品首次发表后第五十年的12月31日，但作品自创作完成后五十年内未发表的，本法不再保护。

电影作品和以类似摄制电影的方法创作的作品、摄影作品，其发表权、本法第十条第一款第(五)项至第(十七)项规定的权利的保护期为五十年,截止于作品首次发表后第五十年的12月31日,但作品自创作完成后五十年内未发表的,本法不再保护。

第四节 权利的限制

第二十二条 在下列情况下使用作品,可以不经著作权人许可,不向其支付报酬,但应当指明作者姓名、作品名称,并且不得侵犯著作权人依照本法享有的其他权利:

(一)为个人学习、研究或者欣赏,使用他人已经发表的作品;

(二)为介绍、评论某一作品或者说明某一问题,在作品中适当引用他人已经发表的作品;

(三)为报道时事新闻,在报纸、期刊、广播电台、电视台等媒体中不可避免地再现或者引用已经发表的作品;

(四)报纸、期刊、广播电台、电视台等媒体刊登或者播放其他报纸、期刊、广播电台、电视台等媒体已经发表的关于政治、经济、宗教问题的时事性文章,但作者声明不许刊登、播放的除外;

(五)报纸、期刊、广播电台、电视台等媒体刊登或者播放在公众集会上发表的讲话,但作者声明不许刊登、播放的除外;

(六)为学校课堂教学或者科学研究,翻译或者少量复制已经发表的作品,供教学或者科研人员使用,但不得出版发行;

(七)国家机关为执行公务在合理范围内使用已经发表的作品;

(八)图书馆、档案馆、纪念馆、博物馆、美术馆等为陈列或者保存版本的需要,复制本馆收藏的作品;

(九)免费表演已经发表的作品,该表演未向公众收取费用,也未向表演者支付报酬;

(十)对设置或者陈列在室外公共场所的艺术作品进行临摹、绘画、摄影、录像;

（十一）将中国公民、法人或者其他组织已经发表的以汉语言文字创作的作品翻译成少数民族语言文字作品在国内出版发行；

（十二）将已经发表的作品改成盲文出版。

前款规定适用于对出版者、表演者、录音录像制作者、广播电台、电视台的权利的限制。

第二十三条 为实施九年制义务教育和国家教育规划而编写出版教科书，除作者事先声明不许使用的外，可以不经著作权人许可，在教科书中汇编已经发表的作品片段或者短小的文字作品、音乐作品或者单幅的美术作品、摄影作品，但应当按照规定支付报酬，指明作者姓名、作品名称，并且不得侵犯著作权人依照本法享有的其他权利。

前款规定适用于对出版者、表演者、录音录像制作者、广播电台、电视台的权利的限制。

第三章 著作权许可使用和转让合同

第二十四条 使用他人作品应当同著作权人订立许可使用合同，本法规定可以不经许可的除外。

许可使用合同包括下列主要内容：

（一）许可使用的权利种类；

（二）许可使用的权利是专有使用权或者非专有使用权；

（三）许可使用的地域范围、期间；

（四）付酬标准和办法；

（五）违约责任；

（六）双方认为需要约定的其他内容。

第二十五条 转让本法第十条第一款第（五）项至第（十七）项规定的权利，应当订立书面合同。

权利转让合同包括下列主要内容：

(一)作品的名称;

(二)转让的权利种类、地域范围;

(三)转让价金;

(四)交付转让价金的日期和方式;

(五)违约责任;

(六)双方认为需要约定的其他内容。

第二十六条 以著作权出质的,由出质人和质权人向国务院著作权行政管理部门办理出质登记。

第二十七条 许可使用合同和转让合同中著作权人未明确许可、转让的权利,未经著作权人同意,另一方当事人不得行使。

第二十八条 使用作品的付酬标准可以由当事人约定,也可以按照国务院著作权行政管理部门会同有关部门制定的付酬标准支付报酬。当事人约定不明确的,按照国务院著作权行政管理部门会同有关部门制定的付酬标准支付报酬。

第二十九条 出版者、表演者、录音录像制作者、广播电台、电视台等依照本法有关规定使用他人作品的,不得侵犯作者的署名权、修改权、保护作品完整权和获得报酬的权利。

第四章 出版、表演、录音录像、播放

第一节 图书、报刊的出版

第三十条 图书出版者出版图书应当和著作权人订立出版合同,并支付报酬。

第三十一条 图书出版者对著作权人交付出版的作品,按照合同约定享有的专有出版权受法律保护,他人不得出版该作品。

第三十二条 著作权人应当按照合同约定期限交付作品。图书出版者应当按照合同约定的出版质量、期限出版图书。

图书出版者不按照合同约定期限出版，应当依照本法第五十四条的规定承担民事责任。

图书出版者重印、再版作品的，应当通知著作权人，并支付报酬。图书脱销后，图书出版者拒绝重印、再版的，著作权人有权终止合同。

第三十三条 著作权人向报社、期刊社投稿的，自稿件发出之日起十五日内未收到报社通知决定刊登的，或者自稿件发出之日起三十日内未收到期刊社通知决定刊登的，可以将同一作品向其他报社、期刊社投稿。双方另有约定的除外。

作品刊登后，除著作权人声明不得转载、摘编的外，其他报刊可以转载或者作为文摘、资料刊登，但应当按照规定向著作权人支付报酬。

第三十四条 图书出版者经作者许可，可以对作品修改、删节。

报社、期刊社可以对作品作文字性修改、删节。对内容的修改，应当经作者许可。

第三十五条 出版改编、翻译、注释、整理、汇编已有作品而产生的作品，应当取得改编、翻译、注释、整理、汇编作品的著作权人和原作品的著作权人许可，并支付报酬。

第三十六条 出版者有权许可或者禁止他人使用其出版的图书、期刊的版式设计。

前款规定的权利的保护期为十年，截止于使用该版式设计的图书、期刊首次出版后第十年的12月31日。

第二节 表 演

第三十七条 使用他人作品演出，表演者(演员、演出单位)应当取得著作权人许可，并支付报酬。演出组织者组织演出，由该组织者取得著作权人许可，并支付报酬。

使用改编、翻译、注释、整理已有作品而产生的作品进行演出，应当取得改编、翻译、注释、整理作品的著作权人和原作品的著作权人许可，并支付报酬。

第三十八条 表演者对其表演享有下列权利：

（一）表明表演者身份；

（二）保护表演形象不受歪曲；

（三）许可他人从现场直播和公开传送其现场表演，并获得报酬；

（四）许可他人录音录像，并获得报酬；

（五）许可他人复制、发行录有其表演的录音录像制品，并获得报酬；

（六）许可他人通过信息网络向公众传播其表演，并获得报酬。

被许可人以前款第（三）项至第（六）项规定的方式使用作品，还应当取得著作权人许可，并支付报酬。

第三十九条 本法第三十八条第一款第（一）项、第（二）项规定的权利的保护期不受限制。

本法第三十八条第一款第（三）项至第（六）项规定的权利的保护期为五十年，截止于该表演发生后第五十年的 12 月 31 日。

第三节 录音录像

第四十条 录音录像制作者使用他人作品制作录音录像制品，应当取得著作权人许可，并支付报酬。

录音录像制作者使用改编、翻译、注释、整理已有作品而产生的作品，应当取得改编、翻译、注释、整理作品的著作权人和原作品著作权人许可，并支付报酬。

录音制作者使用他人已经合法录制为录音制品的音乐作品制作录音制品，可以不经著作权人许可，但应当按照规定支付报酬；著作权人声明不许使用的不得使用。

第四十一条 录音录像制作者制作录音录像制品,应当同表演者订立合同,并支付报酬。

第四十二条 录音录像制作者对其制作的录音录像制品,享有许可他人复制、发行、出租、通过信息网络向公众传播并获得报酬的权利;权利的保护期为五十年,截止于该制品首次制作完成后第五十年的12月31日。

被许可人复制、发行、通过信息网络向公众传播录音录像制品,还应当取得著作权人、表演者许可,并支付报酬。

第四节 广播电台、电视台播放

第四十三条 广播电台、电视台播放他人未发表的作品,应当取得著作权人许可,并支付报酬。

广播电台、电视台播放他人已发表的作品,可以不经著作权人许可,但应当支付报酬。

第四十四条 广播电台、电视台播放已经出版的录音制品,可以不经著作权人许可,但应当支付报酬。当事人另有约定的除外。具体办法由国务院规定。

第四十五条 广播电台、电视台有权禁止未经其许可的下列行为:

(一)将其播放的广播、电视转播;

(二)将其播放的广播、电视录制在音像载体上以及复制音像载体。

前款规定的权利的保护期为五十年,截止于该广播、电视首次播放后第五十年的12月31日。

第四十六条 电视台播放他人的电影作品和以类似摄制电影的方法创作的作品、录像制品,应当取得制片者或者录像制作者许可,并支付报酬;播放他人的录像制品,还应当取得著作权人许可,并支付报酬。

第五章　法律责任和执法措施

第四十七条　有下列侵权行为的，应当根据情况，承担停止侵害、消除影响、赔礼道歉、赔偿损失等民事责任：

（一）未经著作权人许可，发表其作品的；

（二）未经合作作者许可，将与他人合作创作的作品当作自己单独创作的作品发表的；

（三）没有参加创作，为谋取个人名利，在他人作品上署名的；

（四）歪曲、篡改他人作品的；

（五）剽窃他人作品的；

（六）未经著作权人许可，以展览、摄制电影和以类似摄制电影的方法使用作品，或者以改编、翻译、注释等方式使用作品的，本法另有规定的除外；

（七）使用他人作品，应当支付报酬而未支付的；

（八）未经电影作品和以类似摄制电影的方法创作的作品、计算机软件、录音录像制品的著作权人或者与著作权有关的权利人许可，出租其作品或者录音录像制品的，本法另有规定的除外；

（九）未经出版者许可，使用其出版的图书、期刊的版式设计的；

（十）未经表演者许可，从现场直播或者公开传送其现场表演，或者录制其表演的；

（十一）其他侵犯著作权以及与著作权有关的权益的行为。

第四十八条　有下列侵权行为的，应当根据情况，承担停止侵害、消除影响、赔礼道歉、赔偿损失等民事责任；同时损害公共利益的，可以由著作权行政管理部门责令停止侵权行为，没收违法所得，没收、销毁侵权复制品，并可处以罚款；情节严重的，著作权行政管理部门还可以没收主要用于制作侵权复制品的材料、工具、设备等；构成犯罪的，依法追究刑事责任：

（一）未经著作权人许可，复制、发行、表演、放映、广播、汇编、通过信息网络向公众传播其作品的，本法另有规定的除外；

（二）出版他人享有专有出版权的图书的；

（三）未经表演者许可，复制、发行录有其表演的录音录像制品，或者通过信息网络向公众传播其表演的，本法另有规定的除外；

（四）未经录音录像制作者许可，复制、发行、通过信息网络向公众传播其制作的录音录像制品的，本法另有规定的除外；

（五）未经许可，播放或者复制广播、电视的，本法另有规定的除外；

（六）未经著作权人或者与著作权有关的权利人许可，故意避开或者破坏权利人为其作品、录音录像制品等采取的保护著作权或者与著作权有关的权利的技术措施的，法律、行政法规另有规定的除外；

（七）未经著作权人或者与著作权有关的权利人许可，故意删除或者改变作品、录音录像制品等的权利管理电子信息的，法律、行政法规另有规定的除外；

（八）制作、出售假冒他人署名的作品的。

第四十九条 侵犯著作权或者与著作权有关的权利的，侵权人应当按照权利人的实际损失给予赔偿；实际损失难以计算的，可以按照侵权人的违法所得给予赔偿。赔偿数额还应当包括权利人为制止侵权行为所支付的合理开支。

权利人的实际损失或者侵权人的违法所得不能确定的，由人民法院根据侵权行为的情节，判决给予五十万元以下的赔偿。

第五十条 著作权人或者与著作权有关的权利人有证据证明他人正在实施或者即将实施侵犯其权利的行为，如不及时制止将会使其合法权益受到难以弥补的损害的，可以在起诉前向人民法院申请采取责令停止有关行为和财产保全的措施。

人民法院处理前款申请，适用《中华人民共和国民事诉讼法》第九十三条至第九十六条和第九十九条的规定。

第五十一条 为制止侵权行为，在证据可能灭失或者以后难以取得的情况下，著作权人或者与著作权有关的权利人可以在起诉前向人民法院申请保全证据。

人民法院接受申请后，必须在四十八小时内作出裁定；裁定采取保全措施的，应当立即开始执行。

人民法院可以责令申请人提供担保，申请人不提供担保的，驳回申请。

申请人在人民法院采取保全措施后十五日内不起诉的，人民法院应当解除保全措施。

第五十二条 人民法院审理案件，对于侵犯著作权或者与著作权有关的权利的，可以没收违法所得、侵权复制品以及进行违法活动的财物。

第五十三条 复制品的出版者、制作者不能证明其出版、制作有合法授权的，复制品的发行者或者电影作品或者以类似摄制电影的方法创作的作品、计算机软件、录音录像制品的复制品的出租者不能证明其发行、出租的复制品有合法来源的，应当承担法律责任。

第五十四条 当事人不履行合同义务或者履行合同义务不符合约定条件的，应当依照《中华人民共和国民法通则》、《中华人民共和国合同法》等有关法律规定承担民事责任。

第五十五条 著作权纠纷可以调解，也可以根据当事人达成的书面仲裁协议或者著作权合同中的仲裁条款，向仲裁机构申请仲裁。

当事人没有书面仲裁协议，也没有在著作权合同中订立仲裁条款的，可以直接向人民法院起诉。

第五十六条 当事人对行政处罚不服的,可以自收到行政处罚决定书之日起三个月内向人民法院起诉,期满不起诉又不履行的,著作权行政管理部门可以申请人民法院执行。

第六章 附 则

第五十七条 本法所称的著作权即版权。

第五十八条 本法第二条所称的出版,指作品的复制、发行。

第五十九条 计算机软件、信息网络传播权的保护办法由国务院另行规定。

第六十条 本法规定的著作权人和出版者、表演者、录音录像制作者、广播电台、电视台的权利,在本法施行之日尚未超过本法规定的保护期的,依照本法予以保护。

本法施行前发生的侵权或者违约行为,依照侵权或者违约行为发生时的有关规定和政策处理。

第六十一条 本法自 1991 年 6 月 1 日起施行。

最高人民法院关于审理著作权民事纠纷案件适用法律若干问题的解释

(2002 年 10 月 12 日最高人民法院审判委员会第 1246 次会议通过　2002 年 10 月 12 日中华人民共和国最高人民法院公告公布　2002 年 10 月 15 日起施行　法释〔2002〕31 号)

为了正确审理著作权民事纠纷案件,根据《中华人民共和国民法通则》、《中华人民共和国合同法》、《中华人民共和国著作权法》、《中华人民共和国民事诉讼法》等法律的规定,就适用法律若干问题解释如下:

第一条　人民法院受理以下著作权民事纠纷案件:(一)著作权及与著作权有关权益权属、侵权、合同纠纷案件;(二)申请诉前停止侵犯著作权、与著作权有关权益行为,申请诉前财产保全、诉前证据保全案件;(三)其他著作权、与著作权有关权益纠纷案件。

第二条　著作权民事纠纷案件,由中级以上人民法院管辖。

各高级人民法院根据本辖区的实际情况,可以确定若干基层人民法院管辖第一审著作权民事纠纷案件。

第三条　对著作权行政管理部门查处的侵犯著作权行为,当事人向人民法院提起诉讼追究该行为人民事责任的,人民法院应当受理。

人民法院审理已经过著作权行政管理部门处理的侵犯著作权行为的民事纠纷案件,应当对案件事实进行全面审查。

第四条　因侵犯著作权行为提起的民事诉讼,由著作权法第四十六条、第四十七条所规定侵权行为的实施地、侵权复制品储藏地或者查封扣押地、被告住所地人民法院管辖。

前款规定的侵权复制品储藏地,是指大量或者经常性储存、隐匿侵权复制品所在地;查封扣押地,是指海关、版权、工商等行政机关依法查封、扣押侵权复制品所在地。

第五条 对涉及不同侵权行为实施地的多个被告提起的共同诉讼,原告可以选择其中一个被告的侵权行为实施地人民法院管辖;仅对其中某一被告提起的诉讼,该被告侵权行为实施地的人民法院有管辖权。

第六条 依法成立的著作权集体管理组织,根据著作权人的书面授权,以自己的名义提起诉讼,人民法院应当受理。

第七条 当事人提供的涉及著作权的底稿、原件、合法出版物、著作权登记证书、认证机构出具的证明、取得权利的合同等,可以作为证据。

在作品或者制品上署名的自然人、法人或者其他组织视为著作权、与著作权有关权益的权利人,但有相反证明的除外。

第八条 当事人自行或者委托他人以定购、现场交易等方式购买侵权复制品而取得的实物、发票等,可以作为证据。

公证人员在未向涉嫌侵权的一方当事人表明身份的情况下,如实对另一方当事人按照前款规定的方式取得的证据和取证过程出具的公证书,应当作为证据使用,但有相反证据的除外。

第九条 著作权法第十条第(一)项规定的"公之于众",是指著作权人自行或者经著作权人许可将作品向不特定的人公开,但不以公众知晓为构成条件。

第十条 著作权法第十五条第二款所指的作品,著作权人是自然人的,其保护期适用著作权法第二十一条第一款的规定;著作权人是法人或其他组织的,其保护期适用著作权法第二十一条第二款的规定。

第十一条 因作品署名顺序发生的纠纷,人民法院按照下列原则处理：有约定的按约定确定署名顺序；没有约定的，可以按照创作作品付出的劳动、作品排列、作者姓氏笔画等确定署名顺序。

第十二条 按照著作权法第十七条规定委托作品著作权属于受托人的情形，委托人在约定的使用范围内享有使用作品的权利；双方没有约定使用作品范围的，委托人可以在委托创作的特定目的范围内免费使用该作品。

第十三条 除著作权法第十一条第三款规定的情形外，由他人执笔，本人审阅定稿并以本人名义发表的报告、讲话等作品，著作权归报告人或者讲话人享有。著作权人可以支付执笔人适当的报酬。

第十四条 当事人合意以特定人物经历为题材完成的自传体作品，当事人对著作权权属有约定的，依其约定；没有约定的，著作权归该特定人物享有，执笔人或整理人对作品完成付出劳动的，著作权人可以向其支付适当的报酬。

第十五条 由不同作者就同一题材创作的作品，作品的表达系独立完成并且有创作性的，应当认定作者各自享有独立著作权。

第十六条 通过大众传播媒介传播的单纯事实消息属于著作权法第五条第（二）项规定的时事新闻。传播报道他人采编的时事新闻，应当注明出处。

第十七条 著作权法第三十二条第二款规定的转载，是指报纸、期刊登载其他报刊已发表作品的行为。转载未注明被转载作品的作者和最初登载的报刊出处的，应当承担消除影响、赔礼道歉等民事责任。

第十八条 著作权法第二十二条第（十）项规定的室外公共场所的艺术作品，是指设置或者陈列在室外社会公众活动处所的雕塑、绘画、书法等艺术作品。

对前款规定艺术作品的临摹、绘画、摄影、录像人，可以对其成果以合理的方式和范围再行使用，不构成侵权。

第十九条 出版者、制作者应当对其出版、制作有合法授权承担举证责任,发行者、出租者应当对其发行或者出租的复制品有合法来源承担举证责任。举证不能的,依据著作权法第四十六条、第四十七条的相应规定承担法律责任。

第二十条 出版物侵犯他人著作权的,出版者应当根据其过错、侵权程度及损害后果等承担民事赔偿责任。

出版者对其出版行为的授权、稿件来源和署名、所编辑出版物的内容等未尽到合理注意义务的,依据著作权法第四十八条的规定,承担赔偿责任。

出版者尽了合理注意义务,著作权人也无证据证明出版者应当知道其出版涉及侵权的,依据民法通则第一百一十七条第一款的规定,出版者承担停止侵权、返还其侵权所得利润的民事责任。

出版者所尽合理注意义务情况,由出版者承担举证责任。

第二十一条 计算机软件用户未经许可或者超过许可范围商业使用计算机软件的,依据著作权法第四十七条第(一)项、《计算机软件保护条例》第二十四条第(一)项的规定承担民事责任。

第二十二条 著作权转让合同未采取书面形式的,人民法院依据合同法第三十六条、第三十七条的规定审查合同是否成立。

第二十三条 出版者将著作权人交付出版的作品丢失、毁损致使出版合同不能履行的,依据著作权法第五十三条、民法通则第一百一十七条以及合同法第一百二十二条的规定追究出版者的民事责任。

第二十四条 权利人的实际损失,可以根据权利人因侵权所造成复制品发行减少量或者侵权复制品销售量与权利人发行该复制品单位利润乘积计算。发行减少量难以确定的,按照侵权复制品市场销售量确定。

第二十五条 权利人的实际损失或者侵权人的违法所得无法确定的,人民法院根据当事人的请求或者依职权适用著作权法第四十八条第二款的规定确定赔偿数额。

人民法院在确定赔偿数额时，应当考虑作品类型、合理使用费、侵权行为性质、后果等情节综合确定。

当事人按照本条第一款的规定就赔偿数额达成协议的，应当准许。

第二十六条 著作权法第四十八条第一款规定的制止侵权行为所支付的合理开支，包括权利人或者委托代理人对侵权行为进行调查、取证的合理费用。

人民法院根据当事人的诉讼请求和具体案情，可以将符合国家有关部门规定的律师费用计算在赔偿范围内。

第二十七条 在著作权法修改决定施行前发生的侵犯著作权行为起诉的案件，人民法院于该决定施行后做出判决的，可以参照适用著作权法第四十八条的规定。

第二十八条 侵犯著作权的诉讼时效为二年，自著作权人知道或者应当知道侵权行为之日起计算。权利人超过二年起诉的，如果侵权行为在起诉时仍在持续，在该著作权保护期内，人民法院应当判决被告停止侵权行为；侵权损害赔偿数额应当自权利人向人民法院起诉之日起向前推算二年计算。

第二十九条 对著作权法第四十七条规定的侵权行为，人民法院根据当事人的请求除追究行为人民事责任外，还可以依据民法通则第一百三十四条第三款的规定给予民事制裁，罚款数额可以参照《中华人民共和国著作权法实施条例》的有关规定确定。

著作权行政管理部门对相同的侵权行为已经给予行政处罚的，人民法院不再予以民事制裁。

第三十条 对 2001 年 10 月 27 日前发生的侵犯著作权行为，当事人于 2001 年 10 月 27 日后向人民法院提出申请采取责令停止侵权行为或者证据保全措施的，适用著作权法第四十九条、第五十条的规定。

人民法院采取诉前措施,参照《最高人民法院关于诉前停止侵犯注册商标专用权行为和保全证据适用法律问题的解释》的规定办理。

第三十一条 除本解释另行规定外,2001 年 10 月 27 日以后人民法院受理的著作权民事纠纷案件,涉及 2001 年 10 月 27 日前发生的民事行为的,适用修改前著作权法的规定;涉及该日期以后发生的民事行为的,适用修改后著作权法的规定;涉及该日期前发生,持续到该日期后的民事行为的,适用修改后著作权法的规定。

第三十二条 以前的有关规定与本解释不一致的,以本解释为准。

最高人民法院关于审理侵害信息网络传播权民事纠纷案件适用法律若干问题的规定

(2012年11月26日最高人民法院审判委员会第1561次会议通过　2012年12月17日中华人民共和国最高人民法院公告公布　2013年1月1日起施行　法释〔2012〕20号)

为正确审理侵害信息网络传播权民事纠纷案件,依法保护信息网络传播权,促进信息网络产业健康发展,维护公共利益,根据《中华人民共和国民法通则》《中华人民共和国侵权责任法》《中华人民共和国著作权法》《中华人民共和国民事诉讼法》等有关法律规定,结合审判实际,制定本规定。

第一条　人民法院审理侵害信息网络传播权民事纠纷案件,在依法行使裁量权时,应当兼顾权利人、网络服务提供者和社会公众的利益。

第二条　本规定所称信息网络,包括以计算机、电视机、固定电话机、移动电话机等电子设备为终端的计算机互联网、广播电视网、固定通信网、移动通信网等信息网络,以及向公众开放的局域网络。

第三条　网络用户、网络服务提供者未经许可,通过信息网络提供权利人享有信息网络传播权的作品、表演、录音录像制品,除法律、行政法规另有规定外,人民法院应当认定其构成侵害信息网络传播权行为。

通过上传到网络服务器、设置共享文件或者利用文件分享软件等方式,将作品、表演、录音录像制品置于信息网络中,使公众能够在个人选定的时间和地点以下载、浏览或者其他方式获得的,人民法院应当认定其实施了前款规定的提供行为。

第四条 有证据证明网络服务提供者与他人以分工合作等方式共同提供作品、表演、录音录像制品,构成共同侵权行为的,人民法院应当判令其承担连带责任。网络服务提供者能够证明其仅提供自动接入、自动传输、信息存储空间、搜索、链接、文件分享技术等网络服务,主张其不构成共同侵权行为的,人民法院应予支持。

第五条 网络服务提供者以提供网页快照、缩略图等方式实质替代其他网络服务提供者向公众提供相关作品的,人民法院应当认定其构成提供行为。

前款规定的提供行为不影响相关作品的正常使用,且未不合理损害权利人对该作品的合法权益,网络服务提供者主张其未侵害信息网络传播权的,人民法院应予支持。

第六条 原告有初步证据证明网络服务提供者提供了相关作品、表演、录音录像制品,但网络服务提供者能够证明其仅提供网络服务,且无过错的,人民法院不应认定为构成侵权。

第七条 网络服务提供者在提供网络服务时教唆或者帮助网络用户实施侵害信息网络传播权行为的,人民法院应当判令其承担侵权责任。

网络服务提供者以言语、推介技术支持、奖励积分等方式诱导、鼓励网络用户实施侵害信息网络传播权行为的,人民法院应当认定其构成教唆侵权行为。

网络服务提供者明知或者应知网络用户利用网络服务侵害信息网络传播权,未采取删除、屏蔽、断开链接等必要措施,或者提供技术支持等帮助行为的,人民法院应当认定其构成帮助侵权行为。

第八条 人民法院应当根据网络服务提供者的过错，确定其是否承担教唆、帮助侵权责任。网络服务提供者的过错包括对于网络用户侵害信息网络传播权行为的明知或者应知。

网络服务提供者未对网络用户侵害信息网络传播权的行为主动进行审查的，人民法院不应据此认定其具有过错。

网络服务提供者能够证明已采取合理、有效的技术措施，仍难以发现网络用户侵害信息网络传播权行为的，人民法院应当认定其不具有过错。

第九条 人民法院应当根据网络用户侵害信息网络传播权的具体事实是否明显，综合考虑以下因素，认定网络服务提供者是否构成应知：

（一）基于网络服务提供者提供服务的性质、方式及其引发侵权的可能性大小，应当具备的管理信息的能力；

（二）传播的作品、表演、录音录像制品的类型、知名度及侵权信息的明显程度；

（三）网络服务提供者是否主动对作品、表演、录音录像制品进行了选择、编辑、修改、推荐等；

（四）网络服务提供者是否积极采取了预防侵权的合理措施；

（五）网络服务提供者是否设置便捷程序接收侵权通知并及时对侵权通知作出合理的反应；

（六）网络服务提供者是否针对同一网络用户的重复侵权行为采取了相应的合理措施；

（七）其他相关因素。

第十条 网络服务提供者在提供网络服务时，对热播影视作品等以设置榜单、目录、索引、描述性段落、内容简介等方式进行推荐，且公众可以在其网页上直接以下载、浏览或者其他方式获得的，人民法院可以认定其应知网络用户侵害信息网络传播权。

第十一条 网络服务提供者从网络用户提供的作品、表演、录音录像制品中直接获得经济利益的,人民法院应当认定其对该网络用户侵害信息网络传播权的行为负有较高的注意义务。

网络服务提供者针对特定作品、表演、录音录像制品投放广告获取收益,或者获取与其传播的作品、表演、录音录像制品存在其他特定联系的经济利益,应当认定为前款规定的直接获得经济利益。网络服务提供者因提供网络服务而收取一般性广告费、服务费等,不属于本款规定的情形。

第十二条 有下列情形之一的,人民法院可以根据案件具体情况,认定提供信息存储空间服务的网络服务提供者应知网络用户侵害信息网络传播权:

(一)将热播影视作品等置于首页或者其他主要页面等能够为网络服务提供者明显感知的位置的;

(二)对热播影视作品等的主题、内容主动进行选择、编辑、整理、推荐,或者为其设立专门的排行榜的;

(三)其他可以明显感知相关作品、表演、录音录像制品为未经许可提供,仍未采取合理措施的情形。

第十三条 网络服务提供者接到权利人以书信、传真、电子邮件等方式提交的通知,未及时采取删除、屏蔽、断开链接等必要措施的,人民法院应当认定其明知相关侵害信息网络传播权行为。

第十四条 人民法院认定网络服务提供者采取的删除、屏蔽、断开链接等必要措施是否及时,应当根据权利人提交通知的形式,通知的准确程度,采取措施的难易程度,网络服务的性质,所涉作品、表演、录音录像制品的类型、知名度、数量等因素综合判断。

第十五条 侵害信息网络传播权民事纠纷案件由侵权行为地或者被告住所地人民法院管辖。侵权行为地包括实施被诉侵权行为的网络服务器、计算机终端等设备所在地。侵权行为地和被告住所地均难以确定或者在境外的,原告发现侵权内容的计算机终端等设备所在地可以视为侵权行为地。

第十六条 本规定施行之日起,《最高人民法院关于审理涉及计算机网络著作权纠纷案件适用法律若干问题的解释》(法释〔2006〕11号)同时废止。

本规定施行之后尚未终审的侵害信息网络传播权民事纠纷案件,适用本规定。本规定施行前已经终审,当事人申请再审或者按照审判监督程序决定再审的,不适用本规定。

中华人民共和国国家通用语言文字法

（2000年10月31日第九届全国人民代表大会常务委员会第十八次会议通过　2000年10月31日中华人民共和国主席令第37号公布　2001年1月1日起施行）

第一章　总　　则

第一条　为推动国家通用语言文字的规范化、标准化及其健康发展，使国家通用语言文字在社会生活中更好地发挥作用，促进各民族、各地区经济文化交流，根据宪法，制定本法。

第二条　本法所称的国家通用语言文字是普通话和规范汉字。

第三条　国家推广普通话，推行规范汉字。

第四条　公民有学习和使用国家通用语言文字的权利。

国家为公民学习和使用国家通用语言文字提供条件。

地方各级人民政府及其有关部门应当采取措施，推广普通话和推行规范汉字。

第五条　国家通用语言文字的使用应当有利于维护国家主权和民族尊严，有利于国家统一和民族团结，有利于社会主义物质文明建设和精神文明建设。

第六条　国家颁布国家通用语言文字的规范和标准，管理国家通用语言文字的社会应用，支持国家通用语言文字的教学和科学研究，促进国家通用语言文字的规范、丰富和发展。

第七条　国家奖励为国家通用语言文字事业做出突出贡献的组织和个人。

第八条 各民族都有使用和发展自己的语言文字的自由。

少数民族语言文字的使用依据宪法、民族区域自治法及其他法律的有关规定。

第二章 国家通用语言文字的使用

第九条 国家机关以普通话和规范汉字为公务用语用字。法律另有规定的除外。

第十条 学校及其他教育机构以普通话和规范汉字为基本的教育教学用语用字。法律另有规定的除外。

学校及其他教育机构通过汉语文课程教授普通话和规范汉字。使用的汉语文教材,应当符合国家通用语言文字的规范和标准。

第十一条 汉语文出版物应当符合国家通用语言文字的规范和标准。

汉语文出版物中需要使用外国语言文字的,应当用国家通用语言文字作必要的注释。

第十二条 广播电台、电视台以普通话为基本的播音用语。

需要使用外国语言为播音用语的,须经国务院广播电视部门批准。

第十三条 公共服务行业以规范汉字为基本的服务用字。因公共服务需要,招牌、广告、告示、标志牌等使用外国文字并同时使用中文的,应当使用规范汉字。

提倡公共服务行业以普通话为服务用语。

第十四条 下列情形,应当以国家通用语言文字为基本的用语用字:

(一)广播、电影、电视用语用字;

(二)公共场所的设施用字;

（三）招牌、广告用字；

（四）企业事业组织名称；

（五）在境内销售的商品的包装、说明。

第十五条 信息处理和信息技术产品中使用的国家通用语言文字应当符合国家的规范和标准。

第十六条 本章有关规定中，有下列情形的，可以使用方言：

（一）国家机关的工作人员执行公务时确需使用的；

（二）经国务院广播电视部门或省级广播电视部门批准的播音用语；

（三）戏曲、影视等艺术形式中需要使用的；

（四）出版、教学、研究中确需使用的。

第十七条 本章有关规定中，有下列情形的，可以保留或使用繁体字、异体字：

（一）文物古迹；

（二）姓氏中的异体字；

（三）书法、篆刻等艺术作品；

（四）题词和招牌的手书字；

（五）出版、教学、研究中需要使用的；

（六）经国务院有关部门批准的特殊情况。

第十八条 国家通用语言文字以《汉语拼音方案》作为拼写和注音工具。

《汉语拼音方案》是中国人名、地名和中文文献罗马字母拼写法的统一规范，并用于汉字不便或不能使用的领域。

初等教育应当进行汉语拼音教学。

第十九条 凡以普通话作为工作语言的岗位，其工作人员应当具备说普通话的能力。

以普通话作为工作语言的播音员、节目主持人和影视话剧演员、教师、国家机关工作人员的普通话水平，应当分别达到国家规定的等级标准；对尚未达到国家规定的普通话等级标准的，分别情况进行培训。

第二十条 对外汉语教学应当教授普通话和规范汉字。

第三章 管理和监督

第二十一条 国家通用语言文字工作由国务院语言文字工作部门负责规划指导、管理监督。

国务院有关部门管理本系统的国家通用语言文字的使用。

第二十二条 地方语言文字工作部门和其他有关部门，管理和监督本行政区域内的国家通用语言文字的使用。

第二十三条 县级以上各级人民政府工商行政管理部门依法对企业名称、商品名称以及广告的用语用字进行管理和监督。

第二十四条 国务院语言文字工作部门颁布普通话水平测试等级标准。

第二十五条 外国人名、地名等专有名词和科学技术术语译成国家通用语言文字，由国务院语言文字工作部门或者其他有关部门组织审定。

第二十六条 违反本法第二章有关规定，不按照国家通用语言文字的规范和标准使用语言文字的，公民可以提出批评和建议。

本法第十九条第二款规定的人员用语违反本法第二章有关规定的，有关单位应当对直接责任人员进行批评教育；拒不改正的，由有关单位作出处理。

城市公共场所的设施和招牌、广告用字违反本法第二章有关规定的，由有关行政管理部门责令改正；拒不改正的，予以警告，并督促其限期改正。

第二十七条 违反本法规定，干涉他人学习和使用国家通用语言文字的，由有关行政管理部门责令限期改正，并予以警告。

第四章　附　　则

第二十八条　本法自 2001 年 1 月 1 日起施行。

《中华人民共和国广告法》[①]部分条款

（1994年10月27日第八届全国人民代表大会常务委员会第十次会议通过）

第三条 广告应当真实、合法，以健康的表现形式表达广告内容，符合社会主义精神文明建设和弘扬中华民族优秀传统文化的要求。

第四条 广告不得含有虚假或者引人误解的内容，不得欺骗、误导消费者。

广告主应当对广告内容的真实性负责。

第八条 广告中对商品的性能、功能、产地、用途、质量、成分、价格、生产者、有效期限、允诺等或者对服务的内容、提供者、形式、质量、价格、允诺等有表示的，应当准确、清楚、明白。

广告中表明推销的商品或者服务附带赠送的，应当明示所附带赠送商品或者服务的品种、规格、数量、期限和方式。

法律、行政法规规定广告中应当明示的内容，应当显著、清晰表示。

第九条 广告不得有下列情形：

（一）使用或者变相使用中华人民共和国的国旗、国歌、国徽，军旗、军歌、军徽；

（二）使用或者变相使用国家机关、国家机关工作人员的名义或者形象；

---

① 本法律有过修订，此处所载为经2015年4月24日第十二届全国人民代表大会常务委员会第十四次会议修订的版本。

（三）使用“国家级”、“最高级”、“最佳”等用语；

（四）损害国家的尊严或者利益，泄露国家秘密；

（五）妨碍社会安定，损害社会公共利益；

（六）危害人身、财产安全，泄露个人隐私；

（七）妨碍社会公共秩序或者违背社会良好风尚；

（八）含有淫秽、色情、赌博、迷信、恐怖、暴力的内容；

（九）含有民族、种族、宗教、性别歧视的内容；

（十）妨碍环境、自然资源或者文化遗产保护；

（十一）法律、行政法规规定禁止的其他情形。

第十条 广告不得损害未成年人和残疾人的身心健康。

第十一条 广告内容涉及的事项需要取得行政许可的，应当与许可的内容相符合。

广告使用数据、统计资料、调查结果、文摘、引用语等引证内容的，应当真实、准确，并表明出处。引证内容有适用范围和有效期限的，应当明确表示。

第十二条 广告中涉及专利产品或者专利方法的，应当标明专利号和专利种类。

未取得专利权的，不得在广告中谎称取得专利权。

禁止使用未授予专利权的专利申请和已经终止、撤销、无效的专利作广告。

第十三条 广告不得贬低其他生产经营者的商品或者服务。

第十四条 广告应当具有可识别性，能够使消费者辨明其为广告。

大众传播媒介不得以新闻报道形式变相发布广告。通过大众传播媒介发布的广告应当显著标明“广告”，与其他非广告信息相区别，不得使消费者产生误解。

广播电台、电视台发布广告，应当遵守国务院有关部门关于时长、方式的规定，并应当对广告时长作出明显提示。

第十五条 麻醉药品、精神药品、医疗用毒性药品、放射性药品等特殊药品，药品类易制毒化学品，以及戒毒治疗的药品、医疗器械和治疗方法，不得作广告。

前款规定以外的处方药，只能在国务院卫生行政部门和国务院药品监督管理部门共同指定的医学、药学专业刊物上作广告。

第十六条 医疗、药品、医疗器械广告不得含有下列内容：

（一）表示功效、安全性的断言或者保证；

（二）说明治愈率或者有效率；

（三）与其他药品、医疗器械的功效和安全性或者其他医疗机构比较；

（四）利用广告代言人作推荐、证明；

（五）法律、行政法规规定禁止的其他内容。

药品广告的内容不得与国务院药品监督管理部门批准的说明书不一致，并应当显著标明禁忌、不良反应。处方药广告应当显著标明“本广告仅供医学药学专业人士阅读”，非处方药广告应当显著标明“请按药品说明书或者在药师指导下购买和使用”。

推荐给个人自用的医疗器械的广告，应当显著标明“请仔细阅读产品说明书或者在医务人员的指导下购买和使用”。医疗器械产品注册证明文件中有禁忌内容、注意事项的，广告中应当显著标明“禁忌内容或者注意事项详见说明书”。

第十七条 除医疗、药品、医疗器械广告外，禁止其他任何广告涉及疾病治疗功能，并不得使用医疗用语或者易使推销的商品与药品、医疗器械相混淆的用语。

第十八条 保健食品广告不得含有下列内容：

（一）表示功效、安全性的断言或者保证；

（二）涉及疾病预防、治疗功能；

（三）声称或者暗示广告商品为保障健康所必需；

（四）与药品、其他保健食品进行比较；

（五）利用广告代言人作推荐、证明；

（六）法律、行政法规规定禁止的其他内容。

保健食品广告应当显著标明“本品不能代替药物”。

第十九条 广播电台、电视台、报刊音像出版单位、互联网信息服务提供者不得以介绍健康、养生知识等形式变相发布医疗、药品、医疗器械、保健食品广告。

第二十条 禁止在大众传播媒介或者公共场所发布声称全部或者部分替代母乳的婴儿乳制品、饮料和其他食品广告。

第二十一条 农药、兽药、饲料和饲料添加剂广告不得含有下列内容：

（一）表示功效、安全性的断言或者保证；

（二）利用科研单位、学术机构、技术推广机构、行业协会或者专业人士、用户的名义或者形象作推荐、证明；

（三）说明有效率；

（四）违反安全使用规程的文字、语言或者画面；

（五）法律、行政法规规定禁止的其他内容。

第二十二条 禁止在大众传播媒介或者公共场所、公共交通工具、户外发布烟草广告。禁止向未成年人发送任何形式的烟草广告。

禁止利用其他商品或者服务的广告、公益广告，宣传烟草制品名称、商标、包装、装潢以及类似内容。

烟草制品生产者或者销售者发布的迁址、更名、招聘等启事中，不得含有烟草制品名称、商标、包装、装潢以及类似内容。

第二十三条 酒类广告不得含有下列内容：

（一）诱导、怂恿饮酒或者宣传无节制饮酒；

（二）出现饮酒的动作；

（三）表现驾驶车、船、飞机等活动；

（四）明示或者暗示饮酒有消除紧张和焦虑、增加体力等功效。

第二十四条 教育、培训广告不得含有下列内容：

（一）对升学、通过考试、获得学位学历或者合格证书，或者对教育、培训的效果作出明示或者暗示的保证性承诺；

（二）明示或者暗示有相关考试机构或者其工作人员、考试命题人员参与教育、培训；

（三）利用科研单位、学术机构、教育机构、行业协会、专业人士、受益者的名义或者形象作推荐、证明。

第二十五条 招商等有投资回报预期的商品或者服务广告，应当对可能存在的风险以及风险责任承担有合理提示或者警示，并不得含有下列内容：

（一）对未来效果、收益或者与其相关的情况作出保证性承诺，明示或者暗示保本、无风险或者保收益等，国家另有规定的除外；

（二）利用学术机构、行业协会、专业人士、受益者的名义或者形象作推荐、证明。

第二十六条 房地产广告，房源信息应当真实，面积应当表明为建筑面积或者套内建筑面积，并不得含有下列内容：

（一）升值或者投资回报的承诺；

（二）以项目到达某一具体参照物的所需时间表示项目位置；

（三）违反国家有关价格管理的规定；

（四）对规划或者建设中的交通、商业、文化教育设施以及其他市政条件作误导宣传。

第二十七条 农作物种子、林木种子、草种子、种畜禽、水产苗种和种养殖广告关于品种名称、生产性能、生长量或者产量、品质、抗性、特殊使用价值、经济价值、适宜种植或者养殖的范围和条件等方面的表述应当真实、清楚、明白，并不得含有下列内容：

（一）作科学上无法验证的断言；

（二）表示功效的断言或者保证；

（三）对经济效益进行分析、预测或者作保证性承诺；

（四）利用科研单位、学术机构、技术推广机构、行业协会或者专业人士、用户的名义或者形象作推荐、证明。

第二十九条 广播电台、电视台、报刊出版单位从事广告发布业务的，应当设有专门从事广告业务的机构，配备必要的人员，具有与发布广告相适应的场所、设备，并向县级以上地方工商行政管理部门办理广告发布登记。

第三十二条 广告主委托设计、制作、发布广告，应当委托具有合法经营资格的广告经营者、广告发布者。

第三十三条 广告主或者广告经营者在广告中使用他人名义或者形象的，应当事先取得其书面同意；使用无民事行为能力人、限制民事行为能力人的名义或者形象的，应当事先取得其监护人的书面同意。

第三十四条 广告经营者、广告发布者应当按照国家有关规定，建立、健全广告业务的承接登记、审核、档案管理制度。

广告经营者、广告发布者依据法律、行政法规查验有关证明文件，核对广告内容。对内容不符或者证明文件不全的广告，广告经营者不得提供设计、制作、代理服务，广告发布者不得发布。

第三十五条 广告经营者、广告发布者应当公布其收费标准和收费办法。

第三十六条 广告发布者向广告主、广告经营者提供的覆盖率、收视率、点击率、发行量等资料应当真实。

第三十七条 法律、行政法规规定禁止生产、销售的产品或者提供的服务，以及禁止发布广告的商品或者服务，任何单位或者个人不得设计、制作、代理、发布广告。

第三十九条 不得在中小学校、幼儿园内开展广告活动，不得利用中小学生和幼儿的教材、教辅材料、练习册、文具、教具、校服、校车等发布或者变相发布广告，但公益广告除外。

第四十条 在针对未成年人的大众传播媒介上不得发布医疗、药品、保健食品、医疗器械、化妆品、酒类、美容广告,以及不利于未成年人身心健康的网络游戏广告。

针对不满十四周岁的未成年人的商品或者服务的广告不得含有下列内容:

(一)劝诱其要求家长购买广告商品或者服务;

(二)可能引发其模仿不安全行为。

第四十四条 利用互联网从事广告活动,适用本法的各项规定。

利用互联网发布、发送广告,不得影响用户正常使用网络。在互联网页面以弹出等形式发布的广告,应当显著标明关闭标志,确保一键关闭。

第四十六条 发布医疗、药品、医疗器械、农药、兽药和保健食品广告,以及法律、行政法规规定应当进行审查的其他广告,应当在发布前由有关部门(以下称广告审查机关)对广告内容进行审查;未经审查,不得发布。

第五十六条 违反本法规定,发布虚假广告,欺骗、误导消费者,使购买商品或者接受服务的消费者的合法权益受到损害的,由广告主依法承担民事责任。广告经营者、广告发布者不能提供广告主的真实名称、地址和有效联系方式的,消费者可以要求广告经营者、广告发布者先行赔偿。

关系消费者生命健康的商品或者服务的虚假广告,造成消费者损害的,其广告经营者、广告发布者、广告代言人应当与广告主承担连带责任。

前款规定以外的商品或者服务的虚假广告,造成消费者损害的,其广告经营者、广告发布者、广告代言人,明知或者应知广告虚假仍设计、制作、代理、发布或者作推荐、证明的,应当与广告主承担连带责任。

第六十条 违反本法第二十九条规定，广播电台、电视台、报刊出版单位未办理广告发布登记，擅自从事广告发布业务的，由工商行政管理部门责令改正，没收违法所得，违法所得一万元以上的，并处违法所得一倍以上三倍以下的罚款；违法所得不足一万元的，并处五千元以上三万元以下的罚款。

第六十八条 广播电台、电视台、报刊音像出版单位发布违法广告，或者以新闻报道形式变相发布广告，或者以介绍健康、养生知识等形式变相发布医疗、药品、医疗器械、保健食品广告，工商行政管理部门依照本法给予处罚的，应当通报新闻出版广电部门以及其他有关部门。新闻出版广电部门以及其他有关部门应当依法对负有责任的主管人员和直接责任人员给予处分；情节严重的，并可以暂停媒体的广告发布业务。

新闻出版广电部门以及其他有关部门未依照前款规定对广播电台、电视台、报刊音像出版单位进行处理的，对负有责任的主管人员和直接责任人员，依法给予处分。

第七十四条 国家鼓励、支持开展公益广告宣传活动，传播社会主义核心价值观，倡导文明风尚。

大众传播媒介有义务发布公益广告。广播电台、电视台、报刊出版单位应当按照规定的版面、时段、时长发布公益广告。公益广告的管理办法，由国务院工商行政管理部门会同有关部门制定。

出版管理条例[①]

（2001年12月25日中华人民共和国国务院令第343号公布）

第一章 总 则

第一条 为了加强对出版活动的管理，发展和繁荣有中国特色社会主义出版产业和出版事业，保障公民依法行使出版自由的权利，促进社会主义精神文明和物质文明建设，根据宪法，制定本条例。

第二条 在中华人民共和国境内从事出版活动，适用本条例。

本条例所称出版活动，包括出版物的出版、印刷或者复制、进口、发行。

本条例所称出版物，是指报纸、期刊、图书、音像制品、电子出版物等。

第三条 出版活动必须坚持为人民服务、为社会主义服务的方向，坚持以马克思列宁主义、毛泽东思想、邓小平理论和"三个代表"重要思想为指导，贯彻落实科学发展观，传播和积累有益于提高民族素质、有益于经济发展和社会进步的科学技术和文化知识，弘扬民族优秀文化，促进国际文化交流，丰富和提高人民的精神生活。

第四条 从事出版活动，应当将社会效益放在首位，实现社会

---

① 本文件有过修订，此处所载为据2016年2月6日中华人民共和国国务院令第666号《国务院关于修改部分行政法规的决定》修订的版本。

效益与经济效益相结合。

第五条 公民依法行使出版自由的权利,各级人民政府应当予以保障。

公民在行使出版自由的权利的时候,必须遵守宪法和法律,不得反对宪法确定的基本原则,不得损害国家的、社会的、集体的利益和其他公民的合法的自由和权利。

第六条 国务院出版行政主管部门负责全国的出版活动的监督管理工作。国务院其他有关部门按照国务院规定的职责分工,负责有关的出版活动的监督管理工作。

县级以上地方各级人民政府负责出版管理的部门(以下简称出版行政主管部门)负责本行政区域内出版活动的监督管理工作。县级以上地方各级人民政府其他有关部门在各自的职责范围内,负责有关的出版活动的监督管理工作。

第七条 出版行政主管部门根据已经取得的违法嫌疑证据或者举报,对涉嫌违法从事出版物出版、印刷或者复制、进口、发行等活动的行为进行查处时,可以检查与涉嫌违法活动有关的物品和经营场所;对有证据证明是与违法活动有关的物品,可以查封或者扣押。

第八条 出版行业的社会团体按照其章程,在出版行政主管部门的指导下,实行自律管理。

第二章　出版单位的设立与管理

第九条 报纸、期刊、图书、音像制品和电子出版物等应当由出版单位出版。

本条例所称出版单位,包括报社、期刊社、图书出版社、音像出版社和电子出版物出版社等。

法人出版报纸、期刊,不设立报社、期刊社的,其设立的报纸编辑部、期刊编辑部视为出版单位。

第十条 国务院出版行政主管部门制定全国出版单位总量、结构、布局的规划，指导、协调出版产业和出版事业发展。

第十一条 设立出版单位，应当具备下列条件：

（一）有出版单位的名称、章程；

（二）有符合国务院出版行政主管部门认定的主办单位及其主管机关；

（三）有确定的业务范围；

（四）有30万元以上的注册资本和固定的工作场所；

（五）有适应业务范围需要的组织机构和符合国家规定的资格条件的编辑出版专业人员；

（六）法律、行政法规规定的其他条件。

审批设立出版单位，除依照前款所列条件外，还应当符合国家关于出版单位总量、结构、布局的规划。

第十二条 设立出版单位，由其主办单位向所在地省、自治区、直辖市人民政府出版行政主管部门提出申请；省、自治区、直辖市人民政府出版行政主管部门审核同意后，报国务院出版行政主管部门审批。设立的出版单位为事业单位的，还应当办理机构编制审批手续。

第十三条 设立出版单位的申请书应当载明下列事项：

（一）出版单位的名称、地址；

（二）出版单位的主办单位及其主管机关的名称、地址；

（三）出版单位的法定代表人或者主要负责人的姓名、住址、资格证明文件；

（四）出版单位的资金来源及数额。

设立报社、期刊社或者报纸编辑部、期刊编辑部的，申请书还应当载明报纸或者期刊的名称、刊期、开版或者开本、印刷场所。

申请书应当附具出版单位的章程和设立出版单位的主办单位

及其主管机关的有关证明材料。

第十四条 国务院出版行政主管部门应当自受理设立出版单位的申请之日起60日内,作出批准或者不批准的决定,并由省、自治区、直辖市人民政府出版行政主管部门书面通知主办单位;不批准的,应当说明理由。

第十五条 设立出版单位的主办单位应当自收到批准决定之日起60日内,向所在地省、自治区、直辖市人民政府出版行政主管部门登记,领取出版许可证。登记事项由国务院出版行政主管部门规定。

出版单位领取出版许可证后,属于事业单位法人的,持出版许可证向事业单位登记管理机关登记,依法领取事业单位法人证书;属于企业法人的,持出版许可证向工商行政管理部门登记,依法领取营业执照。

第十六条 报社、期刊社、图书出版社、音像出版社和电子出版物出版社等应当具备法人条件,经核准登记后,取得法人资格,以其全部法人财产独立承担民事责任。

依照本条例第九条第三款的规定,视为出版单位的报纸编辑部、期刊编辑部不具有法人资格,其民事责任由其主办单位承担。

第十七条 出版单位变更名称、主办单位或者其主管机关、业务范围、资本结构,合并或者分立,设立分支机构,出版新的报纸、期刊,或者报纸、期刊变更名称的,应当依照本条例第十二条、第十三条的规定办理审批手续。出版单位属于事业单位法人的,还应当持批准文件到事业单位登记管理机关办理相应的登记手续;属于企业法人的,还应当持批准文件到工商行政管理部门办理相应的登记手续。

出版单位除前款所列变更事项外的其他事项的变更,应当经主办单位及其主管机关审查同意,向所在地省、自治区、直辖市人民政府出版行政主管部门申请变更登记,并报国务院出版行政主管部门备案。出版单位属于事业单位法人的,还应当持批准文件到事业单位登记管理机关办理变更登记;属于企业法人的,还应当持批准文件到工商行政管理部门办理变更登记。

第十八条 出版单位中止出版活动的,应当向所在地省、自治区、直辖市人民政府出版行政主管部门备案并说明理由和期限;出版单位中止出版活动不得超过180日。

出版单位终止出版活动的,由主办单位提出申请并经主管机关同意后,由主办单位向所在地省、自治区、直辖市人民政府出版行政主管部门办理注销登记,并报国务院出版行政主管部门备案。出版单位属于事业单位法人的,还应当持批准文件到事业单位登记管理机关办理注销登记;属于企业法人的,还应当持批准文件到工商行政管理部门办理注销登记。

第十九条 图书出版社、音像出版社和电子出版物出版社自登记之日起满180日未从事出版活动的,报社、期刊社自登记之日起满90日未出版报纸、期刊的,由原登记的出版行政主管部门注销登记,并报国务院出版行政主管部门备案。

因不可抗力或者其他正当理由发生前款所列情形的,出版单位可以向原登记的出版行政主管部门申请延期。

第二十条 图书出版社、音像出版社和电子出版物出版社的年度出版计划及涉及国家安全、社会安定等方面的重大选题,应当经所在地省、自治区、直辖市人民政府出版行政主管部门审核后报国务院出版行政主管部门备案;涉及重大选题,未在出版前报备案的出版物,不得出版。具体办法由国务院出版行政主管部门制定。

期刊社的重大选题,应当依照前款规定办理备案手续。

第二十一条 出版单位不得向任何单位或者个人出售或者以其他形式转让本单位的名称、书号、刊号或者版号、版面,并不得出租本单位的名称、刊号。

出版单位及其从业人员不得利用出版活动谋取其他不正当

利益。

第二十二条 出版单位应当按照国家有关规定向国家图书馆、中国版本图书馆和国务院出版行政主管部门免费送交样本。

第三章 出版物的出版

第二十三条 公民可以依照本条例规定,在出版物上自由表达自己对国家事务、经济和文化事业、社会事务的见解和意愿,自由发表自己从事科学研究、文学艺术创作和其他文化活动的成果。

合法出版物受法律保护,任何组织和个人不得非法干扰、阻止、破坏出版物的出版。

第二十四条 出版单位实行编辑责任制度,保障出版物刊载的内容符合本条例的规定。

第二十五条 任何出版物不得含有下列内容:

(一)反对宪法确定的基本原则的;

(二)危害国家统一、主权和领土完整的;

(三)泄露国家秘密、危害国家安全或者损害国家荣誉和利益的;

(四)煽动民族仇恨、民族歧视,破坏民族团结,或者侵害民族风俗、习惯的;

(五)宣扬邪教、迷信的;

(六)扰乱社会秩序,破坏社会稳定的;

(七)宣扬淫秽、赌博、暴力或者教唆犯罪的;

(八)侮辱或者诽谤他人,侵害他人合法权益的;

(九)危害社会公德或者民族优秀文化传统的;

(十)有法律、行政法规和国家规定禁止的其他内容的。

第二十六条 以未成年人为对象的出版物不得含有诱发未成年人模仿违反社会公德的行为和违法犯罪的行为的内容,不得含有恐怖、残酷等妨害未成年人身心健康的内容。

第二十七条 出版物的内容不真实或者不公正，致使公民、法人或者其他组织的合法权益受到侵害的，其出版单位应当公开更正，消除影响，并依法承担其他民事责任。

报纸、期刊发表的作品内容不真实或者不公正，致使公民、法人或者其他组织的合法权益受到侵害的，当事人有权要求有关出版单位更正或者答辩，有关出版单位应当在其近期出版的报纸、期刊上予以发表；拒绝发表的，当事人可以向人民法院提起诉讼。

第二十八条 出版物必须按照国家的有关规定载明作者、出版者、印刷者或者复制者、发行者的名称、地址，书号、刊号或者版号，在版编目数据，出版日期、刊期以及其他有关事项。

出版物的规格、开本、版式、装帧、校对等必须符合国家标准和规范要求，保证出版物的质量。

出版物使用语言文字必须符合国家法律规定和有关标准、规范。

第二十九条 任何单位和个人不得伪造、假冒出版单位名称或者报纸、期刊名称出版出版物。

第三十条 中学小学教科书由国务院教育行政主管部门审定；其出版、发行单位应当具有适应教科书出版、发行业务需要的资金、组织机构和人员等条件，并取得国务院出版行政主管部门批准的教科书出版、发行资质。纳入政府采购范围的中学小学教科书，其发行单位按照《中华人民共和国政府采购法》的有关规定确定。其他任何单位或者个人不得从事中学小学教科书的出版、发行业务。

第四章 出版物的印刷或者复制和发行

第三十一条 从事出版物印刷或者复制业务的单位，应当向所在地省、自治区、直辖市人民政府出版行政主管部门提出申请，经审核许可，并依照国家有关规定到工商行政管理部门办理相关手续后，方可从事出版物的印刷或者复制。

未经许可并办理相关手续的，不得印刷报纸、期刊、图书，不得复制音像制品、电子出版物。

第三十二条 出版单位不得委托未取得出版物印刷或者复制许可的单位印刷或者复制出版物。

出版单位委托印刷或者复制单位印刷或者复制出版物的，必须提供符合国家规定的印刷或者复制出版物的有关证明，并依法与印刷或者复制单位签订合同。

印刷或者复制单位不得接受非出版单位和个人的委托印刷报纸、期刊、图书或者复制音像制品、电子出版物，不得擅自印刷、发行报纸、期刊、图书或者复制、发行音像制品、电子出版物。

第三十三条 印刷或者复制单位经所在地省、自治区、直辖市人民政府出版行政主管部门批准，可以承接境外出版物的印刷或者复制业务；但是，印刷或者复制的境外出版物必须全部运输出境，不得在境内发行。

境外委托印刷或者复制的出版物的内容，应当经省、自治区、直辖市人民政府出版行政主管部门审核。委托人应当持有著作权人授权书，并向著作权行政管理部门登记。

第三十四条 印刷或者复制单位应当自完成出版物的印刷或者复制之日起2年内，留存一份承接的出版物样本备查。

第三十五条 单位从事出版物批发业务的，须经省、自治区、直辖市人民政府出版行政主管部门审核许可，取得《出版物经营许可证》。

单位和个体工商户从事出版物零售业务的，须经县级人民政府出版行政主管部门审核许可，取得《出版物经营许可证》。

从事出版物连锁经营业务的单位，在省、自治区、直辖市范围内经营的，应当经其总部所在地省、自治区、直辖市人民政府出版行政主管部门批准;跨省或者在全国范围内经营的,应当经其总部所在地省、自治区、直辖市人民政府出版行政主管部门审核后,报国务院出版行政主管部门批准。国务院出版行政主管部门应当自受理申请之日起60日内,作出批准或者不批准的决定。

从事出版物发行业务的单位和个体工商户经出版行政主管部门批准、取得《出版物经营许可证》,并向工商行政管理部门依法领取营业执照后,方可从事出版物发行业务。

第三十六条 通过互联网等信息网络从事出版物发行业务的单位或者个体工商户,应当依照本条例规定取得《出版物经营许可证》。

提供网络交易平台服务的经营者应当对申请通过网络交易平台从事出版物发行业务的单位或者个体工商户的经营主体身份进行审查,验证其《出版物经营许可证》。

第三十七条 从事出版物发行业务的单位和个体工商户变更《出版物经营许可证》登记事项,或者兼并、合并、分立的,应当依照本条例第三十五条的规定办理审批手续。

从事出版物发行业务的单位和个体工商户终止经营活动的,应当向原批准的出版行政主管部门备案。

第三十八条 出版单位可以发行本出版单位出版的出版物,不得发行其他出版单位出版的出版物。

第三十九条 国家允许设立从事图书、报纸、期刊、电子出版物发行业务的中外合资经营企业、中外合作经营企业、外资企业。

第四十条 印刷或者复制单位、发行单位不得印刷或者复制、发行有下列情形之一的出版物:

(一)含有本条例第二十五条、第二十六条禁止内容的;

(二)非法进口的;

(三)伪造、假冒出版单位名称或者报纸、期刊名称的;

(四)未署出版单位名称的;

(五)中学小学教科书未经依法审定的;

(六)侵犯他人著作权的。

第五章 出版物的进口

第四十一条 出版物进口业务,由依照本条例设立的出版物进口经营单位经营;其他单位和个人不得从事出版物进口业务。

第四十二条 设立出版物进口经营单位,应当具备下列条件:

(一)有出版物进口经营单位的名称、章程;

(二)有符合国务院出版行政主管部门认定的主办单位及其主管机关;

(三)有确定的业务范围;

(四)具有进口出版物内容审查能力;

(五)有与出版物进口业务相适应的资金;

(六)有固定的经营场所;

(七)法律、行政法规和国家规定的其他条件。

第四十三条 设立出版物进口经营单位,应当向国务院出版行政主管部门提出申请,经审查批准,取得国务院出版行政主管部门核发的出版物进口经营许可证后,持证到工商行政管理部门依法领取营业执照。

设立出版物进口经营单位,还应当依照对外贸易法律、行政法规的规定办理相应手续。

第四十四条 出版物进口经营单位变更名称、业务范围、资本结构、主办单位或者其主管机关,合并或者分立,设立分支机构,应当依照本条例第四十二条、第四十三条的规定办理审批手续,并持批准文件到工商行政管理部门办理相应的登记手续。

第四十五条 出版物进口经营单位进口的出版物,不得含有本条例第二十五条、第二十六条禁止的内容。

出版物进口经营单位负责对其进口的出版物进行内容审查。

省级以上人民政府出版行政主管部门可以对出版物进口经营单位进口的出版物直接进行内容审查。出版物进口经营单位无法判断其进口的出版物是否含有本条例第二十五条、第二十六条禁止内容的,可以请求省级以上人民政府出版行政主管部门进行内容审查。省级以上人民政府出版行政主管部门应出版物进口经营单位的请求,对其进口的出版物进行内容审查的,可以按照国务院价格主管部门批准的标准收取费用。

国务院出版行政主管部门可以禁止特定出版物的进口。

第四十六条 出版物进口经营单位应当在进口出版物前将拟进口的出版物目录报省级以上人民政府出版行政主管部门备案;省级以上人民政府出版行政主管部门发现有禁止进口的或者暂缓进口的出版物的,应当及时通知出版物进口经营单位并通报海关。对通报禁止进口或者暂缓进口的出版物,出版物进口经营单位不得进口,海关不得放行。

出版物进口备案的具体办法由国务院出版行政主管部门制定。

第四十七条 发行进口出版物的,必须从依法设立的出版物进口经营单位进货。

第四十八条 出版物进口经营单位在境内举办境外出版物展览,必须报经国务院出版行政主管部门批准。未经批准,任何单位和个人不得举办境外出版物展览。

依照前款规定展览的境外出版物需要销售的,应当按照国家有关规定办理相关手续。

第六章 监督与管理

第四十九条 出版行政主管部门应当加强对本行政区域内出版单位出版活动的日常监督管理;出版单位的主办单位及其主管

机关对所属出版单位出版活动负有直接管理责任，并应当配合出版行政主管部门督促所属出版单位执行各项管理规定。

出版单位和出版物进口经营单位应当按照国务院出版行政主管部门的规定，将从事出版活动和出版物进口活动的情况向出版行政主管部门提出书面报告。

第五十条 出版行政主管部门履行下列职责：

（一）对出版物的出版、印刷、复制、发行、进口单位进行行业监管，实施准入和退出管理；

（二）对出版活动进行监管，对违反本条例的行为进行查处；

（三）对出版物内容和质量进行监管；

（四）根据国家有关规定对出版从业人员进行管理。

第五十一条 出版行政主管部门根据有关规定和标准，对出版物的内容、编校、印刷或者复制、装帧设计等方面质量实施监督检查。

第五十二条 国务院出版行政主管部门制定出版单位综合评估办法，对出版单位分类实施综合评估。

出版物的出版、印刷或者复制、发行和进口经营单位不再具备行政许可的法定条件的，由出版行政主管部门责令限期改正；逾期仍未改正的，由原发证机关撤销行政许可。

第五十三条 国家对在出版单位从事出版专业技术工作的人员实行职业资格制度；出版专业技术人员通过国家专业技术人员资格考试取得专业技术资格。具体办法由国务院人力资源社会保障主管部门、国务院出版行政主管部门共同制定。

第七章 保障与奖励

第五十四条 国家制定有关政策，保障、促进出版产业和出版事业的发展与繁荣。

第五十五条 国家支持、鼓励下列优秀的、重点的出版物的出版：

(一)对阐述、传播宪法确定的基本原则有重大作用的；

(二)对弘扬社会主义核心价值体系，在人民中进行爱国主义、集体主义、社会主义和民族团结教育以及弘扬社会公德、职业道德、家庭美德有重要意义的；

(三)对弘扬民族优秀文化，促进国际文化交流有重大作用的；

(四)对推进文化创新，及时反映国内外新的科学文化成果有重大贡献的；

(五)对服务农业、农村和农民，促进公共文化服务有重大作用的；

(六)其他具有重要思想价值、科学价值或者文化艺术价值的。

第五十六条 国家对教科书的出版发行，予以保障。

国家扶持少数民族语言文字出版物和盲文出版物的出版发行。

国家对在少数民族地区、边疆地区、经济不发达地区和在农村发行出版物，实行优惠政策。

第五十七条 报纸、期刊交由邮政企业发行的，邮政企业应当保证按照合同约定及时、准确发行。

承运出版物的运输企业，应当对出版物的运输提供方便。

第五十八条 对为发展、繁荣出版产业和出版事业作出重要贡献的单位和个人，按照国家有关规定给予奖励。

第五十九条 对非法干扰、阻止和破坏出版物出版、印刷或者复制、进口、发行的行为，县级以上各级人民政府出版行政主管部门及其他有关部门，应当及时采取措施，予以制止。

第八章 法律责任

第六十条 出版行政主管部门或者其他有关部门的工作人员，利用职务上的便利收受他人财物或者其他好处，批准不符合法定条件的申请人取得许可证、批准文件，或者不履行监督职责，或者发现违法行为不予查处，造成严重后果的，依法给予降级直至开除的处分；构成犯罪的，依照刑法关于受贿罪、滥用职权罪、玩忽职守罪或者其他罪的规定，依法追究刑事责任。

第六十一条 未经批准，擅自设立出版物的出版、印刷或者复制、进口单位，或者擅自从事出版物的出版、印刷或者复制、进口、发行业务，假冒出版单位名称或者伪造、假冒报纸、期刊名称出版出版物的，由出版行政主管部门、工商行政管理部门依照法定职权予以取缔；依照刑法关于非法经营罪的规定，依法追究刑事责任；尚不够刑事处罚的，没收出版物、违法所得和从事违法活动的专用工具、设备，违法经营额1万元以上的，并处违法经营额5倍以上10倍以下的罚款，违法经营额不足1万元的，可以处5万元以下的罚款；侵犯他人合法权益的，依法承担民事责任。

第六十二条 有下列行为之一，触犯刑律的，依照刑法有关规定，依法追究刑事责任；尚不够刑事处罚的，由出版行政主管部门责令限期停业整顿，没收出版物、违法所得，违法经营额1万元以上的，并处违法经营额5倍以上10倍以下的罚款；违法经营额不足1万元的，可以处5万元以下的罚款；情节严重的，由原发证机关吊销许可证：

（一）出版、进口含有本条例第二十五条、第二十六条禁止内容的出版物的；

（二）明知或者应知出版物含有本条例第二十五条、第二十六条禁止内容而印刷或者复制、发行的；

（三）明知或者应知他人出版含有本条例第二十五条、第二十六条禁止内容的出版物而向其出售或者以其他形式转让本出版单位的名称、书号、刊号、版号、版面，或者出租本单位的名称、刊号的。

第六十三条 有下列行为之一的，由出版行政主管部门责令停止违法行为，没收出版物、违法所得，违法经营额1万元以上的，并处违法经营额5倍以上10倍以下的罚款；违法经营额不足1万元的，可以处5万元以下的罚款；情节严重的，责令限期停业整顿或者由原发证机关吊销许可证：

（一）进口、印刷或者复制、发行国务院出版行政主管部门禁止进口的出版物的；

（二）印刷或者复制走私的境外出版物的；

（三）发行进口出版物未从本条例规定的出版物进口经营单位进货的。

第六十四条 走私出版物的，依照刑法关于走私罪的规定，依法追究刑事责任；尚不够刑事处罚的，由海关依照海关法的规定给予行政处罚。

第六十五条 有下列行为之一的，由出版行政主管部门没收出版物、违法所得，违法经营额1万元以上的，并处违法经营额5倍以上10倍以下的罚款；违法经营额不足1万元的，可以处5万元以下的罚款；情节严重的，责令限期停业整顿或者由原发证机关吊销许可证：

（一）出版单位委托未取得出版物印刷或者复制许可的单位印刷或者复制出版物的；

（二）印刷或者复制单位未取得印刷或者复制许可而印刷或者复制出版物的；

（三）印刷或者复制单位接受非出版单位和个人的委托印刷或者复制出版物的；

（四）印刷或者复制单位未履行法定手续印刷或者复制境外出版物的，印刷或者复制的境外出版物没有全部运输出境的；

（五）印刷或者复制单位、发行单位或者个体工商户印刷或者复制、发行未署出版单位名称的出版物的；

（六）出版、印刷、发行单位出版、印刷、发行未经依法审定的中学小学教科书，或者非依照本条例规定确定的单位从事中学小学教科书的出版、发行业务的。

第六十六条 出版单位有下列行为之一的，由出版行政主管部门责令停止违法行为，给予警告，没收违法经营的出版物、违法所得，违法经营额1万元以上的，并处违法经营额5倍以上10倍以下的罚款；违法经营额不足1万元的，可以处5万元以下的罚款；情节严重的，责令限期停业整顿或者由原发证机关吊销许可证：

（一）出售或者以其他形式转让本出版单位的名称、书号、刊号、版号、版面，或者出租本单位的名称、刊号的；

（二）利用出版活动谋取其他不正当利益的。

第六十七条 有下列行为之一的，由出版行政主管部门责令改正，给予警告；情节严重的，责令限期停业整顿或者由原发证机关吊销许可证：

（一）出版单位变更名称、主办单位或者其主管机关、业务范围，合并或者分立，出版新的报纸、期刊，或者报纸、期刊改变名称，以及出版单位变更其他事项，未依照本条例的规定到出版行政主管部门办理审批、变更登记手续的；

（二）出版单位未将其年度出版计划和涉及国家安全、社会安定等方面的重大选题备案的；

（三）出版单位未依照本条例的规定送交出版物的样本的；

（四）印刷或者复制单位未依照本条例的规定留存备查的材料的；

(五)出版进口经营单位未将其进口的出版物目录报送备案的；

(六)出版单位擅自中止出版活动超过180日的；

(七)出版物发行单位、出版物进口经营单位未依照本条例的规定办理变更审批手续的；

(八)出版物质量不符合有关规定和标准的。

第六十八条 未经批准，举办境外出版物展览的，由出版行政主管部门责令停止违法行为，没收出版物、违法所得；情节严重的，责令限期停业整顿或者由原发证机关吊销许可证。

第六十九条 印刷或者复制、批发、零售、出租、散发含有本条例第二十五条、第二十六条禁止内容的出版物或者其他非法出版物的，当事人对非法出版物的来源作出说明、指认，经查证属实的，没收出版物、违法所得，可以减轻或者免除其他行政处罚。

第七十条 单位违反本条例被处以吊销许可证行政处罚的，其法定代表人或者主要负责人自许可证被吊销之日起10年内不得担任出版、印刷或者复制、进口、发行单位的法定代表人或者主要负责人。

出版从业人员违反本条例规定，情节严重的，由原发证机关吊销其资格证书。

第七十一条 依照本条例的规定实施罚款的行政处罚，应当依照有关法律、行政法规的规定，实行罚款决定与罚款收缴分离；收缴的罚款必须全部上缴国库。

第九章 附 则

第七十二条 行政法规对音像制品和电子出版物的出版、复制、进口、发行另有规定的，适用其规定。

接受境外机构或者个人赠送出版物的管理办法、订户订购境外出版物的管理办法、网络出版审批和管理办法,由国务院出版行政主管部门根据本条例的原则另行制定。

第七十三条 本条例自 2002 年 2 月 1 日起施行。1997 年 1 月 2 日国务院发布的《出版管理条例》同时废止。

音像制品管理条例[①]

(2001年12月25日中华人民共和国国务院令第341号公布)

第一章 总 则

第一条 为了加强音像制品的管理,促进音像业的健康发展和繁荣,丰富人民群众的文化生活,促进社会主义物质文明和精神文明建设,制定本条例。

第二条 本条例适用于录有内容的录音带、录像带、唱片、激光唱盘和激光视盘等音像制品的出版、制作、复制、进口、批发、零售、出租等活动。

音像制品用于广播电视播放的,适用广播电视法律、行政法规。

第三条 出版、制作、复制、进口、批发、零售、出租音像制品,应当遵守宪法和有关法律、法规,坚持为人民服务和为社会主义服务的方向,传播有益于经济发展和社会进步的思想、道德、科学技术和文化知识。

音像制品禁止载有下列内容:

(一)反对宪法确定的基本原则的;

(二)危害国家统一、主权和领土完整的;

(三)泄露国家秘密、危害国家安全或者损害国家荣誉和利

---

① 本文件有过修订,此处所载为据2016年2月6日中华人民共和国国务院令第666号《国务院关于修改部分行政法规的决定》修订的版本。

益的；

（四）煽动民族仇恨、民族歧视，破坏民族团结，或者侵害民族风俗、习惯的；

（五）宣扬邪教、迷信的；

（六）扰乱社会秩序，破坏社会稳定的；

（七）宣扬淫秽、赌博、暴力或者教唆犯罪的；

（八）侮辱或者诽谤他人，侵害他人合法权益的；

（九）危害社会公德或者民族优秀文化传统的；

（十）有法律、行政法规和国家规定禁止的其他内容的。

第四条 国务院出版行政主管部门负责全国音像制品的出版、制作、复制、进口、批发、零售和出租的监督管理工作；国务院其他有关行政部门按照国务院规定的职责分工，负责有关的音像制品经营活动的监督管理工作。

县级以上地方人民政府负责出版管理的行政主管部门（以下简称出版行政主管部门）负责本行政区域内音像制品的出版、制作、复制、进口、批发、零售和出租的监督管理工作；县级以上地方人民政府其他有关行政部门在各自的职责范围内负责有关的音像制品经营活动的监督管理工作。

第五条 国家对出版、制作、复制、进口、批发、零售音像制品，实行许可制度；未经许可，任何单位和个人不得从事音像制品的出版、制作、复制、进口、批发、零售等活动。

依照本条例发放的许可证和批准文件，不得出租、出借、出售或者以其他任何形式转让。

第六条 国务院出版行政主管部门负责制定音像业的发展规划，确定全国音像出版单位、音像复制单位的总量、布局和结构。

第七条 音像制品经营活动的监督管理部门及其工作人员不得从事或者变相从事音像制品经营活动，并不得参与或者变相参与音像制品经营单位的经营活动。

第二章 出 版

第八条 设立音像出版单位,应当具备下列条件:

(一)有音像出版单位的名称、章程;

(二)有符合国务院出版行政主管部门认定的主办单位及其主管机关;

(三)有确定的业务范围;

(四)有适应业务范围需要的组织机构和符合国家规定的资格条件的音像出版专业人员;

(五)有适应业务范围需要的资金、设备和工作场所;

(六)法律、行政法规规定的其他条件。

审批设立音像出版单位,除依照前款所列条件外,还应当符合音像出版单位总量、布局和结构的规划。

第九条 申请设立音像出版单位,由所在地省、自治区、直辖市人民政府出版行政主管部门审核同意后,报国务院出版行政主管部门审批。国务院出版行政主管部门应当自受理申请之日起60日内作出批准或者不批准的决定,并通知申请人。批准的,发给《音像制品出版许可证》,由申请人持《音像制品出版许可证》到工商行政管理部门登记,依法领取营业执照;不批准的,应当说明理由。

申请书应当载明下列内容:

(一)音像出版单位的名称、地址;

(二)音像出版单位的主办单位及其主管机关的名称、地址;

(三)音像出版单位的法定代表人或者主要负责人的姓名、住址、资格证明文件;

(四)音像出版单位的资金来源和数额。

第十条 音像出版单位变更名称、主办单位或者其主管机关、业务范围,或者兼并其他音像出版单位,或者因合并、分立而设立新的音像出版单位的,应当依照本条例第九条的规定办理审批手续,并到原登记的工商行政管理部门办理相应的登记手续。

音像出版单位变更地址、法定代表人或者主要负责人,或者终止出版经营活动的,应当到原登记的工商行政管理部门办理变更登记或者注销登记,并向国务院出版行政主管部门备案。

第十一条 音像出版单位的年度出版计划和涉及国家安全、社会安定等方面的重大选题,应当经所在地省、自治区、直辖市人民政府出版行政主管部门审核后报国务院出版行政主管部门备案;重大选题音像制品未在出版前报备案的,不得出版。

第十二条 音像出版单位应当在其出版的音像制品及其包装的明显位置,标明出版单位的名称、地址和音像制品的版号、出版时间、著作权人等事项;出版进口的音像制品,还应当标明进口批准文号。

音像出版单位应当按照国家有关规定向国家图书馆、中国版本图书馆和国务院出版行政主管部门免费送交样本。

第十三条 音像出版单位不得向任何单位或者个人出租、出借、出售或者以其他任何形式转让本单位的名称,不得向任何单位或者个人出售或者以其他形式转让本单位的版号。

第十四条 任何单位和个人不得以购买、租用、借用、擅自使用音像出版单位的名称或者购买、伪造版号等形式从事音像制品出版活动。

图书出版社、报社、期刊社、电子出版物出版社,不得出版非配合本版出版物的音像制品;但是,可以按照国务院出版行政主管部门的规定,出版配合本版出版物的音像制品,并参照音像出版单位享有权利、承担义务。

第十五条 音像出版单位可以与香港特别行政区、澳门特别行政区、台湾地区或者外国的组织、个人合作制作音像制品。具体办法由国务院出版行政主管部门制定。

第十六条 音像出版单位实行编辑责任制度,保证音像制品的内容符合本条例的规定。

第十七条 音像出版单位以外的单位设立的独立从事音像制品制作业务的单位(以下简称音像制作单位)申请从事音像制品制作业务,由所在地省、自治区、直辖市人民政府出版行政主管部门审批。省、自治区、直辖市人民政府出版行政主管部门应当自受理申请之日起60日内作出批准或者不批准的决定,并通知申请人。批准的,发给《音像制品制作许可证》;不批准的,应当说明理由。广播、电视节目制作经营单位的设立,依照有关法律、行政法规的规定办理。

申请书应当载明下列内容:

(一)音像制作单位的名称、地址;

(二)音像制作单位的法定代表人或者主要负责人的姓名、住址、资格证明文件;

(三)音像制作单位的资金来源和数额。

审批从事音像制品制作业务申请,除依照前款所列条件外,还应当兼顾音像制作单位总量、布局和结构。

第十八条 音像制作单位变更名称、业务范围,或者兼并其他音像制作单位,或者因合并、分立而设立新的音像制作单位的,应当依照本条例第十七条的规定办理审批手续。

音像制作单位变更地址、法定代表人或者主要负责人,或者终止制作经营活动的,应当向所在地省、自治区、直辖市人民政府出版行政主管部门备案。

第十九条 音像出版单位不得委托未取得《音像制品制作许可证》的单位制作音像制品。

音像制作单位接受委托制作音像制品的,应当按照国家有关规定,与委托的出版单位订立制作委托合同;验证委托的出版单位的《音像制品出版许可证》或者本版出版物的证明及由委托的出版单位盖章的音像制品制作委托书。

音像制作单位不得出版、复制、批发、零售音像制品。

第三章 复　制

第二十条 申请从事音像制品复制业务应当具备下列条件：

（一）有音像复制单位的名称、章程；

（二）有确定的业务范围；

（三）有适应业务范围需要的组织机构和人员；

（四）有适应业务范围需要的资金、设备和复制场所；

（五）法律、行政法规规定的其他条件。

审批从事音像制品复制业务申请，除依照前款所列条件外，还应当符合音像复制单位总量、布局和结构的规划。

第二十一条 申请从事音像制品复制业务，由所在地省、自治区、直辖市人民政府出版行政主管部门审批。省、自治区、直辖市人民政府出版行政主管部门应当自受理申请之日起20日内作出批准或者不批准的决定，并通知申请人。批准的，发给《复制经营许可证》；不批准的，应当说明理由。

申请书应当载明下列内容：

（一）音像复制单位的名称、地址；

（二）音像复制单位的法定代表人或者主要负责人的姓名、住址；

（三）音像复制单位的资金来源和数额。

第二十二条 音像复制单位变更业务范围，或者兼并其他音像复制单位，或者因合并、分立而设立新的音像复制单位的，应当依照本条例第二十一条的规定办理审批手续。

音像复制单位变更名称、地址、法定代表人或者主要负责人，或者终止复制经营活动的，应当向所在地省、自治区、直辖市人民政府出版行政主管部门备案。

第二十三条 音像复制单位接受委托复制音像制品的，应当按照国家有关规定，与委托的出版单位订立复制委托合同；验证委托的出版单位的《音像制品出版许可证》、营业执照副本、盖章的音像制品复制委托书以及出版单位取得的授权书；接受委托复制的音像制品属于非卖品的，应当验证委托单位的身份证明和委托单位出具的音像制品非卖品复制委托书。

音像复制单位应当自完成音像制品复制之日起 2 年内，保存委托合同和所复制的音像制品的样本以及验证的有关证明文件的副本，以备查验。

第二十四条 音像复制单位不得接受非音像出版单位或者个人的委托复制经营性的音像制品；不得自行复制音像制品；不得批发、零售音像制品。

第二十五条 从事光盘复制的音像复制单位复制光盘，必须使用蚀刻有国务院出版行政主管部门核发的激光数码储存片来源识别码的注塑模具。

第二十六条 音像复制单位接受委托复制境外音像制品的，应当经省、自治区、直辖市人民政府出版行政主管部门批准，并持著作权人的授权书依法到著作权行政管理部门登记；复制的音像制品应当全部运输出境，不得在境内发行。

第四章 进 口

第二十七条 音像制品成品进口业务由国务院出版行政主管部门批准的音像制品成品进口经营单位经营；未经批准，任何单位或者个人不得经营音像制品成品进口业务。

第二十八条 进口用于出版的音像制品，以及进口用于批发、零售、出租等的音像制品成品，应当报国务院出版行政主管部门进行内容审查。

国务院出版行政主管部门应当自收到音像制品内容审查申请书之日起 30 日内作出批准或者不批准的决定，并通知申请人。批准的，发给批准文件；不批准的，应当说明理由。

进口用于出版的音像制品的单位、音像制品成品进口经营单位应当持国务院出版行政主管部门的批准文件到海关办理进口手续。

第二十九条 进口用于出版的音像制品，其著作权事项应当向国务院著作权行政管理部门登记。

第三十条 进口供研究、教学参考的音像制品，应当委托音像制品成品进口经营单位依照本条例第二十八条的规定办理。

进口用于展览、展示的音像制品，经国务院出版行政主管部门批准后，到海关办理临时进口手续。

依照本条规定进口的音像制品，不得进行经营性复制、批发、零售、出租和放映。

第五章 批发、零售和出租

第三十一条 申请从事音像制品批发、零售业务，应当具备下列条件：

（一）有音像制品批发、零售单位的名称、章程；

（二）有确定的业务范围；

（三）有适应业务范围需要的组织机构和人员；

（四）有适应业务范围需要的资金和场所；

（五）法律、行政法规规定的其他条件。

第三十二条 申请从事音像制品批发业务，应当报所在地省、自治区、直辖市人民政府出版行政主管部门审批。申请从事音像制品零售业务，应当报县级地方人民政府出版行政主管部门审批。出版行政主管部门应当自受理申请书之日起 30 日内作出批准或者不批准的决定，并通知申请人。批准的，应当发给《出版物经营许可证》；不批准的，应当说明理由。

《出版物经营许可证》应当注明音像制品经营活动的种类。

第三十三条 音像制品批发、零售单位变更名称、业务范围，或者兼并其他音像制品批发、零售单位，或者因合并、分立而设立新的音像制品批发、零售单位的，应当依照本条例第三十二条的规定办理审批手续。

音像制品批发、零售单位变更地址、法定代表人或者主要负责人或者终止经营活动，从事音像制品零售经营活动的个体工商户变更业务范围、地址或者终止经营活动的，应当向原批准的出版行政主管部门备案。

第三十四条 音像出版单位可以按照国家有关规定，批发、零售本单位出版的音像制品。从事非本单位出版的音像制品的批发、零售业务的，应当依照本条例第三十二条的规定办理审批手续。

第三十五条 国家允许设立从事音像制品发行业务的中外合作经营企业。

第三十六条 音像制品批发单位和从事音像制品零售、出租等业务的单位或者个体工商户，不得经营非音像出版单位出版的音像制品或者非音像复制单位复制的音像制品，不得经营未经国务院出版行政主管部门批准进口的音像制品，不得经营侵犯他人著作权的音像制品。

第六章 罚　　则

第三十七条 出版行政主管部门或者其他有关行政部门及其工作人员，利用职务上的便利收受他人财物或者其他好处，批准不符合法定条件的申请人取得许可证、批准文件，或者不履行监督职责，或者发现违法行为不予查处，造成严重后果的，对负有责任的主管人员和其他直接责任人员依法给予降级直至开除的处分；构成犯罪的，依照刑法关于受贿罪、滥用职权罪、玩忽职守罪或者其他罪的规定，依法追究刑事责任。

第三十八条 音像制品经营活动的监督管理部门的工作人员从事或者变相从事音像制品经营活动的，参与或者变相参与音像制品经营单位的经营活动的，依法给予撤职或者开除的处分。

音像制品经营活动的监督管理部门有前款所列行为的，对负有责任的主管人员和其他直接责任人员依照前款规定处罚。

第三十九条 未经批准，擅自设立音像制品出版、进口单位，擅自从事音像制品出版、制作、复制业务或者进口、批发、零售经营活动的，由出版行政主管部门、工商行政管理部门依照法定职权予以取缔；依照刑法关于非法经营罪的规定，依法追究刑事责任；尚不够刑事处罚的，没收违法经营的音像制品和违法所得以及进行违法活动的专用工具、设备；违法经营额 1 万元以上的，并处违法经营额 5 倍以上 10 倍以下的罚款；违法经营额不足 1 万元的，可以处 5 万元以下的罚款。

第四十条 出版含有本条例第三条第二款禁止内容的音像制品，或者制作、复制、批发、零售、出租、放映明知或者应知含有本条例第三条第二款禁止内容的音像制品的，依照刑法有关规定，依法追究刑事责任；尚不够刑事处罚的，由出版行政主管部门、公安部门依据各自职权责令停业整顿，没收违法经营的音像制品和违法所得；违法经营额 1 万元以上的，并处违法经营额 5 倍以上 10 倍以下的罚款；违法经营额不足 1 万元的，可以处 5 万元以下的罚款；情节严重的，并由原发证机关吊销许可证。

第四十一条 走私音像制品的，依照刑法关于走私罪的规定，依法追究刑事责任；尚不够刑事处罚的，由海关依法给予行政处罚。

第四十二条 有下列行为之一的，由出版行政主管部门责令停止违法行为，给予警告，没收违法经营的音像制品和违法所得；违法经营额1万元以上的，并处违法经营额5倍以上10倍以下的罚款；违法经营额不足1万元的，可以处5万元以下的罚款；情节严重的，并责令停业整顿或者由原发证机关吊销许可证：

（一）音像出版单位向其他单位、个人出租、出借、出售或者以其他任何形式转让本单位的名称，出售或者以其他形式转让本单位的版号的；

（二）音像出版单位委托未取得《音像制品制作许可证》的单位制作音像制品，或者委托未取得《复制经营许可证》的单位复制音像制品的；

（三）音像出版单位出版未经国务院出版行政主管部门批准擅自进口的音像制品的；

（四）音像制作单位、音像复制单位未依照本条例的规定验证音像出版单位的委托书、有关证明的；

（五）音像复制单位擅自复制他人的音像制品，或者接受非音像出版单位、个人的委托复制经营性的音像制品，或者自行复制音像制品的。

第四十三条 音像出版单位违反国家有关规定与香港特别行政区、澳门特别行政区、台湾地区或者外国的组织、个人合作制作音像制品，音像复制单位违反国家有关规定接受委托复制境外音像制品，未经省、自治区、直辖市人民政府出版行政主管部门审核同意，或者未将复制的境外音像制品全部运输出境的，由省、自治区、直辖市人民政府出版行政主管部门责令改正，没收违法经营的音像制品和违法所得；违法经营额1万元以上的，并处违法经营额5倍以上10倍以下的罚款；违法经营额不足1万元的，可以处5万元以下的罚款；情节严重的，并由原发证机关吊销许可证。

第四十四条 有下列行为之一的，由出版行政主管部门责令改正，给予警告；情节严重的，并责令停业整顿或者由原发证机关吊销许可证：

（一）音像出版单位未将其年度出版计划和涉及国家安全、社会安定等方面的重大选题报国务院出版行政主管部门备案的；

（二）音像制品出版、制作、复制、批发、零售单位变更名称、地址、法定代表人或者主要负责人、业务范围等，未依照本条例规定办理审批、备案手续的；

（三）音像出版单位未在其出版的音像制品及其包装的明显位置标明本条例规定的内容的；

（四）音像出版单位未依照本条例的规定送交样本的；

（五）音像复制单位未依照本条例的规定留存备查的材料的；

（六）从事光盘复制的音像复制单位复制光盘，使用未蚀刻国务院出版行政主管部门核发的激光数码储存片来源识别码的注塑模具的。

第四十五条 有下列行为之一的，由出版行政主管部门责令停止违法行为，给予警告，没收违法经营的音像制品和违法所得；违法经营额 1 万元以上的，并处违法经营额 5 倍以上 10 倍以下的罚款；违法经营额不足 1 万元的，可以处 5 万元以下的罚款；情节严重的，并责令停业整顿或者由原发证机关吊销许可证：

（一）批发、零售、出租、放映非音像出版单位出版的音像制品或者非音像复制单位复制的音像制品的；

（二）批发、零售、出租或者放映未经国务院出版行政主管部门批准进口的音像制品的；

（三）批发、零售、出租、放映供研究、教学参考或者用于展览、展示的进口音像制品的。

第四十六条 单位违反本条例的规定，被处以吊销许可证行政处罚的，其法定代表人或者主要负责人自许可证被吊销之日起 10 年内不得担任音像制品出版、制作、复制、进口、批发、零售单位的法定代表人或者主要负责人。

从事音像制品零售业务的个体工商户违反本条例的规定，被处以吊销许可证行政处罚的，自许可证被吊销之日起10年内不得从事音像制品零售业务。

第四十七条 依照本条例的规定实施罚款的行政处罚，应当依照有关法律、行政法规的规定，实行罚款决定与罚款收缴分离；收缴的罚款必须全部上缴国库。

第七章 附 则

第四十八条 除本条例第三十五条外，电子出版物的出版、制作、复制、进口、批发、零售等活动适用本条例。

第四十九条 依照本条例发放许可证，除按照法定标准收取成本费外，不得收取其他任何费用。

第五十条 本条例自2002年2月1日起施行。1994年8月25日国务院发布的《音像制品管理条例》同时废止。

印刷业管理条例①

（2001年8月2日中华人民共和国国务院令第315号公布）

第一章 总 则

第一条 为了加强印刷业管理，维护印刷业经营者的合法权益和社会公共利益，促进社会主义精神文明和物质文明建设，制定本条例。

第二条 本条例适用于出版物、包装装潢印刷品和其他印刷品的印刷经营活动。

本条例所称出版物，包括报纸、期刊、书籍、地图、年画、图片、挂历、画册及音像制品、电子出版物的装帧封面等。

本条例所称包装装潢印刷品，包括商标标识、广告宣传品及作为产品包装装潢的纸、金属、塑料等的印刷品。

本条例所称其他印刷品，包括文件、资料、图表、票证、证件、名片等。

本条例所称印刷经营活动，包括经营性的排版、制版、印刷、装订、复印、影印、打印等活动。

第三条 印刷业经营者必须遵守有关法律、法规和规章，讲求社会效益。

禁止印刷含有反动、淫秽、迷信内容和国家明令禁止印刷的其他内容的出版物、包装装潢印刷品和其他印刷品。

---

① 此处所载为据2016年2月6日中华人民共和国国务院令第666号《国务院关于修改部分行政法规的决定》修订的版本。

第四条 国务院出版行政部门主管全国的印刷业监督管理工作。县级以上地方各级人民政府负责出版管理的行政部门(以下简称出版行政部门)负责本行政区域内的印刷业监督管理工作。

县级以上各级人民政府公安部门、工商行政管理部门及其他有关部门在各自的职责范围内,负责有关的印刷业监督管理工作。

第五条 印刷业经营者应当建立、健全承印验证制度、承印登记制度、印刷品保管制度、印刷品交付制度、印刷活动残次品销毁制度等。具体办法由国务院出版行政部门会同国务院公安部门制定。

印刷业经营者在印刷经营活动中发现违法犯罪行为,应当及时向公安部门或者出版行政部门报告。

第六条 印刷行业的社会团体按照其章程,在出版行政部门的指导下,实行自律管理。

第七条 印刷企业应当定期向出版行政部门报送年度报告。出版行政部门应当依法及时将年度报告中的有关内容向社会公示。

第二章 印刷企业的设立

第八条 国家实行印刷经营许可制度。未依照本条例规定取得印刷经营许可证的,任何单位和个人不得从事印刷经营活动。

第九条 企业从事印刷经营活动,应当具备下列条件:

(一)有企业的名称、章程;

(二)有确定的业务范围;

(三)有适应业务范围需要的生产经营场所和必要的资金、设备等生产经营条件;

(四)有适应业务范围需要的组织机构和人员;

(五)有关法律、行政法规规定的其他条件。

审批从事印刷经营活动申请,除依照前款规定外,还应当符合国家有关印刷企业总量、结构和布局的规划。

第十条 设立从事出版物印刷经营活动的企业,应当向所在地省、自治区、直辖市人民政府出版行政部门提出申请。申请人经审核批准的,取得印刷经营许可证,并持印刷经营许可证向工商行政管理部门申请登记注册,取得营业执照。

企业申请从事包装装潢印刷品和其他印刷品印刷经营活动,应当持营业执照向所在地设区的市级人民政府出版行政部门提出申请,经审核批准的,发给印刷经营许可证。

个人不得从事出版物、包装装潢印刷品印刷经营活动;个人从事其他印刷品印刷经营活动的,依照本条第二款的规定办理审批手续。

第十一条 出版行政部门应当自收到依据本条例第十条提出的申请之日起60日内作出批准或者不批准的决定。批准申请的,应当发给印刷经营许可证;不批准申请的,应当通知申请人并说明理由。

印刷经营许可证应当注明印刷企业所从事的印刷经营活动的种类。

印刷经营许可证不得出售、出租、出借或者以其他形式转让。

第十二条 印刷业经营者申请兼营或者变更从事出版物、包装装潢印刷品或者其他印刷品印刷经营活动,或者兼并其他印刷业经营者,或者因合并、分立而设立新的印刷业经营者,应当依照本条例第十条的规定办理手续。

印刷业经营者变更名称、法定代表人或者负责人、住所或者经营场所等主要登记事项,或者终止印刷经营活动,应当报原批准设立的出版行政部门备案。

第十三条 国家允许设立中外合资经营印刷企业、中外合作经营印刷企业,允许设立从事包装装潢印刷品印刷经营活动的外资企业。具体办法由国务院出版行政部门会同国务院对外经济贸易主管部门制定。

第十四条 单位内部设立印刷厂(所),必须向所在地县级以上地方人民政府出版行政部门办理登记手续,并按照国家有关规定向公安部门备案;单位内部设立的印刷厂(所)印刷涉及国家秘密的印件的,还应当向保密工作部门办理登记手续。

单位内部设立的印刷厂(所)不得从事印刷经营活动;从事印刷经营活动的,必须依照本章的规定办理手续。

第三章 出版物的印刷

第十五条 国家鼓励从事出版物印刷经营活动的企业及时印刷体现国内外新的优秀文化成果的出版物,重视印刷传统文化精品和有价值的学术著作。

第十六条 从事出版物印刷经营活动的企业不得印刷国家明令禁止出版的出版物和非出版单位出版的出版物。

第十七条 印刷出版物的,委托印刷单位和印刷企业应当按照国家有关规定签订印刷合同。

第十八条 印刷企业接受出版单位委托印刷图书、期刊的,必须验证并收存出版单位盖章的印刷委托书,并在印刷前报出版单位所在地省、自治区、直辖市人民政府出版行政部门备案;印刷企业接受所在地省、自治区、直辖市以外的出版单位的委托印刷图书、期刊的,印刷委托书还必须事先报印刷企业所在地省、自治区、直辖市人民政府出版行政部门备案。印刷委托书由国务院出版行政部门规定统一格式,由省、自治区、直辖市人民政府出版行政部门统一印制。

印刷企业接受出版单位委托印刷报纸的,必须验证报纸出版许可证;接受出版单位的委托印刷报纸、期刊的增版、增刊的,还必须验证主管的出版行政部门批准出版增版、增刊的文件。

第十九条 印刷企业接受委托印刷内部资料性出版物的,必须验证县级以上地方人民政府出版行政部门核发的准印证。

印刷企业接受委托印刷宗教内容的内部资料性出版物的,必须验证省、自治区、直辖市人民政府宗教事务管理部门的批准文件和省、自治区、直辖市人民政府出版行政部门核发的准印证。

出版行政部门应当自收到印刷内部资料性出版物或者印刷宗教内容的内部资料性出版物的申请之日起30日内作出是否核发准印证的决定,并通知申请人;逾期不作出决定的,视为同意印刷。

第二十条 印刷企业接受委托印刷境外的出版物的,必须持有关著作权的合法证明文件,经省、自治区、直辖市人民政府出版行政部门批准;印刷的境外出版物必须全部运输出境,不得在境内发行、散发。

第二十一条 委托印刷单位必须按照国家有关规定在委托印刷的出版物上刊载出版单位的名称、地址,书号、刊号或者版号,出版日期或者刊期,接受委托印刷出版物的企业的真实名称和地址,以及其他有关事项。

印刷企业应当自完成出版物的印刷之日起2年内,留存一份接受委托印刷的出版物样本备查。

第二十二条 印刷企业不得盗印出版物,不得销售、擅自加印或者接受第三人委托加印受委托印刷的出版物,不得将接受委托印刷的出版物纸型及印刷底片等出售、出租、出借或者以其他形式转让给其他单位或者个人。

第二十三条 印刷企业不得征订、销售出版物,不得假冒或者盗用他人名义印刷、销售出版物。

第四章 包装装潢印刷品的印刷

第二十四条 从事包装装潢印刷品印刷的企业不得印刷假

冒、伪造的注册商标标识,不得印刷容易对消费者产生误导的广告宣传品和作为产品包装装潢的印刷品。

第二十五条 印刷企业接受委托印刷注册商标标识的,应当验证商标注册人所在地县级工商行政管理部门签章的《商标注册证》复印件,并核查委托人提供的注册商标图样;接受注册商标被许可使用人委托,印刷注册商标标识的,印刷企业还应当验证注册商标使用许可合同。印刷企业应当保存其验证、核查的工商行政管理部门签章的《商标注册证》复印件、注册商标图样、注册商标使用许可合同复印件2年,以备查验。

国家对注册商标标识的印刷另有规定的,印刷企业还应当遵守其规定。

第二十六条 印刷企业接受委托印刷广告宣传品、作为产品包装装潢的印刷品的,应当验证委托印刷单位的营业执照或者个人的居民身份证;接受广告经营者的委托印刷广告宣传品的,还应当验证广告经营资格证明。

第二十七条 印刷企业接受委托印刷包装装潢印刷品的,应当将印刷品的成品、半成品、废品和印板、纸型、底片、原稿等全部交付委托印刷单位或者个人,不得擅自留存。

第二十八条 印刷企业接受委托印刷境外包装装潢印刷品的,必须事先向所在地省、自治区、直辖市人民政府出版行政部门备案;印刷的包装装潢印刷品必须全部运输出境,不得在境内销售。

第五章 其他印刷品的印刷

第二十九条 印刷标有密级的文件、资料、图表等,按照国家有关法律、法规或者规章的规定办理。

第三十条 印刷布告、通告、重大活动工作证、通行证、在社会上流通使用的票证的,委托印刷单位必须出具主管部门的证明,并按照国家有关规定向印刷企业所在地公安部门办理准印手续，在公安部门指定的印刷企业印刷。公安部门指定的印刷企业必须验证主管部门的证明和公安部门的准印证明，并保存主管部门的证明副本和公安部门的准印证明副本2年，以备查验；并且不得再委托他人印刷上述印刷品。

印刷机关、团体、部队、企业事业单位内部使用的有价票证或者无价票证，或者印刷有单位名称的介绍信、工作证、会员证、出入证、学位证书、学历证书或者其他学业证书等专用证件的，委托印刷单位必须出具委托印刷证明。印刷企业必须验证委托印刷证明。

印刷企业对前两款印件不得保留样本、样张；确因业务参考需要保留样本、样张的，应当征得委托印刷单位同意，在所保留印件上加盖“样本”、“样张”戳记，并妥善保管，不得丢失。

第三十一条 印刷企业接受委托印刷宗教用品的，必须验证省、自治区、直辖市人民政府宗教事务管理部门的批准文件和省、自治区、直辖市人民政府出版行政部门核发的准印证；省、自治区、直辖市人民政府出版行政部门应当自收到印刷宗教用品的申请之日起10日内作出是否核发准印证的决定，并通知申请人；逾期不作出决定的，视为同意印刷。

第三十二条 从事其他印刷品印刷经营活动的个人不得印刷标有密级的文件、资料、图表等，不得印刷布告、通告、重大活动工作证、通行证、在社会上流通使用的票证，不得印刷机关、团体、部队、企业事业单位内部使用的有价或者无价票证，不得印刷有单位名称的介绍信、工作证、会员证、出入证、学位证书、学历证书或者其他学业证书等专用证件，不得印刷宗教用品。

第三十三条 接受委托印刷境外其他印刷品的，必须事先向所在地省、自治区、直辖市人民政府出版行政部门备案；印刷的其他印刷品必须全部运输出境，不得在境内销售。

第三十四条 印刷企业和从事其他印刷品印刷经营活动的个人不得盗印他人的其他印刷品,不得销售、擅自加印或者接受第三人委托加印委托印刷的其他印刷品,不得将委托印刷的其他印刷品的纸型及印刷底片等出售、出租、出借或者以其他形式转让给其他单位或者个人。

第六章 罚 则

第三十五条 违反本条例规定,擅自设立从事出版物印刷经营活动的企业或者擅自从事印刷经营活动的,由出版行政部门、工商行政管理部门依据法定职权予以取缔,没收印刷品和违法所得以及进行违法活动的专用工具、设备,违法经营额 1 万元以上的,并处违法经营额 5 倍以上 10 倍以下的罚款;违法经营额不足 1 万元的,并处 1 万元以上 5 万元以下的罚款;构成犯罪的,依法追究刑事责任。

单位内部设立的印刷厂(所)未依照本条例第二章的规定办理手续,从事印刷经营活动的,依照前款的规定处罚。

第三十六条 印刷业经营者违反本条例规定,有下列行为之一的,由县级以上地方人民政府出版行政部门责令停止违法行为,责令停业整顿,没收印刷品和违法所得,违法经营额 1 万元以上的,并处违法经营额 5 倍以上 10 倍以下的罚款;违法经营额不足 1 万元的,并处 1 万元以上 5 万元以下的罚款;情节严重的,由原发证机关吊销许可证;构成犯罪的,依法追究刑事责任:

(一)未取得出版行政部门的许可,擅自兼营或者变更从事出版物、包装装潢印刷品或者其他印刷品印刷经营活动,或者擅自兼并其他印刷业经营者的;

(二)因合并、分立而设立新的印刷业经营者,未依照本条例的规定办理手续的;

（三）出售、出租、出借或者以其他形式转让印刷经营许可证的。

第三十七条 印刷业经营者印刷明知或者应知含有本条例第三条规定禁止印刷内容的出版物、包装装潢印刷品或者其他印刷品的，或者印刷国家明令禁止出版的出版物或者非出版单位出版的出版物的，由县级以上地方人民政府出版行政部门、公安部门依据法定职权责令停业整顿，没收印刷品和违法所得，违法经营额 1 万元以上的，并处违法经营额 5 倍以上 10 倍以下的罚款；违法经营额不足 1 万元的，并处 1 万元以上 5 万元以下的罚款；情节严重的，由原发证机关吊销许可证；构成犯罪的，依法追究刑事责任。

第三十八条 印刷业经营者有下列行为之一的，由县级以上地方人民政府出版行政部门、公安部门依据法定职权责令改正，给予警告；情节严重的，责令停业整顿或者由原发证机关吊销许可证：

（一）没有建立承印验证制度、承印登记制度、印刷品保管制度、印刷品交付制度、印刷活动残次品销毁制度等的；

（二）在印刷经营活动中发现违法犯罪行为没有及时向公安部门或者出版行政部门报告的；

（三）变更名称、法定代表人或者负责人、住所或者经营场所等主要登记事项，或者终止印刷经营活动，不向原批准设立的出版行政部门备案的；

（四）未依照本条例的规定留存备查的材料的。

单位内部设立印刷厂（所）违反本条例的规定，没有向所在地县级以上地方人民政府出版行政部门、保密工作部门办理登记手续，并按照国家有关规定向公安部门备案的，由县级以上地方人民政府出版行政部门、保密工作部门、公安部门依据法定职权责令改正，给予警告；情节严重的，责令停业整顿。

第三十九条 从事出版物印刷经营活动的企业有下列行为之

一的,由县级以上地方人民政府出版行政部门给予警告,没收违法所得,违法经营额1万元以上的,并处违法经营额5倍以上10倍以下的罚款;违法经营额不足1万元的,并处1万元以上5万元以下的罚款;情节严重的,责令停业整顿或者由原发证机关吊销许可证;构成犯罪的,依法追究刑事责任:

(一)接受他人委托印刷出版物,未依照本条例的规定验证印刷委托书、有关证明或者准印证,或者未将印刷委托书报出版行政部门备案的;

(二)假冒或者盗用他人名义,印刷出版物的;

(三)盗印他人出版物的;

(四)非法加印或者销售受委托印刷的出版物的;

(五)征订、销售出版物的;

(六)擅自将出版单位委托印刷的出版物纸型及印刷底片等出售、出租、出借或者以其他形式转让的;

(七)未经批准,接受委托印刷境外出版物的,或者未将印刷的境外出版物全部运输出境的。

第四十条 从事包装装潢印刷品印刷经营活动的企业有下列行为之一的,由县级以上地方人民政府出版行政部门给予警告,没收违法所得,违法经营额1万元以上的,并处违法经营额5倍以上10倍以下的罚款;违法经营额不足1万元的,并处1万元以上5万元以下的罚款;情节严重的,责令停业整顿或者由原发证机关吊销许可证;构成犯罪的,依法追究刑事责任:

(一)接受委托印刷注册商标标识,未依照本条例的规定验证、检查工商行政管理部门签章的《商标注册证》复印件、注册商标图样或者注册商标使用许可合同复印件的;

(二)接受委托印刷广告宣传品、作为产品包装装潢的印刷品,未依照本条例的规定验证委托印刷单位的营业执照或者个人的居民身份证的,或者接受广告经营者的委托印刷广告宣传品,未验证广告经营资格证明的；

（三）盗印他人包装装潢印刷品的；

（四）接受委托印刷境外包装装潢印刷品未依照本条例的规定向出版行政部门备案的，或者未将印刷的境外包装装潢印刷品全部运输出境的。

印刷企业接受委托印刷注册商标标识、广告宣传品，违反国家有关注册商标、广告印刷管理规定的，由工商行政管理部门给予警告，没收印刷品和违法所得，违法经营额1万元以上的，并处违法经营额5倍以上10倍以下的罚款；违法经营额不足1万元的，并处1万元以上5万元以下的罚款。

第四十一条 从事其他印刷品印刷经营活动的企业和个人有下列行为之一的，由县级以上地方人民政府出版行政部门给予警告，没收印刷品和违法所得，违法经营额1万元以上的，并处违法经营额5倍以上10倍以下的罚款；违法经营额不足1万元的，并处1万元以上5万元以下的罚款；情节严重的，责令停业整顿或者由原发证机关吊销许可证；构成犯罪的，依法追究刑事责任：

（一）接受委托印刷其他印刷品，未依照本条例的规定验证有关证明的；

（二）擅自将接受委托印刷的其他印刷品再委托他人印刷的；

（三）将委托印刷的其他印刷品的纸型及印刷底片出售、出租、出借或者以其他形式转让的；

（四）伪造、变造学位证书、学历证书等国家机关公文、证件或者企业事业单位、人民团体公文、证件的，或者盗印他人的其他印刷品的；

（五）非法加印或者销售委托印刷的其他印刷品的；

（六）接受委托印刷境外其他印刷品未依照本条例的规定向出版行政部门备案的，或者未将印刷的境外其他印刷品全部运输出境的；

（七）从事其他印刷品印刷经营活动的个人超范围经营的。

第四十二条 有下列行为之一的，由公安部门给予警告，没收印刷品和违法所得，违法经营额1万元以上的，并处违法经营额5倍以上10倍以下的罚款；违法经营额不足1万元的，并处1万元以上5万元以下的罚款；情节严重的，责令停业整顿或者吊销特种行业许可证：

（一）印刷布告、通告、重大活动工作证、通行证、在社会上流通使用的票证，印刷企业没有验证主管部门的证明和公安部门的准印证明的，或者再委托他人印刷上述印刷品的；

（二）不是公安部门指定的印刷企业，擅自印刷布告、通告、重大活动工作证、通行证、在社会上流通使用的票证的；

（三）印刷业经营者伪造、变造学位证书、学历证书等国家机关公文、证件或者企业事业单位、人民团体公文、证件的。

印刷布告、通告、重大活动工作证、通行证、在社会上流通使用的票证，委托印刷单位没有取得主管部门证明的，或者没有按照国家有关规定向印刷企业所在地公安部门办理准印手续的，或者未在公安部门指定的印刷企业印刷的，由县级以上人民政府公安部门处以500元以上5000元以下的罚款。

第四十三条 印刷业经营者违反本条例规定，有下列行为之一的，由县级以上地方人民政府出版行政部门责令改正，给予警告；情节严重的，责令停业整顿或者由原发证机关吊销许可证：

（一）从事包装装潢印刷品印刷经营活动的企业擅自留存委托印刷的包装装潢印刷品的成品、半成品、废品和印板、纸型、印刷底片、原稿等的；

（二）从事其他印刷品印刷经营活动的企业和个人擅自保留其他印刷品的样本、样张的，或者在所保留的样本、样张上未加盖“样本”、“样张”戳记的。

第四十四条 印刷企业被处以吊销许可证行政处罚的，其法定代表人或者负责人自许可证被吊销之日起 10 年内不得担任印刷企业的法定代表人或者负责人。

从事其他印刷品印刷经营活动的个人被处以吊销许可证行政处罚的，自许可证被吊销之日起 10 年内不得从事印刷经营活动。

第四十五条 依照本条例的规定实施罚款的行政处罚，应当依照有关法律、行政法规的规定，实行罚款决定与罚款收缴分离；收缴的罚款必须全部上缴国库。

第四十六条 出版行政部门、工商行政管理部门或者其他有关部门违反本条例规定，擅自批准不符合法定条件的申请人取得许可证、批准文件，或者不履行监督职责，或者发现违法行为不予查处，造成严重后果的，对负责的主管人员和其他直接责任人员给予降级或者撤职的处分；构成犯罪的，依法追究刑事责任。

第七章 附 则

第四十七条 本条例施行前已经依法设立的印刷企业，应当自本条例施行之日起 180 日内，到出版行政部门换领《印刷经营许可证》。

依据本条例发放许可证，除按照法定标准收取成本费外，不得收取其他任何费用。

第四十八条 本条例自公布之日起施行。1997 年 3 月 8 日国务院发布的《印刷业管理条例》同时废止。

中华人民共和国著作权法实施条例[①]

(2002年8月2日中华人民共和国国务院令第359号公布)

第一条 根据《中华人民共和国著作权法》(以下简称著作权法),制定本条例。

第二条 著作权法所称作品,是指文学、艺术和科学领域内具有独创性并能以某种有形形式复制的智力成果。

第三条 著作权法所称创作,是指直接产生文学、艺术和科学作品的智力活动。

为他人创作进行组织工作,提供咨询意见、物质条件,或者进行其他辅助工作,均不视为创作。

第四条 著作权法和本条例中下列作品的含义:

(一)文字作品,是指小说、诗词、散文、论文等以文字形式表现的作品;

(二)口述作品,是指即兴的演说、授课、法庭辩论等以口头语言形式表现的作品;

(三)音乐作品,是指歌曲、交响乐等能够演唱或者演奏的带词或者不带词的作品;

(四)戏剧作品,是指话剧、歌剧、地方戏等供舞台演出的作品;

(五)曲艺作品,是指相声、快书、大鼓、评书等以说唱为主要

---

① 本文件有过修订,此处所载为据2013年1月30日《国务院关于修改〈中华人民共和国著作权法实施条例〉的决定》修订的版本。

形式表演的作品；

（六）舞蹈作品，是指通过连续的动作、姿势、表情等表现思想情感的作品；

（七）杂技艺术作品，是指杂技、魔术、马戏等通过形体动作和技巧表现的作品；

（八）美术作品，是指绘画、书法、雕塑等以线条、色彩或者其他方式构成的有审美意义的平面或者立体的造型艺术作品；

（九）建筑作品，是指以建筑物或者构筑物形式表现的有审美意义的作品；

（十）摄影作品，是指借助器械在感光材料或者其他介质上记录客观物体形象的艺术作品；

（十一）电影作品和以类似摄制电影的方法创作的作品，是指摄制在一定介质上，由一系列有伴音或者无伴音的画面组成，并且借助适当装置放映或者以其他方式传播的作品；

（十二）图形作品，是指为施工、生产绘制的工程设计图、产品设计图，以及反映地理现象、说明事物原理或者结构的地图、示意图等作品；

（十三）模型作品，是指为展示、试验或者观测等用途，根据物体的形状和结构，按照一定比例制成的立体作品。

第五条 著作权法和本条例中下列用语的含义：

（一）时事新闻，是指通过报纸、期刊、广播电台、电视台等媒体报道的单纯事实消息；

（二）录音制品，是指任何对表演的声音和其他声音的录制品；

（三）录像制品，是指电影作品和以类似摄制电影的方法创作的作品以外的任何有伴音或者无伴音的连续相关形象、图像的录制品；

（四）录音制作者，是指录音制品的首次制作人；

（五）录像制作者，是指录像制品的首次制作人；

（六）表演者，是指演员、演出单位或者其他表演文学、艺术作品的人。

第六条 著作权自作品创作完成之日起产生。

第七条 著作权法第二条第三款规定的首先在中国境内出版的外国人、无国籍人的作品，其著作权自首次出版之日起受保护。

第八条 外国人、无国籍人的作品在中国境外首先出版后，30日内在中国境内出版的，视为该作品同时在中国境内出版。

第九条 合作作品不可以分割使用的，其著作权由各合作作者共同享有，通过协商一致行使；不能协商一致，又无正当理由的，任何一方不得阻止他方行使除转让以外的其他权利，但是所得收益应当合理分配给所有合作作者。

第十条 著作权人许可他人将其作品摄制成电影作品和以类似摄制电影的方法创作的作品的，视为已同意对其作品进行必要的改动，但是这种改动不得歪曲篡改原作品。

第十一条 著作权法第十六条第一款关于职务作品的规定中的“工作任务”，是指公民在该法人或者该组织中应当履行的职责。

著作权法第十六条第二款关于职务作品的规定中的“物质技术条件”，是指该法人或者该组织为公民完成创作专门提供的资金、设备或者资料。

第十二条 职务作品完成两年内，经单位同意，作者许可第三人以与单位使用的相同方式使用作品所获报酬，由作者与单位按约定的比例分配。

作品完成两年的期限，自作者向单位交付作品之日起计算。

第十三条 作者身份不明的作品，由作品原件的所有人行使除署名权以外的著作权。作者身份确定后，由作者或者其继承人行使著作权。

第十四条 合作作者之一死亡后，其对合作作品享有的著作权法第十条第一款第五项至第十七项规定的权利无人继承又无人受遗赠的，由其他合作作者享有。

第十五条 作者死亡后，其著作权中的署名权、修改权和保护作品完整权由作者的继承人或者受遗赠人保护。

著作权无人继承又无人受遗赠的，其署名权、修改权和保护作品完整权由著作权行政管理部门保护。

第十六条 国家享有著作权的作品的使用，由国务院著作权行政管理部门管理。

第十七条 作者生前未发表的作品，如果作者未明确表示不发表，作者死亡后 50 年内，其发表权可由继承人或者受遗赠人行使；没有继承人又无人受遗赠的，由作品原件的所有人行使。

第十八条 作者身份不明的作品，其著作权法第十条第一款第五项至第十七项规定的权利的保护期截止于作品首次发表后第 50 年的 12 月 31 日。作者身份确定后，适用著作权法第二十一条的规定。

第十九条 使用他人作品的，应当指明作者姓名、作品名称；但是，当事人另有约定或者由于作品使用方式的特性无法指明的除外。

第二十条 著作权法所称已经发表的作品，是指著作权人自行或者许可他人公之于众的作品。

第二十一条 依照著作权法有关规定，使用可以不经著作权人许可的已经发表的作品的，不得影响该作品的正常使用，也不得不合理地损害著作权人的合法利益。

第二十二条 依照著作权法第二十三条、第三十三条第二款、第四十条第三款的规定使用作品的付酬标准，由国务院著作权行政管理部门会同国务院价格主管部门制定、公布。

第二十三条 使用他人作品应当同著作权人订立许可使用合

同,许可使用的权利是专有使用权的,应当采取书面形式,但是报社、期刊社刊登作品除外。

第二十四条 著作权法第二十四条规定的专有使用权的内容由合同约定,合同没有约定或者约定不明的,视为被许可人有权排除包括著作权人在内的任何人以同样的方式使用作品;除合同另有约定外,被许可人许可第三人行使同一权利,必须取得著作权人的许可。

第二十五条 与著作权人订立专有许可使用合同、转让合同的,可以向著作权行政管理部门备案。

第二十六条 著作权法和本条例所称与著作权有关的权益,是指出版者对其出版的图书和期刊的版式设计享有的权利,表演者对其表演享有的权利,录音录像制作者对其制作的录音录像制品享有的权利,广播电台、电视台对其播放的广播、电视节目享有的权利。

第二十七条 出版者、表演者、录音录像制作者、广播电台、电视台行使权利,不得损害被使用作品和原作品著作权人的权利。

第二十八条 图书出版合同中约定图书出版者享有专有出版权但没有明确其具体内容的,视为图书出版者享有在合同有效期限内和在合同约定的地域范围内以同种文字的原版、修订版出版图书的专有权利。

第二十九条 著作权人寄给图书出版者的两份订单在6个月内未能得到履行,视为著作权法第三十二条所称图书脱销。

第三十条 著作权人依照著作权法第三十三条第二款声明不得转载、摘编其作品的,应当在报纸、期刊刊登该作品时附带声明。

第三十一条 著作权人依照著作权法第四十条第三款声明不得对其作品制作录音制品的,应当在该作品合法录制为录音制品时声明。

第三十二条 依照著作权法第二十三条、第三十三条第二款、

第四十条第三款的规定,使用他人作品的,应当自使用该作品之日起2个月内向著作权人支付报酬。

第三十三条 外国人、无国籍人在中国境内的表演,受著作权法保护。

外国人、无国籍人根据中国参加的国际条约对其表演享有的权利,受著作权法保护。

第三十四条 外国人、无国籍人在中国境内制作、发行的录音制品,受著作权法保护。

外国人、无国籍人根据中国参加的国际条约对其制作、发行的录音制品享有的权利,受著作权法保护。

第三十五条 外国的广播电台、电视台根据中国参加的国际条约对其播放的广播、电视节目享有的权利,受著作权法保护。

第三十六条 有著作权法第四十八条所列侵权行为,同时损害社会公共利益,非法经营额5万元以上的,著作权行政管理部门可处非法经营额1倍以上5倍以下的罚款;没有非法经营额或者非法经营额5万元以下的,著作权行政管理部门根据情节轻重,可处25万元以下的罚款。

第三十七条 有著作权法第四十八条所列侵权行为,同时损害社会公共利益的,由地方人民政府著作权行政管理部门负责查处。

国务院著作权行政管理部门可以查处在全国有重大影响的侵权行为。

第三十八条 本条例自2002年9月15日起施行。1991年5月24日国务院批准、1991年5月30日国家版权局发布的《中华人民共和国著作权法实施条例》同时废止。

著作权集体管理条例[1]

(2004年12月28日中华人民共和国国务院令第429号公布)

第一章　总　　则

第一条　为了规范著作权集体管理活动,便于著作权人和与著作权有关的权利人(以下简称权利人)行使权利和使用者使用作品,根据《中华人民共和国著作权法》(以下简称著作权法)制定本条例。

第二条　本条例所称著作权集体管理,是指著作权集体管理组织经权利人授权,集中行使权利人的有关权利并以自己的名义进行的下列活动:

(一)与使用者订立著作权或者与著作权有关的权利许可使用合同(以下简称许可使用合同);

(二)向使用者收取使用费;

(三)向权利人转付使用费;

(四)进行涉及著作权或者与著作权有关的权利的诉讼、仲裁等。

第三条　本条例所称著作权集体管理组织,是指为权利人的利益依法设立,根据权利人授权、对权利人的著作权或者与著作权有关的权利进行集体管理的社会团体。

---

① 本文件有过修订,此处所载为据2013年12月7日中华人民共和国国务院令第645号《国务院关于修改部分行政法规的决定》修订的版本。

著作权集体管理组织应当依照有关社会团体登记管理的行政法规和本条例的规定进行登记并开展活动。

第四条 著作权法规定的表演权、放映权、广播权、出租权、信息网络传播权、复制权等权利人自己难以有效行使的权利,可以由著作权集体管理组织进行集体管理。

第五条 国务院著作权管理部门主管全国的著作权集体管理工作。

第六条 除依照本条例规定设立的著作权集体管理组织外,任何组织和个人不得从事著作权集体管理活动。

第二章 著作权集体管理组织的设立

第七条 依法享有著作权或者与著作权有关的权利的中国公民、法人或者其他组织,可以发起设立著作权集体管理组织。

设立著作权集体管理组织,应当具备下列条件:

(一)发起设立著作权集体管理组织的权利人不少于50人;

(二)不与已经依法登记的著作权集体管理组织的业务范围交叉、重合;

(三)能在全国范围代表相关权利人的利益;

(四)有著作权集体管理组织的章程草案、使用费收取标准草案和向权利人转付使用费的办法(以下简称使用费转付办法)草案。

第八条 著作权集体管理组织章程应当载明下列事项:

(一)名称、住所;

(二)设立宗旨;

(三)业务范围;

(四)组织机构及其职权;

(五)会员大会的最低人数;

(六)理事会的职责及理事会负责人的条件和产生、罢免的程序;

(七)管理费提取、使用办法;

(八)会员加入、退出著作权集体管理组织的条件、程序;

(九)章程的修改程序;

(十)著作权集体管理组织终止的条件、程序和终止后资产的处理。

第九条 申请设立著作权集体管理组织,应当向国务院著作权管理部门提交证明符合本条例第七条规定的条件的材料。国务院著作权管理部门应当自收到材料之日起60日内,作出批准或者不予批准的决定。批准的,发给著作权集体管理许可证;不予批准的,应当说明理由。

第十条 申请人应当自国务院著作权管理部门发给著作权集体管理许可证之日起30日内,依照有关社会团体登记管理的行政法规到国务院民政部门办理登记手续。

第十一条 依法登记的著作权集体管理组织,应当自国务院民政部门发给登记证书之日起30日内,将其登记证书副本报国务院著作权管理部门备案;国务院著作权管理部门应当将报备的登记证书副本以及著作权集体管理组织章程、使用费收取标准、使用费转付办法予以公告。

第十二条 著作权集体管理组织设立分支机构,应当经国务院著作权管理部门批准,并依照有关社会团体登记管理的行政法规到国务院民政部门办理登记手续。经依法登记的,应当将分支机构的登记证书副本报国务院著作权管理部门备案,由国务院著作权管理部门予以公告。

第十三条 著作权集体管理组织应当根据下列因素制定使用费收取标准:

(一)使用作品、录音录像制品等的时间、方式和地域范围;

（二）权利的种类；

（三）订立许可使用合同和收取使用费工作的繁简程度。

第十四条 著作权集体管理组织应当根据权利人的作品或者录音录像制品等使用情况制定使用费转付办法。

第十五条 著作权集体管理组织修改章程，应当依法经国务院民政部门核准后，由国务院著作权管理部门予以公告。

第十六条 著作权集体管理组织被依法撤销登记的，自被撤销登记之日起不得再进行著作权集体管理业务活动。

第三章 著作权集体管理组织的机构

第十七条 著作权集体管理组织会员大会（以下简称会员大会）为著作权集体管理组织的权力机构。

会员大会由理事会依照本条例规定负责召集。理事会应当于会员大会召开60日以前将会议的时间、地点和拟审议事项予以公告；出席会员大会的会员，应当于会议召开30日以前报名。报名出席会员大会的会员少于章程规定的最低人数时，理事会应当将会员大会报名情况予以公告，会员可以于会议召开5日以前补充报名，并由全部报名出席会员大会的会员举行会员大会。

会员大会行使下列职权：

（一）制定和修改章程；

（二）制定和修改使用费收取标准；

（三）制定和修改使用费转付办法；

（四）选举和罢免理事；

（五）审议批准理事会的工作报告和财务报告；

（六）制定内部管理制度；

（七）决定使用费转付方案和著作权集体管理组织提取管理费的比例；

（八）决定其他重大事项。

会员大会每年召开一次；经百分之十以上会员或者理事会提议，可以召开临时会员大会。会员大会作出决定，应当经出席会议的会员过半数表决通过。

第十八条 著作权集体管理组织设立理事会，对会员大会负责，执行会员大会决定。理事会成员不得少于9人。

理事会任期为4年，任期届满应当进行换届选举。因特殊情况可以提前或者延期换届，但是换届延期不得超过1年。

第四章 著作权集体管理活动

第十九条 权利人可以与著作权集体管理组织以书面形式订立著作权集体管理合同，授权该组织对其依法享有的著作权或者与著作权有关的权利进行管理。权利人符合章程规定加入条件的，著作权集体管理组织应当与其订立著作权集体管理合同，不得拒绝。

权利人与著作权集体管理组织订立著作权集体管理合同并按照章程规定履行相应手续后，即成为该著作权集体管理组织的会员。

第二十条 权利人与著作权集体管理组织订立著作权集体管理合同后，不得在合同约定期限内自己行使或者许可他人行使合同约定的由著作权集体管理组织行使的权利。

第二十一条 权利人可以依照章程规定的程序，退出著作权集体管理组织，终止著作权集体管理合同。但是，著作权集体管理组织已经与他人订立许可使用合同的，该合同在期限届满前继续有效；该合同有效期内，权利人有权获得相应的使用费并可以查阅有关业务材料。

第二十二条 外国人、无国籍人可以通过与中国的著作权集体管理组织订立相互代表协议的境外同类组织,授权中国的著作权集体管理组织管理其依法在中国境内享有的著作权或者与著作权有关的权利。

前款所称相互代表协议,是指中国的著作权集体管理组织与境外的同类组织相互授权对方在其所在国家或者地区进行集体管理活动的协议。

著作权集体管理组织与境外同类组织订立的相互代表协议应当报国务院著作权管理部门备案,由国务院著作权管理部门予以公告。

第二十三条 著作权集体管理组织许可他人使用其管理的作品、录音录像制品等,应当与使用者以书面形式订立许可使用合同。

著作权集体管理组织不得与使用者订立专有许可使用合同。

使用者以合理的条件要求与著作权集体管理组织订立许可使用合同,著作权集体管理组织不得拒绝。

许可使用合同的期限不得超过 2 年;合同期限届满可以续订。

第二十四条 著作权集体管理组织应当建立权利信息查询系统,供权利人和使用者查询。权利信息查询系统应当包括著作权集体管理组织管理的权利种类和作品、录音录像制品等的名称、权利人姓名或者名称、授权管理的期限。

权利人和使用者对著作权集体管理组织管理的权利的信息进行咨询时,该组织应当予以答复。

第二十五条 除著作权法第二十三条、第三十三条第二款、第四十条第三款、第四十三条第二款和第四十四条规定应当支付的使用费外,著作权集体管理组织应当根据国务院著作权管理部门公告的使用费收取标准,与使用者约定收取使用费的具体数额。

第二十六条 两个或者两个以上著作权集体管理组织就同一使用方式向同一使用者收取使用费,可以事先协商确定由其中一个著作权集体管理组织统一收取。统一收取的使用费在有关著作权集体管理组织之间经协商分配。

第二十七条 使用者向著作权集体管理组织支付使用费时，应当提供其使用的作品、录音录像制品等的名称、权利人姓名或者名称和使用的方式、数量、时间等有关使用情况；许可使用合同另有约定的除外。

使用者提供的有关使用情况涉及该使用者商业秘密的，著作权集体管理组织负有保密义务。

第二十八条 著作权集体管理组织可以从收取的使用费中提取一定比例作为管理费，用于维持其正常的业务活动。

著作权集体管理组织提取管理费的比例应当随着使用费收入的增加而逐步降低。

第二十九条 著作权集体管理组织收取的使用费，在提取管理费后，应当全部转付给权利人，不得挪作他用。

著作权集体管理组织转付使用费，应当编制使用费转付记录。使用费转付记录应当载明使用费总额、管理费数额、权利人姓名或者名称、作品或者录音录像制品等的名称、有关使用情况、向各权利人转付使用费的具体数额等事项，并应当保存10年以上。

第五章 对著作权集体管理组织的监督

第三十条 著作权集体管理组织应当依法建立财务、会计制度和资产管理制度，并按照国家有关规定设置会计账簿。

第三十一条 著作权集体管理组织的资产使用和财务管理受国务院著作权管理部门和民政部门的监督。

著作权集体管理组织应当在每个会计年度结束时制作财务会计报告，委托会计师事务所依法进行审计，并公布审计结果。

第三十二条 著作权集体管理组织应当对下列事项进行记

录,供权利人和使用者查阅:

(一)作品许可使用情况;

(二)使用费收取和转付情况;

(三)管理费提取和使用情况。

权利人有权查阅、复制著作权集体管理组织的财务报告、工作报告和其他业务材料;著作权集体管理组织应当提供便利。

第三十三条 权利人认为著作权集体管理组织有下列情形之一的,可以向国务院著作权管理部门检举:

(一)权利人符合章程规定的加入条件要求加入著作权集体管理组织,或者会员依照章程规定的程序要求退出著作权集体管理组织,著作权集体管理组织拒绝的;

(二)著作权集体管理组织不按照规定收取、转付使用费,或者不按照规定提取、使用管理费的;

(三)权利人要求查阅本条例第三十二条规定的记录、业务材料,著作权集体管理组织拒绝提供的。

第三十四条 使用者认为著作权集体管理组织有下列情形之一的,可以向国务院著作权管理部门检举:

(一)著作权集体管理组织违反本条例第二十三条规定拒绝与使用者订立许可使用合同的;

(二)著作权集体管理组织未根据公告的使用费收取标准约定收取使用费的具体数额的;

(三)使用者要求查阅本条例第三十二条规定的记录,著作权集体管理组织拒绝提供的。

第三十五条 权利人和使用者以外的公民、法人或者其他组织认为著作权集体管理组织有违反本条例规定的行为的,可以向国务院著作权管理部门举报。

第三十六条 国务院著作权管理部门应当自接到检举、举报之日起60日内以检举、举报事项进行调查并依法处理。

第三十七条 国务院著作权管理部门可以采取下列方式对著作权集体管理组织进行监督,并应当对监督活动作出记录:

(一)检查著作权集体管理组织的业务活动是否符合本条例及其章程的规定;

(二)核查著作权集体管理组织的会计账簿、年度预算和决算报告及其他有关业务材料;

(三)派员列席著作权集体管理组织的会员大会、理事会等重要会议。

第三十八条 著作权集体管理组织应当依法接受国务院民政部门和其他有关部门的监督。

第六章 法律责任

第三十九条 著作权集体管理组织有下列情形之一的,由国务院著作权管理部门责令限期改正:

(一)违反本条例第二十二条规定,未将与境外同类组织订立的相互代表协议报国务院著作权管理部门备案的;

(二)违反本条例第二十四条规定,未建立权利信息查询系统的;

(三)未根据公告的使用费收取标准约定收取使用费的具体数额的。

著作权集体管理组织超出业务范围管理权利人的权利的,由国务院著作权管理部门责令限期改正,其与使用者订立的许可使用合同无效;给权利人、使用者造成损害的,依法承担民事责任。

第四十条 著作权集体管理组织有下列情形之一的,由国务院著作权管理部门责令限期改正;逾期不改正的,责令会员大会或者理事会根据本条例规定的权限罢免或者解聘直接负责的主管人员:

(一)违反本条例第十九条规定拒绝与权利人订立著作权集

体管理合同的,或者违反本条例第二十一条的规定拒绝会员退出该组织的要求的;

(二)违反本条例第二十三条规定,拒绝与使用者订立许可使用合同的;

(三)违反本条例第二十八条规定提取管理费的;

(四)违反本条例第二十九条规定转付使用费的;

(五)拒绝提供或者提供虚假的会计账簿、年度预算和决算报告或者其他有关业务材料的。

第四十一条 著作权集体管理组织自国务院民政部门发给登记证书之日起超过6个月无正当理由未开展著作权集体管理活动,或者连续中止著作权集体管理活动6个月以上的,由国务院著作权管理部门吊销其著作权集体管理许可证,并由国务院民政部门撤销登记。

第四十二条 著作权集体管理组织从事营利性经营活动的,由工商行政管理部门依法予以取缔,没收违法所得;构成犯罪的,依法追究刑事责任。

第四十三条 违反本条例第二十七条的规定,使用者能够提供有关使用情况而拒绝提供,或者在提供有关使用情况时弄虚作假的,由国务院著作权管理部门责令改正;著作权集体管理组织可以中止许可使用合同。

第四十四条 擅自设立著作权集体管理组织或者分支机构,或者擅自从事著作权集体管理活动的,由国务院著作权管理部门或者民政部门依照职责分工予以取缔,没收违法所得;构成犯罪的,依法追究刑事责任。

第四十五条 依照本条例规定从事著作权集体管理组织审批和监督工作的国家行政机关工作人员玩忽职守、滥用职权、徇私舞弊,构成犯罪的,依法追究刑事责任;尚不构成犯罪的,依法给予行政处分。

第七章 附 则

第四十六条 本条例施行前已经设立的著作权集体管理组织，应当自本条例生效之日起3个月内，将其章程、使用费收取标准、使用费转付办法及其他有关材料报国务院著作权管理部门审核，并将其与境外同类组织订立的相互代表协议报国务院著作权管理部门备案。

第四十七条 依照著作权法第二十三条、第三十三条第二款、第四十条第三款的规定使用他人作品，未能依照《中华人民共和国著作权法实施条例》第三十二条的规定向权利人支付使用费的，应当将使用费连同邮资以及使用作品的有关情况送交管理相关权利的著作权集体管理组织，由该著作权集体管理组织将使用费转付给权利人。

负责转付使用费的著作权集体管理组织应当建立作品使用情况查询系统，供权利人、使用者查询。

负责转付使用费的著作权集体管理组织可以从其收到的使用费中提取管理费，管理费按照会员大会决定的该集体管理组织管理费的比例减半提取。除管理费外，该著作权集体管理组织不得从其收到的使用费中提取其他任何费用。

第四十八条 本条例自2005年3月1日起施行。

计算机软件保护条例[①]

（2001年12月20日中华人民共和国国务院令第339号公布）

第一章　总　　则

第一条　为了保护计算机软件著作权人的权益，调整计算机软件在开发、传播和使用中发生的利益关系，鼓励计算机软件的开发与应用，促进软件产业和国民经济信息化的发展，根据《中华人民共和国著作权法》，制定本条例。

第二条　本条例所称计算机软件（以下简称软件），是指计算机程序及其有关文档。

第三条　本条例下列用语的含义：

（一）计算机程序，是指为了得到某种结果而可以由计算机等具有信息处理能力的装置执行的代码化指令序列，或者可以被自动转换成代码化指令序列的符号化指令序列或者符号化语句序列。同一计算机程序的源程序和目标程序为同一作品。

（二）文档，是指用来描述程序的内容、组成、设计、功能规格、开发情况、测试结果及使用方法的文字资料和图表等，如程序设计说明书、流程图、用户手册等。

（三）软件开发者，是指实际组织开发、直接进行开发，并对开发完成的软件承担责任的法人或者其他组织；或者依靠自己具有

---

① 本文件有过修订，此处所载为据2013年1月30日《国务院关于修改〈计算机软件保护条例〉的决定》修订的版本。

的条件独立完成软件开发,并对软件承担责任的自然人。

(四)软件著作权人,是指依照本条例的规定,对软件享有著作权的自然人、法人或者其他组织。

第四条 受本条例保护的软件必须由开发者独立开发,并已固定在某种有形物体上。

第五条 中国公民、法人或者其他组织对其所开发的软件,不论是否发表,依照本条例享有著作权。

外国人、无国籍人的软件首先在中国境内发行的,依照本条例享有著作权。

外国人、无国籍人的软件,依照其开发者所属国或者经常居住地国同中国签订的协议或者依照中国参加的国际条约享有的著作权,受本条例保护。

第六条 本条例对软件著作权的保护不延及开发软件所用的思想、处理过程、操作方法或者数学概念等。

第七条 软件著作权人可以向国务院著作权行政管理部门认定的软件登记机构办理登记。软件登记机构发放的登记证明文件是登记事项的初步证明。

办理软件登记应当缴纳费用。软件登记的收费标准由国务院著作权行政管理部门会同国务院价格主管部门规定。

第二章 软件著作权

第八条 软件著作权人享有下列各项权利:

(一)发表权,即决定软件是否公之于众的权利;

(二)署名权,即表明开发者身份,在软件上署名的权利;

(三)修改权,即对软件进行增补、删节,或者改变指令、语句顺序的权利;

(四)复制权,即将软件制作一份或者多份的权利;

（五）发行权，即以出售或者赠与方式向公众提供软件的原件或者复制件的权利；

（六）出租权，即有偿许可他人临时使用软件的权利，但是软件不是出租的主要标的的除外；

（七）信息网络传播权，即以有线或者无线方式向公众提供软件，使公众可以在其个人选定的时间和地点获得软件的权利；

（八）翻译权，即将原软件从一种自然语言文字转换成另一种自然语言文字的权利；

（九）应当由软件著作权人享有的其他权利。

软件著作权人可以许可他人行使其软件著作权，并有权获得报酬。

软件著作权人可以全部或者部分转让其软件著作权，并有权获得报酬。

第九条 软件著作权属于软件开发者，本条例另有规定的除外。

如无相反证明，在软件上署名的自然人、法人或者其他组织为开发者。

第十条 由两个以上的自然人、法人或者其他组织合作开发的软件，其著作权的归属由合作开发者签订书面合同约定。无书面合同或者合同未作明确约定，合作开发的软件可以分割使用的，开发者对各自开发的部分可以单独享有著作权；但是，行使著作权时，不得扩展到合作开发的软件整体的著作权。合作开发的软件不能分割使用的，其著作权由各合作开发者共同享有，通过协商一致行使；不能协商一致，又无正当理由的，任何一方不得阻止他方行使除转让权以外的其他权利，但是所得收益应当合理分配给所有合作开发者。

第十一条 接受他人委托开发的软件，其著作权的归属由委托人与受托人签订书面合同约定；无书面合同或者合同未作明确约定的,其著作权由受托人享有。

第十二条 由国家机关下达任务开发的软件,著作权的归属与行使由项目任务书或者合同规定;项目任务书或者合同中未作明确规定的,软件著作权由接受任务的法人或者其他组织享有。

第十三条 自然人在法人或者其他组织中任职期间所开发的软件有下列情形之一的,该软件著作权由该法人或者其他组织享有,该法人或者其他组织可以对开发软件的自然人进行奖励:

(一)针对本职工作中明确指定的开发目标所开发的软件;

(二)开发的软件是从事本职工作活动所预见的结果或者自然的结果;

(三)主要使用了法人或者其他组织的资金、专用设备、未公开的专门信息等物质技术条件所开发并由法人或者其他组织承担责任的软件。

第十四条 软件著作权自软件开发完成之日起产生。

自然人的软件著作权,保护期为自然人终生及其死亡后50年,截止于自然人死亡后第50年的12月31日;软件是合作开发的,截止于最后死亡的自然人死亡后第50年的12月31日。

法人或者其他组织的软件著作权,保护期为50年,截止于软件首次发表后第50年的12月31日,但软件自开发完成之日起50年内未发表的,本条例不再保护。

第十五条 软件著作权属于自然人的,该自然人死亡后,在软件著作权的保护期内,软件著作权的继承人可以依照《中华人民共和国继承法》的有关规定,继承本条例第八条规定的除署名权以外的其他权利。

软件著作权属于法人或者其他组织的,法人或者其他组织变更、终止后,其著作权在本条例规定的保护期内由承受其权利义务的法人或者其他组织享有;没有承受其权利义务的法人或者其他组织的,由国家享有。

第十六条 软件的合法复制品所有人享有下列权利：

（一）根据使用的需要把该软件装入计算机等具有信息处理能力的装置内；

（二）为了防止复制品损坏而制作备份复制品。这些备份复制品不得通过任何方式提供给他人使用，并在所有人丧失该合法复制品的所有权时，负责将备份复制品销毁；

（三）为了把该软件用于实际的计算机应用环境或者改进其功能、性能而进行必要的修改；但是，除合同另有约定外，未经该软件著作权人许可，不得向任何第三方提供修改后的软件。

第十七条 为了学习和研究软件内含的设计思想和原理，通过安装、显示、传输或者存储软件等方式使用软件的，可以不经软件著作权人许可，不向其支付报酬。

第三章 软件著作权的许可使用和转让

第十八条 许可他人行使软件著作权的，应当订立许可使用合同。

许可使用合同中软件著作权人未明确许可的权利，被许可人不得行使。

第十九条 许可他人专有行使软件著作权的，当事人应当订立书面合同。

没有订立书面合同或者合同中未明确约定为专有许可的，被许可行使的权利应当视为非专有权利。

第二十条 转让软件著作权的，当事人应当订立书面合同。

第二十一条 订立许可他人专有行使软件著作权的许可合同，或者订立转让软件著作权合同，可以向国务院著作权行政管理部门认定的软件登记机构登记。

第二十二条 中国公民、法人或者其他组织向外国人许可或者转让软件著作权的，应当遵守《中华人民共和国技术进出口管理条例》的有关规定。

第四章 法律责任

第二十三条 除《中华人民共和国著作权法》或者本条例另有规定外，有下列侵权行为的，应当根据情况，承担停止侵害、消除影响、赔礼道歉、赔偿损失等民事责任：

（一）未经软件著作权人许可，发表或者登记其软件的；

（二）将他人软件作为自己的软件发表或者登记的；

（三）未经合作者许可，将与他人合作开发的软件作为自己单独完成的软件发表或者登记的；

（四）在他人软件上署名或者更改他人软件上的署名的；

（五）未经软件著作权人许可，修改、翻译其软件的；

（六）其他侵犯软件著作权的行为。

第二十四条 除《中华人民共和国著作权法》、本条例或者其他法律、行政法规另有规定外，未经软件著作权人许可，有下列侵权行为的，应当根据情况，承担停止侵害、消除影响、赔礼道歉、赔偿损失等民事责任；同时损害社会公共利益的，由著作权行政管理部门责令停止侵权行为，没收违法所得，没收、销毁侵权复制品，可以并处罚款；情节严重的，著作权行政管理部门并可以没收主要用于制作侵权复制品的材料、工具、设备等；触犯刑律的，依照刑法关于侵犯著作权罪、销售侵权复制品罪的规定，依法追究刑事责任：

（一）复制或者部分复制著作权人的软件的；

（二）向公众发行、出租、通过信息网络传播著作权人的软件的；

（三）故意避开或者破坏著作权人为保护其软件著作权而采取的技术措施的；

（四）故意删除或者改变软件权利管理电子信息的；

（五）转让或者许可他人行使著作权人的软件著作权的。

有前款第一项或者第二项行为的，可以并处每件100元或者货值金额1倍以上5倍以下的罚款；有前款第三项、第四项或者第五项行为的，可以并处20万元以下的罚款。

第二十五条 侵犯软件著作权的赔偿数额，依照《中华人民共和国著作权法》第四十九条的规定确定。

第二十六条 软件著作权人有证据证明他人正在实施或者即将实施侵犯其权利的行为，如不及时制止，将会使其合法权益受到难以弥补的损害的，可以依照《中华人民共和国著作权法》第五十条的规定，在提起诉讼前向人民法院申请采取责令停止有关行为和财产保全的措施。

第二十七条 为了制止侵权行为，在证据可能灭失或者以后难以取得的情况下，软件著作权人可以依照《中华人民共和国著作权法》第五十一条的规定，在提起诉讼前向人民法院申请保全证据。

第二十八条 软件复制品的出版者、制作者不能证明其出版、制作有合法授权的，或者软件复制品的发行者、出租者不能证明其发行、出租的复制品有合法来源的，应当承担法律责任。

第二十九条 软件开发者开发的软件，由于可供选用的表达方式有限而与已经存在的软件相似的，不构成对已经存在的软件的著作权的侵犯。

第三十条 软件的复制品持有人不知道也没有合理理由应当知道该软件是侵权复制品的，不承担赔偿责任；但是，应当停止使用、销毁该侵权复制品。如果停止使用并销毁该侵权复制品将给复制品使用人造成重大损失的，复制品使用人可以在向软件著作权人支付合理费用后继续使用。

第三十一条 软件著作权侵权纠纷可以调解。

软件著作权合同纠纷可以依据合同中的仲裁条款或者事后达成的书面仲裁协议,向仲裁机构申请仲裁。

当事人没有在合同中订立仲裁条款,事后又没有书面仲裁协议的,可以直接向人民法院提起诉讼。

第五章　附　　则

第三十二条　本条例施行前发生的侵权行为,依照侵权行为发生时的国家有关规定处理。

第三十三条　本条例自 2002 年 1 月 1 日起施行。1991 年 6 月 4 日国务院发布的《计算机软件保护条例》同时废止。

信息网络传播权保护条例[1]

（2006年5月18日中华人民共和国国务院令第468号公布）

第一条 为保护著作权人、表演者、录音录像制作者（以下统称权利人）的信息网络传播权，鼓励有益于社会主义精神文明、物质文明建设的作品的创作和传播，根据《中华人民共和国著作权法》（以下简称著作权法），制定本条例。

第二条 权利人享有的信息网络传播权受著作权法和本条例保护。除法律、行政法规另有规定的外，任何组织或者个人将他人的作品、表演、录音录像制品通过信息网络向公众提供，应当取得权利人许可，并支付报酬。

第三条 依法禁止提供的作品、表演、录音录像制品，不受本条例保护。

权利人行使信息网络传播权，不得违反宪法和法律、行政法规，不得损害公共利益。

第四条 为了保护信息网络传播权，权利人可以采取技术措施。

任何组织或者个人不得故意避开或者破坏技术措施，不得故意制造、进口或者向公众提供主要用于避开或者破坏技术措施的装置或者部件，不得故意为他人避开或者破坏技术措施提供技术服务。但是，法律、行政法规规定可以避开的除外。

---

① 此处所载为据2013年1月30日《国务院关于修改〈信息网络传播权保护条例〉的决定》修订的版本。

第五条 未经权利人许可,任何组织或者个人不得进行下列行为:

(一)故意删除或者改变通过信息网络向公众提供的作品、表演、录音录像制品的权利管理电子信息,但由于技术上的原因无法避免删除或者改变的除外;

(二)通过信息网络向公众提供明知或者应知未经权利人许可被删除或者改变权利管理电子信息的作品、表演、录音录像制品。

第六条 通过信息网络提供他人作品,属于下列情形的,可以不经著作权人许可,不向其支付报酬:

(一)为介绍、评论某一作品或者说明某一问题,在向公众提供的作品中适当引用已经发表的作品;

(二)为报道时事新闻,在向公众提供的作品中不可避免地再现或者引用已经发表的作品;

(三)为学校课堂教学或者科学研究,向少数教学、科研人员提供少量已经发表的作品;

(四)国家机关为执行公务,在合理范围内向公众提供已经发表的作品;

(五)将中国公民、法人或者其他组织已经发表的、以汉语言文字创作的作品翻译成的少数民族语言文字作品,向中国境内少数民族提供;

(六)不以营利为目的,以盲人能够感知的独特方式向盲人提供已经发表的文字作品;

(七)向公众提供在信息网络上已经发表的关于政治、经济问题的时事性文章;

(八)向公众提供在公众集会上发表的讲话。

第七条 图书馆、档案馆、纪念馆、博物馆、美术馆等可以不经著作权人许可,通过信息网络向本馆馆舍内服务对象提供本馆收藏的合法出版的数字作品和依法为陈列或者保存版本的需要以数字化形式复制的作品，不向其支付报酬，但不得直接或者间接获得经济利益。当事人另有约定的除外。

前款规定的为陈列或者保存版本需要以数字化形式复制的作品，应当是已经损毁或者濒临损毁、丢失或者失窃，或者其存储格式已经过时，并且在市场上无法购买或者只能以明显高于标定的价格购买的作品。

第八条 为通过信息网络实施九年制义务教育或者国家教育规划，可以不经著作权人许可，使用其已经发表作品的片断或者短小的文字作品、音乐作品或者单幅的美术作品、摄影作品制作课件，由制作课件或者依法取得课件的远程教育机构通过信息网络向注册学生提供，但应当向著作权人支付报酬。

第九条 为扶助贫困，通过信息网络向农村地区的公众免费提供中国公民、法人或者其他组织已经发表的种植养殖、防病治病、防灾减灾等与扶助贫困有关的作品和适应基本文化需求的作品，网络服务提供者应当在提供前公告拟提供的作品及其作者、拟支付报酬的标准。自公告之日起 30 日内，著作权人不同意提供的，网络服务提供者不得提供其作品；自公告之日起满 30 日，著作权人没有异议的，网络服务提供者可以提供其作品，并按照公告的标准向著作权人支付报酬。网络服务提供者提供著作权人的作品后，著作权人不同意提供的，网络服务提供者应当立即删除著作权人的作品，并按照公告的标准向著作权人支付提供作品期间的报酬。

依照前款规定提供作品的，不得直接或者间接获得经济利益。

第十条 依照本条例规定不经著作权人许可、通过信息网络向公众提供其作品的，还应当遵守下列规定：

（一）除本条例第六条第一项至第六项、第七条规定的情形外，不得提供作者事先声明不许提供的作品；

（二）指明作品的名称和作者的姓名（名称）；

（三）依照本条例规定支付报酬；

（四）采取技术措施，防止本条例第七条、第八条、第九条规定的服务对象以外的其他人获得著作权人的作品，并防止本条例第七条规定的服务对象的复制行为对著作权人利益造成实质性损害；

（五）不得侵犯著作权人依法享有的其他权利。

第十一条 通过信息网络提供他人表演、录音录像制品的，应当遵守本条例第六条至第十条的规定。

第十二条 属于下列情形的，可以避开技术措施，但不得向他人提供避开技术措施的技术、装置或者部件，不得侵犯权利人依法享有的其他权利：

（一）为学校课堂教学或者科学研究，通过信息网络向少数教学、科研人员提供已经发表的作品、表演、录音录像制品，而该作品、表演、录音录像制品只能通过信息网络获取；

（二）不以营利为目的，通过信息网络以盲人能够感知的独特方式向盲人提供已经发表的文字作品，而该作品只能通过信息网络获取；

（三）国家机关依照行政、司法程序执行公务；

（四）在信息网络上对计算机及其系统或者网络的安全性能进行测试。

第十三条 著作权行政管理部门为了查处侵犯信息网络传播权的行为，可以要求网络服务提供者提供涉嫌侵权的服务对象的姓名（名称）、联系方式、网络地址等资料。

第十四条 对提供信息存储空间或者提供搜索、链接服务的网络服务提供者，权利人认为其服务所涉及的作品、表演、录音录像制品，侵犯自己的信息网络传播权或者被删除、改变了自己的权利管理电子信息的，可以向该网络服务提供者提交书面通知，要求网络服务提供者删除该作品、表演、录音录像制品，或者断开与该作品、表演、录音录像制品的链接。通知书应当包含下列内容：

（一）权利人的姓名（名称）、联系方式和地址；

（二）要求删除或者断开链接的侵权作品、表演、录音录像制品的名称和网络地址；

（三）构成侵权的初步证明材料。

权利人应当对通知书的真实性负责。

第十五条 网络服务提供者接到权利人的通知书后，应当立即删除涉嫌侵权的作品、表演、录音录像制品，或者断开与涉嫌侵权的作品、表演、录音录像制品的链接，并同时将通知书转送提供作品、表演、录音录像制品的服务对象；服务对象网络地址不明、无法转送的，应当将通知书的内容同时在信息网络上公告。

第十六条 服务对象接到网络服务提供者转送的通知书后，认为其提供的作品、表演、录音录像制品未侵犯他人权利的，可以向网络服务提供者提交书面说明，要求恢复被删除的作品、表演、录音录像制品，或者恢复与被断开的作品、表演、录音录像制品的链接。书面说明应当包含下列内容：

（一）服务对象的姓名（名称）、联系方式和地址；

（二）要求恢复的作品、表演、录音录像制品的名称和网络地址；

（三）不构成侵权的初步证明材料。

服务对象应当对书面说明的真实性负责。

第十七条 网络服务提供者接到服务对象的书面说明后，应当立即恢复被删除的作品、表演、录音录像制品，或者可以恢复与被断开的作品、表演、录音录像制品的链接，同时将服务对象的书面说明转送权利人。权利人不得再通知网络服务提供者删除该作品、表演、录音录像制品，或者断开与该作品、表演、录音录像制品的链接。

第十八条 违反本条例规定，有下列侵权行为之一的，根据情况承担停止侵害、消除影响、赔礼道歉、赔偿损失等民事责任；同时损害公共利益的，可以由著作权行政管理部门责令停止侵权行为，没收违法所得，非法经营额5万元以上的，可处非法经营额1倍以上5倍以下的罚款；没有非法经营额或者非法经营额5万元以下的，根据情节轻重，可处25万元以下的罚款；情节严重的，著作权行政管理部门可以没收主要用于提供网络服务的计算机等设备；构成犯罪的，依法追究刑事责任：

（一）通过信息网络擅自向公众提供他人的作品、表演、录音录像制品的；

（二）故意避开或者破坏技术措施的；

（三）故意删除或者改变通过信息网络向公众提供的作品、表演、录音录像制品的权利管理电子信息，或者通过信息网络向公众提供明知或者应知未经权利人许可而被删除或者改变权利管理电子信息的作品、表演、录音录像制品的；

（四）为扶助贫困通过信息网络向农村地区提供作品、表演、录音录像制品超过规定范围，或者未按照公告的标准支付报酬，或者在权利人不同意提供其作品、表演、录音录像制品后未立即删除的；

（五）通过信息网络提供他人的作品、表演、录音录像制品，未指明作品、表演、录音录像制品的名称或者作者、表演者、录音录像制作者的姓名（名称），或者未支付报酬，或者未依照本条例规定采取技术措施防止服务对象以外的其他人获得他人的作品、表演、录音录像制品，或者未防止服务对象的复制行为对权利人利益造成实质性损害的。

第十九条 违反本条例规定，有下列行为之一的，由著作权行政管理部门予以警告，没收违法所得，没收主要用于避开、破坏技术措施的装置或者部件；情节严重的，可以没收主要用于提供网络服务的计算机等设备；非法经营额5万元以上的，可处非法经营额1倍以上5倍以下的罚款；没有非法经营额或者非法经营额5万元以下的，根据情节轻重，可处25万元以下的罚款；构成犯罪的，依法追究刑事责任：

（一）故意制造、进口或者向他人提供主要用于避开、破坏技术措施的装置或者部件，或者故意为他人避开或者破坏技术措施提供技术服务的；

（二）通过信息网络提供他人的作品、表演、录音录像制品，获得经济利益的；

（三）为扶助贫困通过信息网络向农村地区提供作品、表演、录音录像制品，未在提供前公告作品、表演、录音录像制品的名称和作者、表演者、录音录像制作者的姓名（名称）以及报酬标准的。

第二十条 网络服务提供者根据服务对象的指令提供网络自动接入服务，或者对服务对象提供的作品、表演、录音录像制品提供自动传输服务，并具备下列条件的，不承担赔偿责任：

（一）未选择并且未改变所传输的作品、表演、录音录像制品；

（二）向指定的服务对象提供该作品、表演、录音录像制品，并防止指定的服务对象以外的其他人获得。

第二十一条 网络服务提供者为提高网络传输效率，自动存储从其他网络服务提供者获得的作品、表演、录音录像制品，根据技术安排自动向服务对象提供，并具备下列条件的，不承担赔偿责任：

（一）未改变自动存储的作品、表演、录音录像制品；

（二）不影响提供作品、表演、录音录像制品的原网络服务提供者掌握服务对象获取该作品、表演、录音录像制品的情况；

（三）在原网络服务提供者修改、删除或者屏蔽该作品、表演、录音录像制品时，根据技术安排自动予以修改、删除或者屏蔽。

第二十二条 网络服务提供者为服务对象提供信息存储空

间，供服务对象通过信息网络向公众提供作品、表演、录音录像制品，并具备下列条件的，不承担赔偿责任：

（一）明确标示该信息存储空间是为服务对象所提供，并公开网络服务提供者的名称、联系人、网络地址；

（二）未改变服务对象所提供的作品、表演、录音录像制品；

（三）不知道也没有合理的理由应当知道服务对象提供的作品、表演、录音录像制品侵权；

（四）未从服务对象提供作品、表演、录音录像制品中直接获得经济利益；

（五）在接到权利人的通知书后，根据本条例规定删除权利人认为侵权的作品、表演、录音录像制品。

第二十三条 网络服务提供者为服务对象提供搜索或者链接服务，在接到权利人的通知书后，根据本条例规定断开与侵权的作品、表演、录音录像制品的链接的，不承担赔偿责任；但是，明知或者应知所链接的作品、表演、录音录像制品侵权的，应当承担共同侵权责任。

第二十四条 因权利人的通知导致网络服务提供者错误删除作品、表演、录音录像制品，或者错误断开与作品、表演、录音录像制品的链接，给服务对象造成损失的，权利人应当承担赔偿责任。

第二十五条 网络服务提供者无正当理由拒绝提供或者拖延提供涉嫌侵权的服务对象的姓名（名称）、联系方式、网络地址等资料的，由著作权行政管理部门予以警告；情节严重的，没收主要用于提供网络服务的计算机等设备。

第二十六条 本条例下列用语的含义：

信息网络传播权，是指以有线或者无线方式向公众提供作品、表演或者录音录像制品，使公众可以在其个人选定的时间和地点获得作品、表演或者录音录像制品的权利。

技术措施,是指用于防止、限制未经权利人许可浏览、欣赏作品、表演、录音录像制品的或者通过信息网络向公众提供作品、表演、录音录像制品的有效技术、装置或者部件。

权利管理电子信息,是指说明作品及其作者、表演及其表演者、录音录像制品及其制作者的信息,作品、表演、录音录像制品权利人的信息和使用条件的信息,以及表示上述信息的数字或者代码。

第二十七条 本条例自 2006 年 7 月 1 日起施行。

互联网信息服务管理办法

（2000 年 9 月 25 日中华人民共和国国务院令第 292 号公布）

第一条 为了规范互联网信息服务活动，促进互联网信息服务健康有序发展，制定本办法。

第二条 在中华人民共和国境内从事互联网信息服务活动，必须遵守本办法。

本办法所称互联网信息服务，是指通过互联网向上网用户提供信息的服务活动。

第三条 互联网信息服务分为经营性和非经营性两类。

经营性互联网信息服务，是指通过互联网向上网用户有偿提供信息或者网页制作等服务活动。

非经营性互联网信息服务，是指通过互联网向上网用户无偿提供具有公开性、共享性信息的服务活动。

第四条 国家对经营性互联网信息服务实行许可制度；对非经营性互联网信息服务实行备案制度。

未取得许可或者未履行备案手续的，不得从事互联网信息服务。

第五条 从事新闻、出版、教育、医疗保健、药品和医疗器械等互联网信息服务，依照法律、行政法规以及国家有关规定须经有关主管部门审核同意，在申请经营许可或者履行备案手续前，应当依法经有关主管部门审核同意。

第六条 从事经营性互联网信息服务，除应当符合《中华人民共和国电信条例》规定的要求外，还应当具备下列条件：

（一）有业务发展计划及相关技术方案；

(二)有健全的网络与信息安全保障措施,包括网站安全保障措施、信息安全保密管理制度、用户信息安全管理制度;

(三)服务项目属于本办法第五条规定范围的,已取得有关主管部门同意的文件。

第七条 从事经营性互联网信息服务,应当向省、自治区、直辖市电信管理机构或者国务院信息产业主管部门申请办理互联网信息服务增值电信业务经营许可证(以下简称经营许可证)。

省、自治区、直辖市电信管理机构或者国务院信息产业主管部门应当自收到申请之日起60日内审查完毕,作出批准或者不予批准的决定。予以批准的,颁发经营许可证;不予批准的,应当书面通知申请人并说明理由。

申请人取得经营许可证后,应当持经营许可证向企业登记机关办理登记手续。

第八条 从事非经营性互联网信息服务,应当向省、自治区、直辖市电信管理机构或者国务院信息产业主管部门办理备案手续。办理备案时,应当提交下列材料:

(一)主办单位和网站负责人的基本情况;

(二)网站网址和服务项目;

(三)服务项目属于本办法第五条规定范围的,已取得有关主管部门的同意文件。

省、自治区、直辖市电信管理机构对备案材料齐全的,应当予以备案并编号。

第九条 从事互联网信息服务,拟开办电子公告服务的,应当在申请经营性互联网信息服务许可或者办理非经营性互联网信息服务备案时,按照国家有关规定提出专项申请或者专项备案。

第十条 省、自治区、直辖市电信管理机构和国务院信息产业主管部门应当公布取得经营许可证或者已履行备案手续的互联网信息服务提供者名单。

第十一条 互联网信息服务提供者应当按照经许可或者备案的项目提供服务，不得超出经许可或者备案的项目提供服务。

非经营性互联网信息服务提供者不得从事有偿服务。

互联网信息服务提供者变更服务项目、网站网址等事项的，应当提前30日向原审核、发证或者备案机关办理变更手续。

第十二条 互联网信息服务提供者应当在其网站主页的显著位置标明其经营许可证编号或者备案编号。

第十三条 互联网信息服务提供者应当向上网用户提供良好的服务，并保证所提供的信息内容合法。

第十四条 从事新闻、出版以及电子公告等服务项目的互联网信息服务提供者，应当记录提供的信息内容及其发布时间、互联网地址或者域名；互联网接入服务提供者应当记录上网用户的上网时间、用户帐号、互联网地址或者域名、主叫电话号码等信息。

互联网信息服务提供者和互联网接入服务提供者的记录备份应当保存60日，并在国家有关机关依法查询时，予以提供。

第十五条 互联网信息服务提供者不得制作、复制、发布、传播含有下列内容的信息：

（一）反对宪法所确定的基本原则的；

（二）危害国家安全，泄露国家秘密，颠覆国家政权，破坏国家统一的；

（三）损害国家荣誉和利益的；

（四）煽动民族仇恨、民族歧视，破坏民族团结的；

（五）破坏国家宗教政策，宣扬邪教和封建迷信的；

（六）散布谣言，扰乱社会秩序，破坏社会稳定的；

（七）散布淫秽、色情、赌博、暴力、凶杀、恐怖或者教唆犯罪的；

（八）侮辱或者诽谤他人，侵害他人合法权益的；

（九）含有法律、行政法规禁止的其他内容的。

第十六条 互联网信息服务提供者发现其网站传输的信息明显属于本办法第十五条所列内容之一的,应当立即停止传输,保存有关记录,并向国家有关机关报告。

第十七条 经营性互联网信息服务提供者申请在境内境外上市或者同外商合资、合作,应当事先经国务院信息产业主管部门审查同意;其中,外商投资的比例应当符合有关法律、行政法规的规定。

第十八条 国务院信息产业主管部门和省、自治区、直辖市电信管理机构,依法对互联网信息服务实施监督管理。

新闻、出版、教育、卫生、药品监督管理、工商行政管理和公安、国家安全等有关主管部门,在各自职责范围内依法对互联网信息内容实施监督管理。

第十九条 违反本办法的规定,未取得经营许可证,擅自从事经营性互联网信息服务,或者超出许可的项目提供服务的,由省、自治区、直辖市电信管理机构责令限期改正,有违法所得的,没收违法所得,处违法所得 3 倍以上 5 倍以下的罚款;没有违法所得或者违法所得不足 5 万元的,处 10 万元以上 100 万元以下的罚款;情节严重的,责令关闭网站。

违反本办法的规定,未履行备案手续,擅自从事非经营性互联网信息服务,或者超出备案的项目提供服务的,由省、自治区、直辖市电信管理机构责令限期改正;拒不改正的,责令关闭网站。

第二十条 制作、复制、发布、传播本办法第十五条所列内容之一的信息,构成犯罪的,依法追究刑事责任;尚不构成犯罪的,由公安机关、国家安全机关依照《中华人民共和国治安管理处罚法》、《计算机信息网络国际联网安全保护管理办法》等有关法律、行政法规的规定予以处罚;对经营性互联网信息服务提供者,并由发证机关责令停业整顿直至吊销经营许可证,通知企业登记机关;对非经营性互联网信息服务提供者,并由备案机关责令暂时关闭网站直至关闭网站。

第二十一条 未履行本办法第十四条规定的义务的，由省、自治区、直辖市电信管理机构责令改正；情节严重的，责令停业整顿或者暂时关闭网站。

第二十二条 违反本办法的规定，未在其网站主页上标明其经营许可证编号或者备案编号的，由省、自治区、直辖市电信管理机构责令改正，处5000元以上5万元以下的罚款。

第二十三条 违反本办法第十六条规定的义务的，由省、自治区、直辖市电信管理机构责令改正；情节严重的，对经营性互联网信息服务提供者，并由发证机关吊销经营许可证，对非经营性互联网信息服务提供者，并由备案机关责令关闭网站。

第二十四条 互联网信息服务提供者在其业务活动中，违反其他法律、法规的，由新闻、出版、教育、卫生、药品监督管理和工商行政管理等有关主管部门依照有关法律、法规的规定处罚。

第二十五条 电信管理机构和其他有关主管部门及其工作人员，玩忽职守、滥用职权、徇私舞弊，疏于对互联网信息服务的监督管理，造成严重后果，构成犯罪的，依法追究刑事责任；尚不构成犯罪的，对直接负责的主管人员和其他直接责任人员依法给予降级、撤职直至开除的行政处分。

第二十六条 在本办法公布前从事互联网信息服务的，应当自本办法公布之日起60日内依照本办法的有关规定补办有关手续。

第二十七条 本办法自公布之日起施行。

《宗教事务条例》部分条款

（2004年11月30日中华人民共和国国务院令第426号公布）

第七条　宗教团体按照国家有关规定可以编印宗教内部资料性出版物。出版公开发行的宗教出版物，按照国家出版管理的规定办理。

涉及宗教内容的出版物，应当符合《出版管理条例》的规定，并不得含有下列内容：

（一）破坏信教公民与不信教公民和睦相处的；

（二）破坏不同宗教之间和睦以及宗教内部和睦的；

（三）歧视、侮辱信教公民或者不信教公民的；

（四）宣扬宗教极端主义的；

（五）违背宗教的独立自主自办原则的。

第四十二条　涉及宗教内容的出版物有本条例第七条第二款禁止内容的，对相关责任单位及人员由有关主管部门依法给予行政处罚；构成犯罪的，依法追究刑事责任。

法规汇编编辑出版管理规定

（1990 年 7 月 29 日中华人民共和国国务院令第 63 号公布）

第一条 为了加强对法规汇编编辑出版工作的管理，提高法规汇编编辑出版质量，维护社会主义法制的统一和尊严，制定本规定。

第二条 本规定所称法规汇编，是指将依照法定程序发布的法律、行政法规、国务院部门规章（下称部门规章）、地方性法规和地方政府规章，按照一定的顺序或者分类汇编成册的公开出版物。

第三条 除法律、行政法规另有规定外，编辑出版法规汇编（包括法规选编、类编、大全等）应当遵守本规定。

依照本规定第四条编辑出版的法规汇编，是国家出版的法规汇编正式版本。

第四条 编辑法规汇编，遵守下列分工：

（一）法律汇编由全国人民代表大会常务委员会法制工作委员会编辑；

（二）行政法规汇编由国务院法制局编辑；

（三）军事法规汇编由中央军事委员会法制局编辑；

（四）部门规章汇编由国务院各部门依照该部门职责范围编辑；

（五）地方性法规和地方政府规章汇编，由具有地方性法规和地方政府规章制定权的地方各级人民代表大会常务委员会和地方各级人民政府指定的机构编辑。

全国人民代表大会常务委员会法制工作委员会和国务院法制局可以编辑法律、行政法规、部门规章、地方性法规和地方政府规章的综合性法规汇编;中央军事委员会法制局可以编辑有关军事方面的法律、法规、条令汇编;国务院各部门可以依照本部门职责范围编辑专业性的法律、行政法规和部门规章汇编;具有地方性法规和地方政府规章制定权的地方各级人民代表大会常务委员会和地方各级人民政府可以编辑本地区制定的地方性法规和地方政府规章汇编。

第五条 根据工作、学习、教学、研究需要,有关机关、团体、企业事业组织可以自行或者委托精通法律的专业人员编印供内部使用的法规汇集;需要正式出版的,应当经出版行政管理部门核准。

除前款规定外,个人不得编辑法规汇编。

第六条 编辑法规汇编,应当做到:

(一)选材准确。收入法规汇编的法规必须准确无误,如果收入废止或者失效的法规,必须注明;现行法规汇编不得收入废止或者失效的法规。

(二)内容完整。收入法规汇编的法规名称、批准或者发布机关、批准或者发布日期、施行日期、章节条款等内容应当全部编入,不得随意删减或者改动。

(三)编排科学。法规汇编应当按照一定的分类或者顺序排列,有利于各项工作的开展。

第七条 出版法规汇编,国家出版行政管理部门根据出版专业分工规定的原则,依照下列分工予以审核批准:

(一)法律汇编由全国人民代表大会常务委员会法制工作委员会选择的中央一级出版社出版;

(二)行政法规汇编由国务院法制局选择的中央一级出版社出版;

(三)军事法规汇编由中央军事委员会法制局选择的中央一级出版社出版;

(四)部门规章汇编由国务院各部门选择的中央一级出版社

出版；

（五）地方性法规和地方政府规章汇编由具有地方性法规和地方政府规章制定权的地方各级人民代表大会常务委员会和地方各级人民政府选择的中央一级出版社或者地方出版社出版。

第八条　国家出版的民族文版和外文版的法律汇编，由全国人民代表大会常务委员会法制工作委员会组织或者协助审定。

国家出版的民族文版和外文版的行政法规汇编，由国务院法制局组织或者协助审定。

第九条　符合第七条规定的出版社应当制定法规汇编的出版选题计划，分别报有权编辑法规汇编的机关和出版行政管理部门备案。

第十条　按照本规定第四条编辑的法规汇编，可以在汇编封面上加印国徽；按照本规定第五条第一款编印的法规汇集，不得在汇集封面上加印国徽。

第十一条　出版法规汇编，必须保证印制质量。质量标准要符合国家有关规定。

第十二条　法规汇编的发行，由新华书店负责，各地新华书店应当认真做好征订工作。

有条件的出版社也可以代办部分征订工作。

第十三条　违反本规定，擅自出版法规汇编的，根据不同情况出版行政管理部门或者工商行政管理部门依照职权划分可以给予当事人下列处罚：

（一）警告；

（二）停止出售；

（三）没收或者销毁；

（四）没收非法收入；

（五）罚款；

（六）停业整顿；

(七)撤销出版社登记;

(八)吊销营业执照。

第十四条 当事人对出版行政管理部门或者工商行政管理部门的处罚决定不服的,可以在收到处罚通知书之日起十五日内,向上级出版行政管理部门或者工商行政管理部门申请复议。对复议决定仍然不服的,可以自收到复议决定通知书之日起十五日内向人民法院提起诉讼。当事人也可以自收到处罚通知书之日起十五日内,直接向人民法院提起诉讼。逾期不申请复议也不提起诉讼又不履行处罚决定的,作出处罚决定的机关可以申请人民法院强制执行。

第十五条 与境外出版机构合作出版法规汇编事宜,参照本规定办理。

第十六条 法规文件信息化处理的开发、应用,参照本规定管理。

第十七条 本规定由国务院法制局和新闻出版署负责解释。

第十八条 本规定自发布之日起施行。

中共中央办公厅、国务院办公厅关于对编辑出版集中介绍党政领导干部情况出版物加强管理的通知

（1997年4月12日）

近年来，集中介绍党政领导干部，尤其是中央管理干部情况的出版物较多较滥。这些出版物所涉及的内容，有的属国家秘密不得泄露，有的属内部事项不宜对外公开，有的不准确甚至是错误的，已在社会上造成了不良影响。为了切实加强对这类出版物的管理，经党中央、国务院领导同志同意，现就有关问题通知如下：

一、严禁擅自将介绍党政领导干部的工作简历、职务任免时间、职责范围、家庭情况及个人兴趣爱好等资料集中编辑出版。

二、不准将登载在各类出版物（包括国外及港、澳、台地区出版物）上的有关党政领导干部的资料汇编出版。

三、以出版为目的提供党政领导干部的有关资料，须按干部管理权限进行审批，并经有关保密部门保密审查；未经审批和保密审查，任何单位及个人（包括党政领导干部本人和家属）均不得提供。

四、确因工作需要，编辑出版党政领导干部的名录、年鉴、年谱、年表及机构的组织序列等出版物（包括图书、期刊、音像制品及电子出版物），出版单位应按国务院颁发的《出版管理条例》和新闻出版署制定的重大选题备案程序办理有关手续。

五、编辑出版集中介绍党政领导干部情况出版物的出版社由新闻出版署限定。

六、各级党委（党组）要加强对这项工作的领导，出版管理部

门要加强对这类出版物的管理。对违反上述规定，擅自提供资料的，有关部门要追究当事人、有关单位负责人的责任；对擅自编辑出版的，由新闻出版管理部门对出版单位进行行政处罚，同时追究当事人、编辑出版单位主要负责人的责任；对泄漏国家秘密的，由保密部门会同有关部门依法追究当事人、有关单位负责人的责任。

七、本通知所列“党政领导干部”，系指中央、国家机关和地方各级党政机关县、处级以上（含县、处级）领导干部。编辑出版介绍工会、共青团、妇联等人民团体领导干部情况出版物的管理，参照本通知的有关规定执行。关于编辑出版介绍军队领导干部情况出版物的管理问题，由解放军总政治部作出相应规定。

中共中央办公厅关于严格执行编辑出版党和国家主要领导同志讲话选编和研究著作有关规定的通知

（1998 年 12 月 28 日）

最近，有关部门陆续向中央报来要求编辑出版党和国家主要领导同志的讲话选编，编辑出版研究党和国家主要领导同志思想、生平著作的请示。编辑出版这类选编和研究著作，是一项十分严肃的工作，《中共中央批转中央宣传部、中央文献研究室〈关于毛、周、刘、朱和现任中央常委著作的出版、发表及审核办法的请示报告〉的通知》（中发〔1982〕33 号）等有关文件对此曾作过明确规定。这些规定仍然有效，必须继续严格执行。为了确保编辑出版党和国家主要领导同志讲话选编、研究他们思想生平的著作的权威性、严肃性，经中央领导同志同意，现重申并提出如下要求：

一、凡已收入中央文件、中办文件和《中办通报》的现任中央政治局常委同志未公开发表过的讲话，需要公开发表的，须由中央办公厅报中央批准。未经批准，任何部门和单位都不得自行发表。

二、公开或内部出版现任中央政治局常委同志的讲话选编、论述摘编、专题文集以及各种摄影画册、音像制品和电子出版物等，统一由中央文献研究室或中央指定的其他单位负责编辑，经中央办公厅报中央批准，其他任何部门、单位和个人不得进行编辑。经批准出版的现任中央政治局常委同志的讲话选编、论述摘编和专题文集，一律由人民出版社和中央文献出版社按既定的分工范围出版，其他出版社不得出版。

三、研究现任中央政治局常委同志思想、生平的专著、文集，一般不出版；特殊情况需要出版的，由出版社按重大选题备案制度向新闻出版署申报；新闻出版署向有关部门提出意见后报中央批准，并指定有关出版社出版。

四、为了使党中央的精神能够及时、准确、系统地传达到各级党组织和全体党员，经中央批准，《中共中央办公厅通讯》将于1999年1月创刊，系统刊载可供内部阅读的中央文件、中办文件和中央政治局常委同志的讲话。

国务院办公厅关于坚决取缔非法出版活动的通知

（1996年1月25日）

各省、自治区、直辖市人民政府，国务院各部委、各直属机构：

为了进一步推动出版事业健康繁荣发展，维护正常出版秩序，保护知识产权，深入开展“扫黄”、“打非”斗争，现就严格执法，坚决取缔非法出版活动通知如下：

一、根据国家规定，未经新闻出版行政管理部门批准，任何单位和个人不得从事图书、报纸、期刊、音像及电子出版物的出版、印刷、复制和发行活动。

二、不准出版违反国家法律法规，泄露国家机密，危害国家安全，损害国家利益，违背党和国家民族宗教政策、破坏民族团结，宣扬淫秽色情、凶杀暴力和教唆犯罪等内容的出版物。出版物内容出现上述问题的，要对出版单位作出行政处理，直至停业整顿，查处出版单位主管领导和有关人员；情节严重的，要撤销出版单位登记。从事非法出版活动构成犯罪的，出版物内容出现上述问题触犯刑律的，均应依法追究有关人员的刑事责任。

三、严禁买卖书号、刊号、版号。对出卖书号、刊号、版号的出版单位，要停业整顿，查处单位主管领导和有关人员；情节严重的，要撤销出版单位登记。对买卖或伪造书号、刊号、版号从事非法出版活动的单位和个人，要按照有关规定严厉查处。

四、未持有书报刊印刷许可证的企业，不得印刷书报刊。出版单位违反规定委印出版物的，要追究有关人员的责任。印刷企业从事非法出版活动的，要吊销印刷许可证和营业执照。

五、书刊跨省(自治区、直辖市)印刷,要分别到出版单位和承印单位所在地的省级新闻出版管理部门办理审批手续。对未经批准委印和承印的,要按照规定予以查处;管理部门违反规定进行审批的,要追究有关人员的责任。

六、严格执行音像和电子出版物复制许可证及委托书制度。未持有复制许可证的企业,不得从事复制业务。音像和电子出版单位违反规定委托制作音像和电子出版物的,要追究有关人员的责任。复制企业从事非法出版活动的,要吊销复制许可证和营业执照。

七、国内生产的激光数码储存片(激光唱盘、激光数码唱视盘、只读光盘等)必须标有来源识别码(SID 码)。除国家批准进口的制成品外,凡在市场上销售的没有来源识别码的激光数码储存片,一律作为非法出版物予以收缴,并按照有关规定追究出版、复制、销售者的责任。

八、实行出版物批发进场制度。除新华书店、外文书店和出版社直接进行的批发业务外,其他出版物批发单位必须在新闻出版管理部门规定的批发场所开展业务。未建立批发市场的地方要尽快建立批发市场。坚决取缔场外非法批发活动。凡进入批发市场销售的出版物,必须于售前经出版物市场管理部门审查批准;未经批准擅自批发销售的,一律予以收缴并撤销批发销售商的出版物经营许可证和营业执照;发现非法出版物和有禁载内容、不适宜批发销售的出版物,要立即扣查并按规定程序处理。

九、加强著作权保护,打击侵权活动。对盗版和其他侵犯著作权的违法活动,一经发现,有关管理部门应责令其立即停止,并依法查处,切实维护著作权人的合法权益。

十、维护出版社、期刊社的合法权益。对假冒出版社、期刊社名义出版书刊、音像制品,伪造出版单位公章、委托书、发排单等证件的行为,必须坚决打击;触犯刑律的,要依法追究刑事责任。出版社、期刊社可依法要求侵害者赔偿损失。

各级政府对取缔非法出版活动的工作要高度重视，加强领导。要采取切实有效措施，贯彻落实本通知的要求，加强管理，取得成效。要广泛动员群众参加“扫黄”、“打非”斗争，鼓励群众积极检举揭发“制黄”、“贩黄”、侵权盗版及其他非法出版活动，对举报者予以保护，对有功者予以奖励。

新闻出版保密规定

（国家保密局　中央对外宣传小组　新闻出版署　广播电影电视部　1992年6月13日）

第一章　总　则

第一条　为在新闻出版工作中保守国家秘密，根据《中华人民共和国保守国家秘密法》第二十条，制定本规定。

第二条　本规定适用于报刊、新闻电讯、书籍、地图、图文资料、声像制品的出版和发行以及广播节目、电视节目、电影的制作和播放。

第三条　新闻出版的保密工作，坚持贯彻既保守国家秘密又有利于新闻出版工作正常进行的方针。

第四条　新闻出版单位及其采编人员和提供信息单位及其有关人员应当加强联系，协调配合，执行保密法规，遵守保密制度，共同做好新闻出版的保密工作。

第二章　保密制度

第五条　新闻出版单位和提供信息的单位，应当根据国家保密法规，建立健全新闻出版保密审查制度。

第六条　新闻出版保密审查实行自审与送审相结合的制度。

第七条　新闻出版单位和提供信息的单位，对拟公开出版、报道的信息，应当按照有关的保密规定进行自审；对是否涉及国家秘密界限不清的信息，应当送交有关主管部门或其上级机关、单位审定。

第八条 新闻出版单位及其采编人员需向有关部门反映或通报的涉及国家秘密的信息，应当通过内部途径进行，并对反映或通报的信息按照有关规定作出国家秘密的标志。

第九条 被采访单位、被采访人向新闻出版单位的采编人员提供有关信息时，对其中确因工作需要而又涉及国家秘密的事项，应当事先按照有关规定的程序批准，并向采编人员申明；新闻出版单位及其采编人员对被采访单位、被采访人申明属于国家秘密的事项，不得公开报道、出版。

对涉及国家秘密但确需公开报道、出版的信息，新闻出版单位应当向有关主管部门建议解密或者采取删节、改编、隐去等保密措施，并经有关主管部门审定。

第十条 新闻出版单位采访涉及国家秘密的会议或其他活动，应当经主办单位批准。主办单位应当验明采访人员的工作身份，指明哪些内容不得公开报道、出版，并对拟公开报道、出版的内容进行审定。

第十一条 为了防止泄露国家秘密又利于新闻出版工作的正常进行，中央国家机关各部门和其他有关单位，应当根据各自业务工作的性质，加强与新闻出版单位的联系，建立提供信息的正常渠道，健全新闻发布制度，适时通报宣传口径。

第十二条 有关机关、单位应当指定有权代表本机关、单位的审稿机构和审稿人，负责对新闻出版单位送审的稿件是否涉及国家秘密进行审定。对是否涉及国家秘密界限不清的内容，应当报请上级机关、单位审定；涉及其他单位工作中国家秘密的，应当负责征求有关单位的意见。

第十三条 有关机关、单位审定送审的稿件时，应当满足新闻出版单位提出的审定时限的要求，遇有特殊情况不能在所要求的时限内完成审定的，应当及时向送审稿件的新闻出版单位说明，并共同商量解决办法。

第十四条 个人拟向新闻出版单位提供公开报道、出版的信息,凡涉及本系统、本单位业务工作的或对是否涉及国家秘密界限不清的,应当事先经本单位或其上级机关、单位审定。

第十五条 个人拟向境外新闻出版机构提供报道、出版涉及国家政治、经济、外交、科技、军事方面内容的,应当事先经过本单位或其上级机关、单位审定。向境外投寄稿件,应当按照国家有关规定办理。

第三章 泄密的查处

第十六条 国家工作人员或其他公民发现国家秘密被非法报道、出版时,应当及时报告有关机关、单位或保密工作部门。

泄密事件所涉及的新闻出版单位和有关单位,应当主动联系,共同采取补救措施。

第十七条 新闻出版活动中发生的泄密事件,由有关责任单位负责及时调查;责任暂时不清的,由有关保密工作部门决定自行调查或者指定有关单位调查。

第十八条 对泄露国家秘密的责任单位、责任人,应当按照有关法律和规定严肃处理。

第十九条 新闻出版工作中因泄密问题需要对出版物停发、停办或者收缴以及由此造成的经济损失,应当按照有关主管部门的规定处理。

新闻出版单位及其采编人员和提供信息的单位及其有关人员因泄露国家秘密所获得的非法收入,应当依法没收并上缴国家财政。

第四章 附 则

第二十条 新闻出版工作中,各有关单位因有关信息是否属于国家秘密问题发生争执的,由保密工作部门会同有关主管部门依据保密法规确定。

第二十一条 本规定所称的“信息”可以语言、文字、符号、图表、图像等形式表现。

第二十二条 本规定由国家保密局负责解释。

第二十三条 本规定自 1992 年 10 月 1 日起施行。

科学技术保密规定

（1995年1月6日中华人民共和国国家科学技术委员会
国家保密局令第20号公布）

第一章　总　　则

第一条　根据《中华人民共和国保守国家秘密法》和《中华人民共和国科学技术进步法》，制定本规定。

第二条　科学技术保密工作既要保障国家科学技术秘密的安全，又要促进科学技术的发展，有利于解放和发展生产力。

第三条　科学技术保密应当突出重点，确保重要国家科学技术秘密的安全，有控制地放宽一般国家科学技术保密的交流与应用。

第四条　科学技术保密工作应当与科学技术管理工作相结合，是科技管理部门的重要职责。做好科学技术保密工作应当依靠广大科技工作者。

第五条　国家科学技术委员会（以下简称国家科委）按照职责管理全国的科学技术保密工作。各省、自治区、直辖市科技主管部门按照职责管理本地区的科学技术保密工作，中央国家机关各部门的科技主管机构按照职责管理本部门或者本系统的科学技术保密工作。

第六条　各级保密工作部门对科学技术保密工作负有指导、协调、监督和检查的职责。

第二章　国家科学技术秘密的范围和密级

第七条　关系国家的安全和利益，一旦泄露会造成下列后果之一的科学技术，应当列入国家科学技术秘密范围：

（一）削弱国家的防御和治安能力；

（二）影响我国技术在国际上的先进程度；

（三）失去我国技术的独有性；

（四）影响技术的国际竞争能力；

（五）损害国家声誉、权益和对外关系。

第八条　国家科学技术秘密的密级：

（一）绝密级

1.国际领先，并且对国防建设或者经济建设具有特别重大影响的；

2.能够导致高新技术领域突破的；

3.能够整体反映国家防御和治安实力的。

（二）机密级

1.处于国际先进水平，并且具有军事用途或者对经济建设具有重要影响的；

2.能够局部反映国家防御和治安实力的；

3.我国独有、不受自然条件因素制约、能体现民族特色的精华，并且社会效益或者经济效益显著的传统工艺。

（三）秘密级

1.处于国际先进水平，并且与国外相比在主要技术方面具有优势，社会效益或者经济效益较大的；

2.我国独有、受一定自然条件因素制约，并且社会效益或者经济效益很大的传统工艺。

第九条　有下列情形之一的，不列入国家科学技术秘密的范围：

（一）国外已经公开；

（二）在国际上无竞争能力且不涉及国家防御和治安能力；

（三）纯基础理论研究成果；

（四）在国内已经流传或者当地群众基本能够掌握的传统工艺；

（五）主要受当地气候、资源等自然条件因素制约且很难模拟其生产条件的传统工艺。

第十条 属于国家科学技术秘密的民用科学技术，原则上不定为绝密级。确需定为绝密级的，应当符合本规定第八条关于绝密级的规定，并报国家科委审批。

第三章 国家科学技术秘密密级的确定、变更及其解密

第十一条 国家科学技术秘密事项，应当依照下列规定确定密级：

（一）产生单位按照本规定第八条的规定及时确定密级。

（二）按照本规定第七条、第八条的规定，对科学技术成果难以确定其是否属于国家秘密和属于何种密级的，由产生单位按照《科技成果国家秘密密级评价方法》，及时确定密级。

（三）制定科研计划、规划时，有关单位应当按照本规定及时确定项目或者课题的密级。科技成果完成的同时，应当对其密级进行评价。

（四）有关单位应当在国家科学技术秘密事项的密级确定后30日内，按照行政隶属关系上报省、自治区、直辖市的科技主管部门或者中央国家机关各部门的科技主管机构。

确定国家科学技术秘密事项的密级，应当同时确定其保密期

限和保密要点。

第十二条 个人完成的科学技术成果，由其所在省、自治区、直辖市的科技主管部门确定密级，并按照本规定予以管理。

第十三条 国家科学技术秘密事项，有下列情形之一的，应当及时变更密级：

（一）知悉范围拟作较大改变的；

（二）一旦泄露对国家安全和利益的损害程度会发生明显变化的。

国家科学技术秘密事项密级的变更，由确定其密级的机关、单位决定。

第十四条 国家科学技术秘密事项，有下列情形之一的，应当及时解密：

（一）技术趋向陈旧，失去保密价值的；

（二）为使我国占领国际市场，且已有接替技术或者国外即将研究成功的；

（三）已经扩散而很难采取补救措施的；

（四）已在大范围试验推广，可保性较差的；

（五）可以从公开产品中获得的。

国家科学技术秘密事项保密期限届满的，自行解密。

对需在保密期限内解密的国家科学技术秘密事项，有关单位和个人可以提出解密建议。秘密级的报省、自治区、直辖市的科技主管部门或者中央国家机关各部门的科技主管机构审定；机密级、绝密级的报国家科委审定。审定结果应当在接到报告后的 30 日内通知有关单位和个人。

第十五条 国家科委，各省、自治区、直辖市的科技主管部门，中央国家机关各部门的科技主管机构，以及确定密级的机关、单位对认为需要继续保密的，可以作出延长保密期限的决定，并在保密期限届满前 30 日通知有关单位和个人。

第十六条 国家科委,各省、自治区、直辖市的科技主管部门和中央国家机关各部门的科技主管机构对国家科学技术秘密事项的确定、变更及其解密不符合国家有关保密法规和本规定的行为,有权予以纠正。

第十七条 各省、自治区、直辖市的科技主管部门和中央国家机关各部门的科技主管机构应当将本地区、本部门确定和变更国家秘密技术的密级及其解密的情况按年度报国家科委,由国家科委组织专家进行审核,并会同国家保密工作部门定期发布。

第四章 国家科学技术秘密保密管理

第十八条 国家科委管理全国科学技术保密工作,具体职责如下:

(一)制定或者会同有关部门制定科学技术保密工作的规章制度;

(二)指导国家科学技术秘密事项的确定和调整工作;

(三)按规定审查或者审批涉外的国家科学技术秘密事项;

(四)协助国家保密工作部门对科学技术保密工作进行检查和查处重大科学技术泄密事件;

(五)开展科学技术保密宣传教育,组织科学技术保密干部培训;

(六)表彰、奖励科学技术保密先进单位和个人。

国家科委下设国家科技保密办公室,负责科学技术保密管理的日常工作。

第十九条 各省、自治区、直辖市的科技主管部门和中央国家机关各部门的科技主管机构,在国家科委和本地区、本部门的保密工作部门的指导下,负责管理本地区、本部门或者本系统的科学技术保密工作。其主要职责如下:

（一）贯彻执行国家科学技术保密工作的方针、政策，制定本地区、本部门或者本系统的科学技术保密规章制度；

（二）指导本地区、本部门或者本系统国家科学技术秘密事项的确定和调整工作；

（三）按规定审查或者审批涉外的国家科学技术秘密事项；

（四）参与本地区、本部门或者本系统的重大科学技术活动和涉外科学技术活动，配合有关部门制定专项保密方案；

（五）协助保密工作部门检查本地区、本部门或者本系统的科学技术保密工作和查处科学技术泄密事件；

（六）表彰、奖励本地区、本部门或者本系统的科学技术保密先进单位和个人。

各省、自治区、直辖市的科技主管部门和中央国家机关各部门的科技主管机构，应当设立专门机构或者指定专人负责科学技术保密管理的日常工作。

第二十条　各级机关、单位、社会团体及个人，在下列科学技术合作与交流活动中，不得涉及国家科学技术秘密：

（一）进行公开的科学技术讲学、进修、考察、合作研究等活动；

（二）利用广播、电影、电视以及公开发行的报刊、书籍、图文资料和声像制品进行宣传或者发表论文；

（三）进行公开的科学技术展览、技术表演等活动。

第二十一条　在对外科学技术交流合作中，确需对外提供国家科学技术秘密的，应当按照国家有关规定办理审批手续。

因工作确需携运国家科学技术秘密资料、物品出境，应当按照国家有关规定进行保密审查，并办理出境手续。

第二十二条　接待境外人员参观国家科学技术秘密事项，应当由接待单位按照行政隶属关系报省、自治区、直辖市的科技主管部门或者中央国家机关各部门的科技主管机构审查批准。

第二十三条 国家秘密技术在国内转让,应当经技术完成单位的上级主管部门批准,并在合同中明确该项技术的密级、保密期限及受让方承担的保密义务。

第二十四条 国家秘密技术出口,应当依照国家秘密技术出口审查的有关规定办理审批手续。

第二十五条 以国家秘密技术在境内同境外的企业、其他经济组织和个人开办合营合资企业的,应当在立项前按照行政隶属关系报省、自治区、直辖市的科技主管部门或者中央国家机关各部门的科技主管机构审批;在境外合办企业的,视同国家秘密技术出口,应当依照国家秘密技术出口审查的有关规定办理审批手续。

第二十六条 推广应用国家秘密技术,应当选择有相应保密条件的单位进行,有关人员均负有保守国家秘密的义务。

第二十七条 对参与国家秘密技术研制的科技人员,有关机关、单位不得因其成果不宜公开发表、交流、推广而影响其评奖、表彰和职称的评定。

对确因保密而不能在境内外公开刊物上发表的论文,有关机关、单位应对论文的实际水平给予评价。

第二十八条 各级机关、单位应当按照有关规定做好国家科学技术秘密档案的管理工作。

第二十九条 绝密级国家秘密技术在保密期限内不得申请专利或者保密专利。

机密级、秘密级国家秘密技术在保密期限内可申请保密专利,但机密级的应当报国家科委批准,秘密级的应当报省、自治区、直辖市的科技主管部门或者中央国家机关各部门的科技主管机构批准。

机密级、秘密级国家秘密技术申请专利或者由保密专利转为专利的,应当按照本规定第十四条的规定先行办理解密手续。

第三十条 各级机关、单位对于为科学技术保密工作作出贡献、成绩显著的集体和个人,应当给予奖励;对于违反国家保密法规的行为,应当给予批评教育;对于情节严重,给国家安全和利益造成损害的,应当依照有关法律、法规给予有关责任人员以行政处分,触犯刑律的,交由司法机关追究其刑事责任。

第五章 附 则

第三十一条 以国防为目的或者为主要目的的科学技术保密规定,由国防科学技术工业委员会依照国家规定的职责范围另行制定。

第三十二条 各省、自治区、直辖市的科技主管部门和中央国家机关各部门的科技主管机构可以根据本规定制定具体规定。

第三十三条 本规定由国家科委解释。

第三十四条 本规定自发布之日起施行。经国务院批准,1981 年颁布的《科学技术保密条例》同时废止。

关于在出版行业开展岗位培训实施持证上岗制度的规定

（新闻出版署　中共中央宣传部　国家教育委员会　人事部　1995年12月25日　新出联〔1995〕第28号）

一、开展岗位培训、实施持证上岗制度的意义和目的

出版行业是我国宣传思想领域的重要阵地，担负着为实现党的总任务、总目标提供精神动力、智力支持、思想保证和良好的舆论环境的重要任务。出版工作非常重要，它关系到繁荣社会主义科学文化，提高国民素质和教育年轻一代健康成长。为促进出版事业的繁荣，推动整个出版业的发展从以规模数量增长为主要特征的阶段向以优质高效为主要特征的阶段转移，提高出版队伍的整体素质是一个重要条件，其中，提高各级领导干部的素质尤其重要。根据中共中央、国务院颁发的《中国教育改革和发展纲要》，中共中央办公厅、国务院办公厅转发的新闻出版署党组《关于进一步加强和改进出版工作的报告》及国家教育委员会、劳动部、人事部、国家经济体制改革委员会、全国总工会印发的《关于开展岗位培训若干问题的意见》等文件精神，结合出版行业的实际情况，制定本规定。

二、开展岗位培训、实施持证上岗制度的基本内容

出版行业开展岗位培训、实施持证上岗制度，是按照出版行业的岗位规范和培训要求，对出版单位主要岗位的工作人员进行培训，使受培训者按相应教学计划学完规定的全部课程并考核合格，取得该岗位《岗位培训合格证书》，持该证书上岗（在岗）。取得

《岗位培训合格证书》是上岗任职的必备条件之一(不等于已全面具备了该岗位的任职资格)。各级组织在聘任或任命出版单位各主要岗位职务时,应从已取得该岗位《岗位培训合格证书》的人员中选拔,或派送拟任命人员参加岗位培训并取得相应《岗位培训合格证书》。

三、岗位培训工作的实施

1.开展岗位培训的指导思想

在出版行业开展岗位培训,是对从事出版工作的干部按岗位需要进行的以提高政治素质和履行岗位职责必备的工作能力、业务知识为目的的定向培训。岗位培训要以邓小平建设有中国特色社会主义理论和党的基本路线为指导,要从出版事业的发展和岗位工作的需要出发,坚持学以致用、按需施教、注重实效的原则。要注重能力培养,加强行为规范和职业道德教育,使参加培训的人员通过学习,提高政治素质、理论水平和工作能力,达到相应岗位规范的要求。

2.岗位培训的对象和进度

从现在起,用3年或更长一些时间将出版社(含音像、电子出版单位,下同)社长、总编辑、编辑室主任,期刊主编,书刊定点印刷企业(含持有书刊印刷许可证的印刷企业和音像复制单位,下同)厂长(经理),新华书店省、地(市)、县店经理(含外文书店、古旧书店以及其他一级书刊批发单位经理)培训一遍(以上人员均包括副职)。

与此同时,用5年或更长一些时间,将出版行业其他主要岗位在职人员轮训一遍。

3.岗位培训的组织管理

出版行业的岗位培训由新闻出版署和省(区、市)新闻出版局两级组织实施。

——新闻出版署组织制定和颁发出版行业岗位规范、培训要求，制定和颁发指导性教学计划和教学大纲；组织编写培训教材；制定岗位培训教学单位的资格认定标准和教学质量检查评估标准；制定全行业岗位培训规划和年度计划；对全行业岗位培训进行指导和监督。

——新闻出版署委托署教育培训中心负责组织全国出版社社长、总编辑，中央部门在京出版社编辑室主任，中央部门在京期刊和全国重点期刊主编，国家级书刊定点印刷企业厂长，新华书店省级店、外文书店、古旧书店和其他一级书刊批发单位经理的培训。

——各省（区、市）新闻出版局负责制定本地区岗位培训计划，建立培训基地，检查认定培训教学单位，组织在本地区的出版社编辑室主任、期刊主编、省级书刊定点印刷企业厂长、新华书店地（市）和县店经理及出版行业其他主要岗位人员的培训，并对全地区出版行业岗位培训工作进行指导和检查。

——各出版单位和其主管部门应重视此项工作，按计划组织有关人员参加相应岗位培训班学习，对学员学习予以关心并实施检查。

4.《岗位培训合格证书》的颁发

承担岗位培训的教学单位要严格按照教学计划和教学大纲的要求授课和考核。参加岗位培训的人员学完教学计划规定的全部课程并考核合格后，由新闻出版署或省（区、市）新闻出版局认定的教学单位颁发相应的《岗位培训合格证书》。

《岗位培训合格证书》由新闻出版署统一印制、编号、登记，由新闻出版署或省（区、市）新闻出版局验印。

四、持证上岗制度的施行

从 1997 年开始，凡新任出版社社长、总编辑、编辑室主任，期刊主编，书刊定点印刷企业厂长，新华书店省、地（市）、县店经理应先经培训并取得相应《岗位培训合格证书》后上岗工作。

从1999年开始，凡未经过岗位培训或培训后未取得相应《岗位培训合格证书》的人员不得在上述8个岗位上工作，已在岗人员原则上应从岗位上撤下来。

从现在起用5年或更长一些时间在出版行业其他主要岗位逐步开展岗位培训，实施持证上岗制度。

五、开展岗位培训、实施持证上岗制度的保证措施

1.建立有关制度

——要把岗位培训与干部的选拔、考核和使用结合起来，岗位培训的考核成绩应记入本人档案，作为上岗（在岗）、转岗、晋升和评聘专业技术职称的必备条件或依据之一。

——要把开展岗位培训，实施持证上岗制度的工作纳入出版单位负责人（企业承包人）的任期目标，作为考核的重要内容之一。

——要把开展岗位培训和实施持证上岗制度的情况作为出版单位年检考核内容之一，凡在规定期限内未达到要求的出版单位，其年检不予通过，并视其情况给予相应处罚。

2.加强对岗位培训工作和实施持证上岗制度的领导

开展岗位培训和实施持证上岗制度，是提高出版队伍整体素质、促进出版事业健康发展的一项战略措施，各级领导应高度重视。各省（区、市）新闻出版局、各出版单位及其主管部门均应将此项工作列入本部门、本单位工作计划。要有一名主要领导负责岗位培训工作，确定专门的机构和人员组织完成，对此项工作搞得好的应予表彰和奖励。各级出版行政机关和出版单位及其主管部门要严格按期实施持证上岗制度。

新闻出版署要对各地、各单位开展岗位培训和实施持证上岗制度的工作进行指导、监督和检查。

各级党委宣传部、教育行政部门和人事行政部门应积极支持、指导和帮助出版行业岗位培训工作的开展和持证上岗制度的实施。

3.增加经费投入

各级出版行政机关和出版单位及其主管部门要加强岗位培训经费的投入,并争取逐年有较大的增长,为全面开展岗位培训工作创造必要的条件,不断提高培训质量。

承担岗位培训的教学单位,不应以营利为目的,有关收费标准应严格按有关规定执行。

六、本规定由新闻出版署负责解释

本规定自公布之日起实施。

新闻出版行业领导岗位持证上岗实施办法

（新闻出版总署　2002年6月13日　新出办〔2002〕717号）

第一条　为了贯彻落实中共中央办公厅、国务院办公厅转发的《中共中央宣传部、国家广电总局、新闻出版总署关于深化新闻出版广播影视业改革的若干意见》和新闻出版署、中共中央宣传部、国家教委、人事部《关于在出版行业开展岗位培训实施持证上岗制度的规定》，加强新闻出版单位领导岗位持证上岗工作的管理，制定本实施办法（以下简称办法）。

第二条　按本办法规定实施持证上岗的领导岗位是：

1.出版社（含图书、音像、电子出版单位，下同）社长、总编辑。

2.期刊社主编。

3.新华书店省、地（市）、县市店经理（含外文书店、古旧书店以及一级书刊批发单位经理，下同）。

4.国家级、省级书刊印刷定点企业厂长（经理）。

5.音像复制单位的法定代表人或主要负责人。

6.报社社长、总编辑。

（上述岗位均包括副职，下同）

第三条　本办法所称持证上岗，是指第二条所列岗位人员在经主管机关（部门或单位）批准任职时，须持新闻出版总署统一印制的《岗位培训合格证书》上岗。

第四条　新闻出版总署主管全国新闻出版行业的持证上岗工作，负责对全国新闻出版行业需要持证上岗的岗位及持证上岗要求和时间等作出规定。

省、自治区、直辖市新闻出版局根据新闻出版总署的要求，负责本省(区、市)新闻出版单位领导岗位持证上岗实施工作，并主管本省(区、市)新闻出版单位其他岗位持证上岗工作。

中央和国家机关有关部委、人民团体新闻出版主管部门协助新闻出版总署做好本系统新闻出版单位领导岗位持证上岗管理工作。

第五条 《岗位培训合格证书》由新闻出版总署统一印制并用印，分别由新闻出版总署和各省、自治区、直辖市新闻出版局指定的培训机构颁发，在全国新闻出版行业有效。

第六条 《岗位培训合格证书》通过岗位培训取得。本办法第二条规定岗位的在职或拟任职人员，要在当年内(或任职后半年内)按规定参加由新闻出版总署或各省、自治区、直辖市新闻出版局组织或指定培训机构举办的相应岗位的岗位培训班，学完规定的全部课程，并经考试、考核合格者，即可获得《岗位培训合格证书》。

岗位培训班由新闻出版总署或各省、自治区、直辖市新闻出版局指定的培训机构按年度定期举办。

第七条 《岗位培训合格证书》有效期为五年，持有《岗位培训合格证书》的人员，要在有效期满后的第一年内，按本办法第六条要求参加岗位培训，并重新取得《岗位培训合格证书》。

第八条 持有《岗位培训合格证书》的人员，调离原单位，但不改变任职岗位性质的，其《岗位培训合格证书》继续有效。脱离原岗位工作，并改变岗位性质三年以下，又回原岗位工作的，其《岗位培训合格证书》要经新闻出版管理机关核验，方可有效。脱离原岗位工作并改变岗位性质三年以上的，其《岗位培训合格证书》自行失效。

第九条 新闻出版单位要根据新闻出版总署或各省、自治区、直辖市新闻出版局的规定，定期向上述新闻出版管理机关书面报告本单位领导持证上岗情况。

第十条　从2002年起,新闻出版管理机关要将本办法第二条所列人员持证上岗情况列入新闻出版单位年检内容。年检内容包括:1.单位领导持证上岗率达不到80%的(非本单位原因除外),新闻出版单位年检主管机关将视不同情况给予警告;2.单位领导持证上岗率达不到50%的,暂缓年检。对受到警告、暂缓年检的出版单位,要在新闻出版单位年检主管机关规定的时间内,达到持证上岗要求。

第十一条　任何单位和个人不得伪造、涂改、出借、转让《岗位培训合格证书》。《岗位培训合格证书》如有遗失,须由本人提出书面申请,经本单位确认,方可由新闻出版总署或省、自治区、直辖市新闻出版局指定的培训机构按本办法第六条规定审核补发。

第十二条　本办法第二条规定之外的其他岗位的持证上岗工作,在条件具备时,各省、自治区、直辖市新闻出版局可参照本办法作出具体规定。

第十三条　本办法发布之前,已取得《岗位培训合格证书》的人员,其持证上岗按本办法执行。

第十四条　中国人民解放军所属出版单位持证上岗实施办法,由解放军总政治部另行规定。

第十五条　本办法由新闻出版总署负责解释。

出版专业技术人员职业资格管理规定

（2008 年 2 月 21 日中华人民共和国新闻出版总署令第 37 号公布）

第一章　总　　则

第一条　为了规范出版专业职业资格管理，提高出版从业人员的整体素质，加强出版专业技术队伍建设，根据国务院《出版管理条例》、《音像制品管理条例》、《国务院对确需保留的行政审批项目设定行政许可的决定》和国家对职业资格管理的有关制度，制定本规定。

第二条　国家对在报纸、期刊、图书、音像、电子、网络出版单位从事出版专业技术工作的人员实行职业资格制度，对职业资格实行登记注册管理。

本规定所称出版专业技术人员包括在图书、非新闻性期刊、音像、电子、网络出版单位内承担内容加工整理、装帧和版式设计等工作的编辑人员和校对人员，以及在报纸、新闻性期刊出版单位从事校对工作的专业技术人员。

第三条　出版专业技术人员职业资格分为初级、中级和高级。初级、中级职业资格通过全国出版专业技术人员职业资格考试取得，高级职业资格通过考试、按规定评审取得。

第四条　凡在出版单位从事出版专业技术工作的人员，必须在到岗 2 年内取得出版专业职业资格证书，并按本规定办理登记手续；否则，不得继续从事出版专业技术工作。

在出版单位担任责任编辑的人员必须在到岗前取得中级以上

出版专业职业资格,并办理注册手续,领取责任编辑证书。

本规定所称责任编辑是指在出版单位为保证出版物的质量符合出版要求,专门负责对拟出版的作品内容进行全面审核和加工整理并在出版物上署名的编辑人员。

第五条 在出版单位担任社长、总编辑、主编、编辑室主任(均含副职)职务的人员,除应具备国家规定的任职条件外,还必须具有中级以上出版专业职业资格并履行登记、注册手续。

第六条 新闻出版总署负责全国出版单位出版专业技术人员职业资格的监督管理工作和中央在京出版单位出版专业技术人员职业资格登记注册工作。省、自治区、直辖市新闻出版行政部门负责本行政区域内的出版专业技术人员职业资格登记注册及管理工作。

第七条 出版专业技术人员应按照规定参加继续教育。

继续教育的具体内容,由新闻出版总署另行规定。

第二章 职业资格登记

第八条 已取得出版专业技术人员职业资格证书的人员应当在取得证书后3个月内申请职业资格登记;未能及时登记的,在按规定参加继续教育的情况下,可以保留其5年内申请职业资格登记的资格。

第九条 职业资格首次登记,应提供以下材料:

(一)出版专业职业资格证书原件;

(二)身份证复印件;

(三)职业资格登记申请表。

第十条 职业资格登记材料由申请人所在出版单位统一报送。中央在京出版单位申报材料由新闻出版总署受理,其他出版单位申报材料由所在地省、自治区、直辖市新闻出版行政部门受理。登记部门应在受理后20日内办理职业资格登记手续。

第十一条 职业资格登记有效期3年,每3年续展登记一次。续展登记时,由申请人所在出版单位于有效期满前30日内申请办理续展登记手续;如有特殊情况,登记有效期可适当延长,但最长不超过3个月,逾期仍不办理续展登记手续的,原登记自动失效。

职业资格登记失效后,按规定参加继续教育的,可以保留其5年内申请职业资格续展登记的资格。

已按规定办理责任编辑注册手续并取得责任编辑证书的人员,无须办理续展登记。

第十二条 职业资格续展登记,需提供以下材料:

(一)出版专业职业资格证书原件;

(二)职业资格续展登记申请表;

(三)近3年继续教育证明。

第十三条 已登记的出版专业技术人员变更出版单位或取得高一级职业资格的,应在3个月内按本规定第九条、第十条申请变更登记。

第三章 责任编辑注册

第十四条 在出版单位拟担任责任编辑的人员,应首先进行职业资格登记,然后申请责任编辑注册,取得责任编辑证书后,方可从事责任编辑工作。

责任编辑注册申请可与职业资格登记申请同时提出。

第十五条 申请责任编辑注册的人员应具备与责任编辑岗位相适应的政治素质、业务能力和职业道德;出版单位应对拟申请责任编辑注册人员的上述情况进行审核。

第十六条 责任编辑首次注册应当提交以下材料:

(一)中级以上出版专业职业资格证书原件;

（二）身份证复印件；

（三）责任编辑注册申请表；

（四）继续教育证明材料。

第十七条 责任编辑注册材料由申请人所在出版单位统一报送。中央在京出版单位注册材料由新闻出版总署受理，其他出版单位注册材料由所在地省、自治区、直辖市新闻出版行政部门受理。注册部门应在受理后20日内办理责任编辑注册手续，为同意注册者颁发责任编辑证书。

第十八条 责任编辑注册有效期3年，每3年续展注册一次。续展注册时，由申请人所在出版单位于有效期满前30日内申请办理续展注册手续；如有特殊情况，注册有效期可适当延长，但最长不超过3个月，逾期仍不办理续展注册手续的，原注册自动失效。

责任编辑注册失效后，按规定参加继续教育的，可以保留其5年内申请责任编辑续展注册的资格。

第十九条 申请责任编辑续展注册，应提交以下材料：

（一）责任编辑证书原件；

（二）责任编辑续展注册申请表；

（三）近3年继续教育证明材料。

第二十条 有下列情况之一者，不予续展注册，注销责任编辑证书：

（一）有本规定第二十五条所列情形之一，情节严重的；

（二）连续2次年度考核达不到岗位职责要求的；

（三）新闻出版总署认定不予续展注册的其他情形的。

第二十一条 被注销责任编辑证书的人员，3年内不得申请责任编辑注册。

第二十二条 已注册的责任编辑变更出版单位或取得高一级职业资格的，应在3个月内按本规定第十六条、第十七条申请变更注册。

第二十三条 责任编辑调离出版单位并不再从事责任编辑工作的，由原所在的出版单位收回责任编辑证书，并交原注册机构统一销毁。

第二十四条 新闻出版总署定期向社会公布取得责任编辑证书的人员姓名、所在单位、证书编号等信息，接受社会监督。

第四章 法律责任

第二十五条 责任编辑有下列情形之一的，由新闻出版总署或者省、自治区、直辖市新闻出版行政部门给予警告；情节严重的，注销其责任编辑证书：

（一）有参与买卖书号、刊号、版号等违反出版法规行为的；

（二）担任责任编辑的出版物出现内容质量、编校质量等违法问题的。

第二十六条 出版专业技术人员因违反出版法规被追究刑事责任的，由新闻出版总署或者省、自治区、直辖市新闻出版行政部门取消其出版专业职业资格，注销其出版专业职业资格登记和责任编辑注册，不得继续从事出版专业技术工作，并不得申请参加出版专业职业资格考试。

第二十七条 出版单位有下列情形之一的，由新闻出版总署或者省、自治区、直辖市新闻出版行政部门给予警告，可以根据情节并处3万元以下罚款：

（一）聘用未取得责任编辑证书的人员从事责任编辑工作的；

（二）未按本规定履行出版专业技术人员登记注册手续的。

第二十八条 对出版单位作出行政处罚，新闻出版总署或者省、自治区、直辖市新闻出版行政部门可以告知其主办单位和主管单位，可以向社会公布。

第五章　附　　则

第二十九条　责任编辑证书由新闻出版总署统一印制。

第三十条　中国人民解放军和中国人民武装警察部队系统出版单位出版专业技术人员的职业资格管理工作，由中国人民解放军总政治部宣传部新闻出版局参照本规定执行，并将登记注册信息报新闻出版总署备案。

第三十一条　已取得其他行业高级职称并在出版单位从事出版专业技术工作的人员，可以按照规定申请《专业技术职务资格证书》（编辑专业高级职称证书）的职称转评。

第三十二条　在报纸、新闻性期刊出版单位从事采编工作人员的职业资格管理办法另行制定。

在出版单位从事少数民族语言文字编辑、校对工作的出版专业技术人员职业资格管理办法另行制定。

第三十三条　本规定自 2008 年 6 月 1 日起施行，新闻出版总署 2002 年 6 月 3 日颁布的《出版专业技术人员职业资格管理暂行规定》同时废止。

出版专业技术人员继续教育暂行规定

（新闻出版总署　2010年11月25日　新出政发〔2010〕10号）

第一条　为推进出版专业技术人员继续教育科学化、制度化、规范化，培养造就高素质的出版专业技术人员队伍，根据《中华人民共和国职业教育法》（中华人民共和国主席令第69号）、《全国专业技术人员继续教育暂行规定》（人核培发〔1995〕131号）、《出版专业技术人员职业资格管理规定》（新闻出版总署令第37号）和《关于加强专业技术人员继续教育工作的意见》（国人部发〔2007〕96号）等制定本规定。

第二条　本规定所称继续教育是对出版专业技术人员进行的以政治理论、法律法规、业务知识、技能训练和职业道德等为内容的教育活动，其目的是促进出版专业技术人员坚持正确出版方向，不断增加、补充、拓展专业知识，提高业务技能，提高创新水平和专业技术水平。

第三条　出版专业技术人员享有参加继续教育的权利和接受继续教育的义务。

第四条　继续教育应当遵循下列基本原则：

（一）以人为本，按需施教。把握出版业发展趋势和出版专业技术人员从业基本要求，以需求为导向，遵循出版人才成长发展规律，科学施教。坚持强化服务，质量第一。

（二）突出重点，提高能力。注重提升出版专业技术人员岗位胜任能力和解决实际问题的能力。以提升创新能力为重点加强高层次出版人才培养。进一步改善出版队伍人才结构和知识结构。

继续教育工作要面向现代化、面向世界,注重更新知识,注重培养出版专业技术人员数字出版、国际贸易、现代市场开拓经营的能力。

(三)加强指导,创新机制。不断完善培训内容体系,创新培训内容、方式。在统筹规划的前提下,有效利用各方面教育资源,建立开放的继续教育格局和激发继续教育机构活力的竞争择优机制。

第五条 新闻出版总署负责全国出版专业技术人员继续教育的管理。

(一)制定出版专业技术人员继续教育规划;

(二)制定出版专业技术人员继续教育管理办法;

(三)审定出版专业技术人员继续教育大纲;

(四)组织开发、推荐、评估出版专业技术人员继续教育重点教材,加强对继续教育教材的编写、评估、推荐、出版、发行、使用情况的管理和监督。

(五)组织全国出版专业技术人员继续教育师资培训;

(六)评估、整合、公布全国继续教育机构;

(七)指导、督促、检查各地区和有关部门开展出版专业技术人员继续教育工作。

第六条 各省(区、市)新闻出版行政部门负责本行政区域内出版专业技术人员继续教育的组织管理工作。

(一)依据本规定,制定本行政区域内人员的继续教育实施办法;

(二)制定本行政区域内人员的继续教育规划并组织实施;

(三)组织开发、推荐、评估适合本地区人员的继续教育教材,加强对继续教育教材的编写、评估、推荐、出版、发行、使用情况的管理和监督;

(四)评估、整合、公布本行政区域内的继续教育机构,并向新闻出版总署备案;

(五)指导、监督本行政区域内出版专业技术人员继续教育工作,规范继续教育市场。

第七条 出版专业技术人员每年参加继续教育的时间累计不少于72小时。其中,接受新闻出版总署当年规定内容的面授形式继续教育不少于24小时。其余48小时可自愿选择参加省级以上新闻出版行政部门认可的继续教育形式:

(一)参加省级以上新闻出版行政部门公布的继续教育机构组织的各类培训活动;

(二)参加省级以上新闻出版行政部门认可的全国出版专业技术职业资格考试考前培训;

(三)被省级以上新闻出版行政部门认可的其他形式,包括参加国际出版培训活动、国内专业研讨活动等。

第八条 在职自学是出版专业技术人员继续教育的重要补充。鼓励出版专业技术人员参加在职自学。在职自学时间可折合继续教育时间,省级以上新闻出版行政部门视具体情况确定折合方式。在职自学形式包括:

(一)参加普通高等院校或成人院校举办的国家承认相关专业学历、学位的教育;

(二)接受省级以上新闻出版行政部门认可的与出版业务相关的远程教育和网上培训;

(三)省级以上新闻出版行政部门认可的其他在职自学形式。

第九条 省级以上新闻出版行政部门颁发继续教育合格证书,作为出版专业技术人员每年参加符合要求的继续教育的依据。

第十条 出版专业技术人员由于伤、病、孕等特殊原因,无法在当年完成继续教育时间的,可由本人所在出版单位提供证明,经归口管理的省级以上新闻出版行政部门审核确认后,其应参加继续教育的时间可以顺延下一年度合并完成。省级以上新闻出版行政部门将在下一年度的继续教育合格证书中予以注明。

第十一条 加强继续教育机构建设,构建分工明确、优势互补、布局合理、竞争有序的继续教育网络。充分发挥新闻出版总署所属教育培训机构和各省(区、市)新闻出版培训机构(基地)主渠道作用,鼓励并引导行业协会、学术团体、大专院校、科研院所等具备培训条件的社会办学单位参与继续教育工作。

第十二条 继续教育机构必须同时符合下列条件:

(一)具备承担与培训工作相适应的教学场所和设施;

(二)拥有与承担培训工作相适应的师资队伍和管理力量;

(三)能够完成所承担的培训任务,保证培训质量。

第十三条 中央部委出版单位出版专业技术人员的继续教育工作由新闻出版总署公布的继续教育机构负责。

第十四条 省级以上新闻出版行政部门应当按照管理权限,定期对继续教育机构的培训情况进行检查、评估,并将检查、评估结果向行业公布。视检查、评估具体情况对继续教育机构进行及时调整,并定期公布出版专业技术人员继续教育机构名称等相关信息。

第十五条 省级以上新闻出版行政部门指导加强教材建设,逐步形成教材体系,以适应不同层次出版专业技术人员继续教育的需要。教材开发、编写遵循一纲多本原则,提倡出版专业技术人员继续教育教材开发社会化,鼓励业内有能力的部门和单位按照统一的继续教育大纲,参与开发、编写继续教育教材。

第十六条 继续教育机构应将各项收费标准分项报省级以上新闻出版行政部门备案,应在每次培训完成后10日内提交书面备案材料。

第十七条 从事继续教育工作的师资队伍,应结构合理、专兼职比例适当。应选聘党政优秀领导干部、企业经营管理人员和知名专家学者担任兼职教师。继续教育培训机构应推行教师竞聘上岗并建立、完善师资考核评价体系。

第十八条 出版单位应当遵循教育、考核、使用相结合的原则,负责组织并支持出版专业技术人员参加继续教育。

出版单位应当按照有关规定足额提取职工工资总额的1.5%~2.5%作为职工教育经费,支持出版专业技术人员继续教育。

出版单位应当将出版专业技术人员参加继续教育情况作为其任职、晋升的依据之一。

出版单位应当加强出版专业技术人员业务档案、诚信档案建设,如实记载出版专业技术人员接受继续教育情况。

第十九条 省级以上新闻出版行政部门负责对出版专业技术人员参加继续教育情况进行考核。对未按规定参加继续教育或者无正当理由未完成继续教育规定时间的出版专业技术人员,不予进行出版职业资格的登记、注册或续展登记、注册。

第二十条 对未按规定参加继续教育或者无正当理由未完成继续教育规定时间的出版专业技术人员所在出版单位,视情节轻重,省级以上新闻出版行政部门将采取通报批评、责令改正等处理措施。

第二十一条 继续教育机构有下列情形之一的,由省级以上新闻出版行政部门责令限期整改;逾期不改正的,由省级以上新闻出版行政部门予以通报:

(一)采取虚假、欺骗等不正当手段招揽生源的;

(二)以继续教育名义组织境内外公费旅游或者进行其他消费活动的;

(三)违反国家有关规定擅自印发学历或学位证书、职业资格证书或培训证书的;

(四)借继续教育之名乱收费的;

(五)违反本规定的其他行为。

第二十二条 本规定由新闻出版总署负责解释。

第二十三条 本规定自2011年1月1日起施行。

出版专业技术人员职业资格考试暂行规定

（人事部　新闻出版总署　2001年8月7日　人发〔2001〕86号）

第一条　为加强出版专业技术队伍建设，提高出版专业技术队伍的整体素质，规范出版物市场的管理，保证出版物的质量，根据国务院《出版管理条例》和《音像制品管理条例》的有关精神及职业资格证书制度的有关规定，制定本暂行规定。

第二条　本规定适用于在图书、期刊、音像、电子等出版单位（包括出版社、期刊社）中从事编辑、出版、校对、发行等专业技术工作的人员。

第三条　国家对出版专业技术人员实行职业资格制度，纳入全国专业技术人员职业资格制度的统一规划。

第四条　出版专业技术人员职业资格（以下简称"出版专业资格"）实行全国统一考试制度，由国家统一组织、统一时间、统一大纲、统一试题、统一标准、统一证书。

出版专业实行职业资格考试制度后，不再进行该专业相应级别专业技术职务任职资格的评审工作。

第五条　出版专业资格实行一考多用原则。通过出版专业资格考试并获得该专业相应级别职业资格证书的专业技术人员，表明其已具备出版专业相应岗位职业资格和担任相应级别出版专业职务的水平和能力。用人单位可根据工作需要，从获得出版专业资格证书的人员中择优聘任。

第六条　出版专业资格分为：初级资格、中级资格和高级资格。

(一)取得初级资格,作为从事出版专业岗位工作的上岗证,可以根据《出版专业人员职务试行条例》有关规定,聘任助理编辑(助理技术编辑或二级校对)职务。

(二)取得中级资格,作为出版专业某些关键岗位工作的必备条件,可以根据《出版专业人员职务试行条例》有关规定聘任编辑(技术编辑或一级校对)职务。

(三)高级资格(编审、副编审)实行考试与评审相结合的评价制度,具体办法另行规定。

第七条 报名参加出版专业资格考试的人员,必须遵守中华人民共和国宪法和各项法律,认真贯彻执行党和国家有关宣传出版工作的方针、政策,热爱出版工作,恪守职业道德。

第八条 报名参加出版专业初级资格考试的人员,除具备本规定第七条所列基本条件外,还必须具备下列条件之一:

(一)取得大学专科以上学历。

(二)本规定发布之日前,已受聘担任技术设计员或三级校对专业技术职务。

第九条 报名参加出版专业中级资格考试的人员,除具备本规定第七条所列的基本条件外,还必须具备下列条件之一:

(一)取得大学专科学历,从事出版专业工作满 5 年。

(二)取得大学本科学历,从事出版专业工作满 4 年。

(三)取得双学士学位或研究生班毕业,从事出版专业工作满 2 年。

(四)取得硕士学位,从事出版专业工作满 1 年。

(五)取得博士学位。

(六)本规定发布之日前,按国家统一规定已受聘担任助理编辑、助理技术编辑、二级校对专业技术职务满 4 年。

(七)本规定发布之日前,受聘担任非出版专业中级专业技术职务，从事出版专业技术岗位工作满1年。

第十条 出版专业资格考试工作由人事部和新闻出版总署共同负责。

新闻出版总署负责拟定考试科目、考试大纲、考试题目，编写考试用书，研究并建立考试题库，组织或授权组织考前培训等有关工作。

人事部负责审定考试科目、考试大纲和试题，会同新闻出版总署对考试进行检查、监督和指导，确定合格标准。

第十一条 出版专业资格考试合格者，由各省、自治区、直辖市人事（职改）部门颁发人事部统一印制，人事部、新闻出版总署共同用印的《中华人民共和国出版专业技术人员职业资格证书》。该证书在全国范围有效。

第十二条 出版专业职业资格证书实行定期登记制度。资格证书每3年登记1次。持证者应按国家规定到新闻出版总署指定的机构办理登记手续。

第十三条 有下列情形之一者，不得申请参加出版专业资格考试：

（一）不具有完全民事行为能力。

（二）违犯出版法规受到严厉惩处。

（三）有刑事犯罪记录。

第十四条 有下列情形之一者，由新闻出版行政主管部门吊销其专业技术资格，由发证机关收回其职业资格证书，2年内不得再参加出版专业资格考试：

（一）伪造学历和出版专业工作资历证明。

（二）考试期间有违纪行为。

（三）国务院新闻出版和人事行政主管部门规定的其他情形。

第十五条 新闻出版总署将对通过考试取得出版专业职业资格证书人员的职责、权利、义务及管理做出明确规定。

第十六条 国家将对出版专业某些重要的专业技术岗位实行执业准入制度,具体办法另行规定。

第十七条 本规定由人事部、新闻出版总署按职责分工负责解释。

第十八条 本规定自发布之日起施行。

专业技术人员资格考试违纪违规行为处理规定

（2011 年 3 月 15 日中华人民共和国人力资源和社会保障部令第 12 号公布）

第一章　总　　则

第一条　为加强专业技术人员资格考试工作管理，保证考试的公平、公正，规范对违纪违规行为的认定与处理，维护应试人员和考试工作人员合法权益，根据有关法律、法规制定本规定。

第二条　本规定适用于在专业技术人员资格考试中违纪违规行为的认定与处理。

第三条　本规定所称专业技术人员资格考试，是指由人力资源社会保障部或者由其会同有关行政部门确定，在全国范围内统一举行的与评聘专业技术职务相关的考试、职业准入资格考试和职业水平考试。

本规定所称应试人员，是指根据专业技术人员资格考试有关规定参加考试的人员。

本规定所称考试工作人员，是指参与考试管理和服务工作的人员，包括命（审）题（卷）、监考、主考、巡视、评卷等人员和考试主管部门及考试机构的有关工作人员。

本规定所称考试主管部门，是指各级人力资源社会保障行政部门、有关行政部门以及依据法律、行政法规的规定具有考试管理职能的行业协会或者学会等。

本规定所称考试机构，是指经政府及其有关部门批准的各级负责专业技术人员资格考试考务工作的单位。

第四条 对违纪违规行为的认定与处理,应当做到事实清楚、证据确凿、程序规范、适用规定准确。

第五条 人力资源社会保障部负责全国专业技术人员资格考试工作的综合管理与监督。

各级考试主管部门、考试机构或者有关部门按照考试管理权限依据本规定对考试工作人员的违纪违规行为进行认定与处理。

地方各级考试主管部门、考试机构依据本规定对应试人员的违纪违规行为进行认定与处理。其中,造成重大影响的严重违纪违规行为,由省级考试主管部门会同省级考试机构或者由省级考试机构进行认定与处理,并将处理情况报告人力资源社会保障部和相应行业的考试主管部门。

第二章 应试人员违纪违规行为处理

第六条 应试人员在考试过程中有下列行为之一的,当次该科目考试成绩无效:

(一)携带规定以外的物品进入考场未按规定放在指定位置的;

(二)经提醒仍不按规定填写(填涂)本人信息的;

(三)在试卷规定以外位置书写本人信息,或者以其他方式标注信息的;

(四)未在规定座位参加考试,或者未经考试工作人员允许擅自离开座位或者考场的;

(五)未用规定的纸、笔作答,或者试卷前后作答笔迹不一致的;

(六)以旁窥、交头接耳、打手势等方式传接信息的;

(七)违反规定翻阅参考资料的;

（八）在考试信号发出前答卷，或者考试结束信号发出后继续答卷的；

（九）其他一般违纪违规行为。

第七条 应试人员在考试过程中有下列行为之一的，当次全部科目考试成绩无效；其中有第（三）项至第（八）项行为之一的，2年内不得参加各类专业技术人员资格考试：

（一）抄袭、协助他人抄袭试题答案或者与考试内容相关资料的；

（二）互相传递试卷、答题纸、答题卡、草稿纸等的；

（三）故意损坏试卷、答题纸、答题卡，或者将试卷、答题纸、答题卡带出考场的；

（四）伪造、涂改证件、证明，或者以其他不正当手段获取考试资格的；

（五）让他人冒名顶替参加考试的；

（六）本人离开考场后，在考试结束前，传播考试试题及答案的；

（七）与考试工作人员串通作弊或者参与有组织作弊的；

（八）利用通信工具、电子用品或者其他技术手段接收、发送与考试相关信息的；

（九）其他严重违纪违规行为。

第八条 应试人员应当自觉维护考试工作场所秩序，服从考试工作人员管理，有下列行为之一的，责令离开考场；影响考试正常进行的，视情节轻重，按照本规定第六条或者第七条处理；违反《中华人民共和国治安管理处罚法》的，交由公安机关依法处理；构成犯罪的，依法追究刑事责任：

（一）故意扰乱考点、考场等考试工作场所秩序；

（二）拒绝、妨碍考试工作人员履行管理职责；

（三）威胁、侮辱、诽谤、诬陷他人；

(四)其他扰乱考试管理秩序的行为。

第九条 对提供虚假证明材料或者以其他不正当手段取得相应证书的,由证书签发机关宣布证书无效,收回证书,并依照本规定第七条处理。对其中涉及职业准入资格的人员,3 年内不得参加该项资格考试。

第十条 代替他人参加考试的,2 年内不得参加各类专业技术人员资格考试。

第三章 考试工作人员违纪违规行为处理

第十一条 考试工作人员有下列情形之一的,停止其继续参加当年及下一年度考试工作,并由考试机构、考试主管部门或者建议有关部门给予处分:

(一)不严格掌握报名条件的;

(二)擅自提前考试开始时间、推迟考试结束时间及缩短考试时间的;

(三)擅自为应试人员调换考场或者座位的;

(四)提示或者暗示应试人员答卷的;

(五)未准确记录考场情况及违纪违规行为,并造成一定影响的;

(六)未认真履行职责,造成考场秩序混乱或者所负责考场出现雷同试卷的;

(七)未执行回避制度的;

(八)其他一般违纪违规行为。

第十二条 考试工作人员有下列情形之一的,由考试机构、考试主管部门或者建议有关部门将其调离考试工作岗位,不得再从事考试工作,并给予相应处分:

(一)因命(审)题(卷)发生错误,造成严重后果的;

(二)以不正当手段协助他人取得考试资格或者取得相应证书的;

(三)因失职造成应试人员未能如期参加考试,或者使考试工作遭受重大损失的;

(四)擅自将试卷、答题纸、答题卡、草稿纸等带出考场或者传给他人的;

(五)故意损坏试卷、答题纸、答题卡的;

(六)擅自更改、编造或者虚报考试数据、信息的;

(七)泄露考务实施工作中应当保密信息的;

(八)在评阅卷工作中,擅自更改评分标准或者不按评分标准进行评卷的;

(九)因评卷工作失职,造成卷面成绩错误,后果严重的;

(十)指使或者纵容他人作弊,或者参与考场内外串通作弊的;

(十一)监管不严,使考场出现大面积作弊现象的;

(十二)擅自拆启未开考试卷、答题纸等或者考试后已密封的试卷、答题纸、答题卡等的;

(十三)利用考试工作之便,以权谋私或者打击报复应试人员的;

(十四)其他严重违纪违规行为。

第十三条 考试工作人员违反《中华人民共和国保守国家秘密法》及有关规定,造成在保密期限内的考试试题、试卷及相关材料内容泄露、丢失的,由相关部门视情节轻重,分别给予责任人和有关负责人处分;构成犯罪的,依法追究刑事责任。

第四章 处理程序

第十四条 对应试人员违纪违规行为当场发现的,考试工作人员应当查实情况、如实记录，收集、保存相应证据材料，当场告知其记录内容，并要求本人签字，拒绝签字的，由两名考试工作人员如实记录拒签的情况。违纪违规记录经考点负责人签字认定后，报送考试机构或者考试主管部门。

对应试人员违纪违规使用的物品，应当填写收据暂留保管。

第十五条 在评卷工作中，发现有下列情形之一的，由考试机构或者考试主管部门根据评卷专家组意见认定为作弊试卷，并给予当次该科目考试成绩无效的处理：

（一）同一科目试卷答案文字表述、主要错点高度一致，或者错同数量达到一定比例的（即雷同试卷）；

（二）未按规定填写（填涂）本人信息的；

（三）有第六条第（三）项、第（五）项所列情形的。

第十六条 考试机构或者考试主管部门在对违纪违规的应试人员作出处理决定前，应当复核违纪违规事实和相关证据，告知应试人员作出处理决定的理由和依据，并告知应试人员享有陈述和申辩的权利。

对应试人员违纪违规行为作出处理决定的，由考试机构或者考试主管部门制作考试违纪违规行为处理决定书，及时送达被处理的应试人员。

第十七条 被处理的应试人员对处理决定不服的，可以依法申请行政复议或者提起行政诉讼。

第十八条 考试工作人员有违纪违规行为的，按照相关规定处理。

考试工作人员因违纪违规行为受到处分不服的，可以依法提出申诉。

第十九条 有本规定所列违纪违规行为并受到相应处理的人员，省级考试机构或者考试主管部门向社会公布相关信息。

第五章 附 则

第二十条 按照本规定2年内或者3年内不得参加专业技术人员资格考试的期限,应当自发生违纪违规行为之日起,按周年计算。

被处理的应试人员可以在前款规定的期限内报名,但应当在期限届满后参加专业技术人员资格考试。

第二十一条 本规定自2011年5月1日起施行。人事部2004年10月20日颁布的《专业技术人员资格考试违纪违规行为处理规定》(人事部令第3号)同时废止。

网络出版服务管理规定

（2016年2月4日国家新闻出版广电总局　中华人民共和国工业和信息化部令第5号公布）

第一章　总　　则

第一条　为了规范网络出版服务秩序，促进网络出版服务业健康有序发展，根据《出版管理条例》、《互联网信息服务管理办法》及相关法律法规，制定本规定。

第二条　在中华人民共和国境内从事网络出版服务，适用本规定。

本规定所称网络出版服务，是指通过信息网络向公众提供网络出版物。

本规定所称网络出版物，是指通过信息网络向公众提供的，具有编辑、制作、加工等出版特征的数字化作品，范围主要包括：

（一）文学、艺术、科学等领域内具有知识性、思想性的文字、图片、地图、游戏、动漫、音视频读物等原创数字化作品；

（二）与已出版的图书、报纸、期刊、音像制品、电子出版物等内容相一致的数字化作品；

（三）将上述作品通过选择、编排、汇集等方式形成的网络文献数据库等数字化作品；

（四）国家新闻出版广电总局认定的其他类型的数字化作品。

网络出版服务的具体业务分类另行制定。

第三条　从事网络出版服务，应当遵守宪法和有关法律、法规，坚持为人民服务、为社会主义服务的方向，坚持社会主义先进文化的前进方向，弘扬社会主义核心价值观，传播和积累一切有益于提高民族素质、推动经济发展、促进社会进步的思想道德、科学技术和文化知识，满足人民群众日益增长的精神文化需要。

第四条 国家新闻出版广电总局作为网络出版服务的行业主管部门，负责全国网络出版服务的前置审批和监督管理工作。工业和信息化部作为互联网行业主管部门，依据职责对全国网络出版服务实施相应的监督管理。

地方人民政府各级出版行政主管部门和各省级电信主管部门依据各自职责对本行政区域内网络出版服务及接入服务实施相应的监督管理工作并做好配合工作。

第五条 出版行政主管部门根据已经取得的违法嫌疑证据或者举报，对涉嫌违法从事网络出版服务的行为进行查处时，可以检查与涉嫌违法行为有关的物品和经营场所；对有证据证明是与违法行为有关的物品，可以查封或者扣押。

第六条 国家鼓励图书、音像、电子、报纸、期刊出版单位从事网络出版服务，加快与新媒体的融合发展。

国家鼓励组建网络出版服务行业协会，按照章程，在出版行政主管部门的指导下制定行业自律规范，倡导网络文明，传播健康有益内容，抵制不良有害内容。

第二章 网络出版服务许可

第七条 从事网络出版服务，必须依法经过出版行政主管部门批准，取得《网络出版服务许可证》。

第八条 图书、音像、电子、报纸、期刊出版单位从事网络出版服务，应当具备以下条件：

（一）有确定的从事网络出版业务的网站域名、智能终端应用程序等出版平台；

（二）有确定的网络出版服务范围；

（三）有从事网络出版服务所需的必要的技术设备，相关服务器和存储设备必须存放在中华人民共和国境内。

第九条　其他单位从事网络出版服务，除第八条所列条件外，还应当具备以下条件：

（一）有确定的、不与其他出版单位相重复的，从事网络出版服务主体的名称及章程；

（二）有符合国家规定的法定代表人和主要负责人，法定代表人必须是在境内长久居住的具有完全行为能力的中国公民，法定代表人和主要负责人至少 1 人应当具有中级以上出版专业技术人员职业资格；

（三）除法定代表人和主要负责人外，有适应网络出版服务范围需要的 8 名以上具有国家新闻出版广电总局认可的出版及相关专业技术职业资格的专职编辑出版人员，其中具有中级以上职业资格的人员不得少于 3 名；

（四）有从事网络出版服务所需的内容审校制度；

（五）有固定的工作场所；

（六）法律、行政法规和国家新闻出版广电总局规定的其他条件。

第十条　中外合资经营、中外合作经营和外资经营的单位不得从事网络出版服务。

网络出版服务单位与境内中外合资经营、中外合作经营、外资经营企业或境外组织及个人进行网络出版服务业务的项目合作，应当事前报国家新闻出版广电总局审批。

第十一条　申请从事网络出版服务，应当向所在地省、自治区、直辖市出版行政主管部门提出申请，经审核同意后，报国家新闻出版广电总局审批。国家新闻出版广电总局应当自受理申请之日起 60 日内，作出批准或者不予批准的决定。不批准的，应当说明理由。

第十二条 从事网络出版服务的申报材料，应该包括下列内容：

（一）《网络出版服务许可证申请表》；

（二）单位章程及资本来源性质证明；

（三）网络出版服务可行性分析报告，包括资金使用、产品规划、技术条件、设备配备、机构设置、人员配备、市场分析、风险评估、版权保护措施等；

（四）法定代表人和主要负责人的简历、住址、身份证明文件；

（五）编辑出版等相关专业技术人员的国家认可的职业资格证明和主要从业经历及培训证明；

（六）工作场所使用证明；

（七）网站域名注册证明、相关服务器存放在中华人民共和国境内的承诺。

本规定第八条所列单位从事网络出版服务的，仅提交前款（一）、（六）、（七）项规定的材料。

第十三条 设立网络出版服务单位的申请者应自收到批准决定之日起30日内办理注册登记手续：

（一）持批准文件到所在地省、自治区、直辖市出版行政主管部门领取并填写《网络出版服务许可登记表》；

（二）省、自治区、直辖市出版行政主管部门对《网络出版服务许可登记表》审核无误后，在10日内向申请者发放《网络出版服务许可证》；

（三）《网络出版服务许可登记表》一式三份，由申请者和省、自治区、直辖市出版行政主管部门各存一份，另一份由省、自治区、直辖市出版行政主管部门在15日内报送国家新闻出版广电总局备案。

第十四条 《网络出版服务许可证》有效期为5年。有效期届满,需继续从事网络出版服务活动的,应于有效期届满60日前按本规定第十一条的程序提出申请。出版行政主管部门应当在该许可有效期届满前作出是否准予延续的决定。批准的,换发《网络出版服务许可证》。

第十五条 网络出版服务经批准后,申请者应持批准文件、《网络出版服务许可证》到所在地省、自治区、直辖市电信主管部门办理相关手续。

第十六条 网络出版服务单位变更《网络出版服务许可证》许可登记事项、资本结构,合并或者分立,设立分支机构的,应依据本规定第十一条办理审批手续,并应持批准文件到所在地省、自治区、直辖市电信主管部门办理相关手续。

第十七条 网络出版服务单位中止网络出版服务的,应当向所在地省、自治区、直辖市出版行政主管部门备案,并说明理由和期限;网络出版服务单位中止网络出版服务不得超过180日。

网络出版服务单位终止网络出版服务的,应当自终止网络出版服务之日起30日内,向所在地省、自治区、直辖市出版行政主管部门办理注销手续后到省、自治区、直辖市电信主管部门办理相关手续。省、自治区、直辖市出版行政主管部门将相关信息报国家新闻出版广电总局备案。

第十八条 网络出版服务单位自登记之日起满180日未开展网络出版服务的,由原登记的出版行政主管部门注销登记,并报国家新闻出版广电总局备案。同时,通报相关省、自治区、直辖市电信主管部门。

因不可抗力或者其他正当理由发生上述所列情形的,网络出版服务单位可以向原登记的出版行政主管部门申请延期。

第十九条 网络出版服务单位应当在其网站首页上标明出版行政主管部门核发的《网络出版服务许可证》编号。

互联网相关服务提供者在为网络出版服务单位提供人工干预

搜索排名、广告、推广等服务时，应当查验服务对象的《网络出版服务许可证》及业务范围。

第二十条 网络出版服务单位应当按照批准的业务范围从事网络出版服务，不得超出批准的业务范围从事网络出版服务。

第二十一条 网络出版服务单位不得转借、出租、出卖《网络出版服务许可证》或以任何形式转让网络出版服务许可。

网络出版服务单位允许其他网络信息服务提供者以其名义提供网络出版服务，属于前款所称禁止行为。

第二十二条 网络出版服务单位实行特殊管理股制度，具体办法由国家新闻出版广电总局另行制定。

第三章 网络出版服务管理

第二十三条 网络出版服务单位实行编辑责任制度，保障网络出版物内容合法。

网络出版服务单位实行出版物内容审核责任制度、责任编辑制度、责任校对制度等管理制度，保障网络出版物出版质量。

在网络上出版其他出版单位已在境内合法出版的作品且不改变原出版物内容的，须在网络出版物的相应页面显著标明原出版单位名称以及书号、刊号、网络出版物号或者网址信息。

第二十四条 网络出版物不得含有以下内容：

（一）反对宪法确定的基本原则的；

（二）危害国家统一、主权和领土完整的；

（三）泄露国家秘密、危害国家安全或者损害国家荣誉和利益的；

（四）煽动民族仇恨、民族歧视，破坏民族团结，或者侵害民族风俗、习惯的；

（五）宣扬邪教、迷信的；

(六)散布谣言,扰乱社会秩序,破坏社会稳定的;

(七)宣扬淫秽、色情、赌博、暴力或者教唆犯罪的;

(八)侮辱或者诽谤他人,侵害他人合法权益的;

(九)危害社会公德或者民族优秀文化传统的;

(十)有法律、行政法规和国家规定禁止的其他内容的。

第二十五条 为保护未成年人合法权益,网络出版物不得含有诱发未成年人模仿违反社会公德和违法犯罪行为的内容,不得含有恐怖、残酷等妨害未成年人身心健康的内容,不得含有披露未成年人个人隐私的内容。

第二十六条 网络出版服务单位出版涉及国家安全、社会安定等方面重大选题的内容,应当按照国家新闻出版广电总局有关重大选题备案管理的规定办理备案手续。未经备案的重大选题内容,不得出版。

第二十七条 网络游戏上网出版前,必须向所在地省、自治区、直辖市出版行政主管部门提出申请,经审核同意后,报国家新闻出版广电总局审批。

第二十八条 网络出版物的内容不真实或不公正,致使公民、法人或者其他组织合法权益受到侵害的,相关网络出版服务单位应当停止侵权,公开更正,消除影响,并依法承担其他民事责任。

第二十九条 国家对网络出版物实行标识管理,具体办法由国家新闻出版广电总局另行制定。

第三十条 网络出版物必须符合国家的有关规定和标准要求,保证出版物质量。

网络出版物使用语言文字,必须符合国家法律规定和有关标准规范。

第三十一条 网络出版服务单位应当按照国家有关规定或技术标准,配备应用必要的设备和系统,建立健全各项管理制度,保障信息安全、内容合法,并为出版行政主管部门依法履行监督管理职责提供技术支持。

第三十二条　网络出版服务单位在网络上提供境外出版物，应当取得著作权合法授权。其中，出版境外著作权人授权的网络游戏，须按本规定第二十七条办理审批手续。

第三十三条　网络出版服务单位发现其出版的网络出版物含有本规定第二十四条、第二十五条所列内容的，应当立即删除，保存有关记录，并向所在地县级以上出版行政主管部门报告。

第三十四条　网络出版服务单位应记录所出版作品的内容及其时间、网址或者域名，记录应当保存 60 日，并在国家有关部门依法查询时，予以提供。

第三十五条　网络出版服务单位须遵守国家统计规定，依法向出版行政主管部门报送统计资料。

第四章　监 督 管 理

第三十六条　网络出版服务的监督管理实行属地管理原则。

各地出版行政主管部门应当加强对本行政区域内的网络出版服务单位及其出版活动的日常监督管理，履行下列职责：

（一）对网络出版服务单位进行行业监管，对网络出版服务单位违反本规定的情况进行查处并报告上级出版行政主管部门；

（二）对网络出版服务进行监管，对违反本规定的行为进行查处并报告上级出版行政主管部门；

（三）对网络出版物内容和质量进行监管，定期组织内容审读和质量检查，并将结果向上级出版行政主管部门报告；

（四）对网络出版从业人员进行管理，定期组织岗位、业务培训和考核；

（五）配合上级出版行政主管部门、协调相关部门、指导下级出版行政主管部门开展工作。

第三十七条 出版行政主管部门应当加强监管队伍和机构建设,采取必要的技术手段对网络出版服务进行管理。出版行政主管部门依法履行监督检查等执法职责时,网络出版服务单位应当予以配合,不得拒绝、阻挠。

各省、自治区、直辖市出版行政主管部门应当定期将本行政区域内的网络出版服务监督管理情况向国家新闻出版广电总局提交书面报告。

第三十八条 网络出版服务单位实行年度核验制度,年度核验每年进行一次。省、自治区、直辖市出版行政主管部门负责对本行政区域内的网络出版服务单位实施年度核验并将有关情况报国家新闻出版广电总局备案。年度核验内容包括网络出版服务单位的设立条件、登记项目、出版经营情况、出版质量、遵守法律规范、内部管理情况等。

第三十九条 年度核验按照以下程序进行:

(一)网络出版服务单位提交年度自检报告,内容包括:本年度政策法律执行情况,奖惩情况,网站出版、管理、运营绩效情况,网络出版物目录,对年度核验期内的违法违规行为的整改情况,编辑出版人员培训管理情况等;并填写由国家新闻出版广电总局统一印制的《网络出版服务年度核验登记表》,与年度自检报告一并报所在地省、自治区、直辖市出版行政主管部门;

(二)省、自治区、直辖市出版行政主管部门对本行政区域内的网络出版服务单位的设立条件、登记项目、开展业务及执行法规等情况进行全面审核,并在收到网络出版服务单位的年度自检报告和《网络出版服务年度核验登记表》等年度核验材料的45日内完成全面审核查验工作。对符合年度核验要求的网络出版服务单位予以登记,并在其《网络出版服务许可证》上加盖年度核验章;

(三)省、自治区、直辖市出版行政主管部门应于完成全面审核查验工作的15日内将年度核验情况及有关书面材料报国家新闻出版广电总局备案。

第四十条 有下列情形之一的,暂缓年度核验:

(一)正在停业整顿的;

(二)违反出版法规规章,应予处罚的;

(三)未按要求执行出版行政主管部门相关管理规定的;

(四)内部管理混乱,无正当理由未开展实质性网络出版服务活动的;

(五)存在侵犯著作权等其他违法嫌疑需要进一步核查的。

暂缓年度核验的期限由省、自治区、直辖市出版行政主管部门确定,报国家新闻出版广电总局备案,最长不得超过180日。暂缓年度核验期间,须停止网络出版服务。

暂缓核验期满,按本规定重新办理年度核验手续。

第四十一条 已经不具备本规定第八条、第九条规定条件的,责令限期改正;逾期仍未改正的,不予通过年度核验,由国家新闻出版广电总局撤销《网络出版服务许可证》,所在地省、自治区、直辖市出版行政主管部门注销登记,并通知当地电信主管部门依法处理。

第四十二条 省、自治区、直辖市出版行政主管部门可根据实际情况,对本行政区域内的年度核验事项进行调整,相关情况报国家新闻出版广电总局备案。

第四十三条 省、自治区、直辖市出版行政主管部门可以向社会公布年度核验结果。

第四十四条 从事网络出版服务的编辑出版等相关专业技术人员及其负责人应当符合国家关于编辑出版等相关专业技术人员职业资格管理的有关规定。

网络出版服务单位的法定代表人或主要负责人应按照有关规定参加出版行政主管部门组织的岗位培训,并取得国家新闻出版广电总局统一印制的《岗位培训合格证书》。未按规定参加岗位培训或培训后未取得《岗位培训合格证书》的,不得继续担任法定代表人或主要负责人。

第五章　保障与奖励

第四十五条　国家制定有关政策,保障、促进网络出版服务业的发展与繁荣。鼓励宣传科学真理、传播先进文化、倡导科学精神、塑造美好心灵、弘扬社会正气等有助于形成先进网络文化的网络出版服务,推动健康文化、优秀文化产品的数字化、网络化传播。

网络出版服务单位依法从事网络出版服务,任何组织和个人不得干扰、阻止和破坏。

第四十六条　国家支持、鼓励下列优秀的、重点的网络出版物的出版:

(一)对阐述、传播宪法确定的基本原则有重大作用的;

(二)对弘扬社会主义核心价值观,进行爱国主义、集体主义、社会主义和民族团结教育以及弘扬社会公德、职业道德、家庭美德、个人品德有重要意义的;

(三)对弘扬民族优秀文化,促进国际文化交流有重大作用的;

(四)具有自主知识产权和优秀文化内涵的;

(五)对推进文化创新,及时反映国内外新的科学文化成果有重大贡献的;

(六)对促进公共文化服务有重大作用的;

(七)专门以未成年人为对象、内容健康的或者其他有利于未成年人健康成长的;

(八)其他具有重要思想价值、科学价值或者文化艺术价值的。

第四十七条　对为发展、繁荣网络出版服务业作出重要贡献的单位和个人,按照国家有关规定给予奖励。

第四十八条 国家保护网络出版物著作权人的合法权益。网络出版服务单位应当遵守《中华人民共和国著作权法》、《信息网络传播权保护条例》、《计算机软件保护条例》等著作权法律法规。

第四十九条 对非法干扰、阻止和破坏网络出版物出版的行为,出版行政主管部门及其他有关部门,应当及时采取措施,予以制止。

第六章 法律责任

第五十条 网络出版服务单位违反本规定的,出版行政主管部门可以采取下列行政措施:

(一)下达警示通知书;

(二)通报批评、责令改正;

(三)责令公开检讨;

(四)责令删除违法内容。

警示通知书由国家新闻出版广电总局制定统一格式,由出版行政主管部门下达给相关网络出版服务单位。

本条所列的行政措施可以并用。

第五十一条 未经批准,擅自从事网络出版服务,或者擅自上网出版网络游戏(含境外著作权人授权的网络游戏),根据《出版管理条例》第六十一条、《互联网信息服务管理办法》第十九条的规定,由出版行政主管部门、工商行政管理部门依照法定职权予以取缔,并由所在地省级电信主管部门依据有关部门的通知,按照《互联网信息服务管理办法》第十九条的规定给予责令关闭网站等处罚;已经触犯刑法的,依法追究刑事责任;尚不够刑事处罚的,删除全部相关网络出版物,没收违法所得和从事违法出版活动的主要设备、专用工具,违法经营额1万元以上的,并处违法经营额5

倍以上10倍以下的罚款;违法经营额不足1万元的,可以处5万元以下的罚款;侵犯他人合法权益的,依法承担民事责任。

第五十二条 出版、传播含有本规定第二十四条、第二十五条禁止内容的网络出版物的,根据《出版管理条例》第六十二条、《互联网信息服务管理办法》第二十条的规定,由出版行政主管部门责令删除相关内容并限期改正,没收违法所得,违法经营额1万元以上的,并处违法经营额5倍以上10倍以下罚款;违法经营额不足1万元的,可以处5万元以下罚款;情节严重的,责令限期停业整顿或者由国家新闻出版广电总局吊销《网络出版服务许可证》,由电信主管部门依据出版行政主管部门的通知吊销其电信业务经营许可或者责令关闭网站;构成犯罪的,依法追究刑事责任。

为从事本条第一款行为的网络出版服务单位提供人工干预搜索排名、广告、推广等相关服务的,由出版行政主管部门责令其停止提供相关服务。

第五十三条 违反本规定第二十一条的,根据《出版管理条例》第六十六条的规定,由出版行政主管部门责令停止违法行为,给予警告,没收违法所得,违法经营额1万元以上的,并处违法经营额5倍以上10倍以下的罚款;违法经营额不足1万元的,可以处5万元以下的罚款;情节严重的,责令限期停业整顿或者由国家新闻出版广电总局吊销《网络出版服务许可证》。

第五十四条 有下列行为之一的,根据《出版管理条例》第六十七条的规定,由出版行政主管部门责令改正,给予警告;情节严重的,责令限期停业整顿或者由国家新闻出版广电总局吊销《网络出版服务许可证》:

(一)网络出版服务单位变更《网络出版服务许可证》登记事项、资本结构,超出批准的服务范围从事网络出版服务,合并或者分立,设立分支机构,未依据本规定办理审批手续的;

(二)网络出版服务单位未按规定出版涉及重大选题出版物

的；

（三）网络出版服务单位擅自中止网络出版服务超过 180 日的；

（四）网络出版物质量不符合有关规定和标准的。

第五十五条 违反本规定第三十四条的，根据《互联网信息服务管理办法》第二十一条的规定，由省级电信主管部门责令改正；情节严重的，责令停业整顿或者暂时关闭网站。

第五十六条 网络出版服务单位未依法向出版行政主管部门报送统计资料的，依据《新闻出版统计管理办法》处罚。

第五十七条 网络出版服务单位违反本规定第二章规定，以欺骗或者贿赂等不正当手段取得许可的，由国家新闻出版广电总局撤销其相应许可。

第五十八条 有下列行为之一的，由出版行政主管部门责令改正，予以警告，并处 3 万元以下罚款：

（一）违反本规定第十条，擅自与境内外中外合资经营、中外合作经营和外资经营的企业进行涉及网络出版服务业务的合作的；

（二）违反本规定第十九条，未标明有关许可信息或者未核验有关网站的《网络出版服务许可证》的；

（三）违反本规定第二十三条，未按规定实行编辑责任制度等管理制度的；

（四）违反本规定第三十一条，未按规定或标准配备应用有关系统、设备或未健全有关管理制度的；

（五）未按本规定要求参加年度核验的；

（六）违反本规定第四十四条，网络出版服务单位的法定代表人或主要负责人未取得《岗位培训合格证书》的；

（七）违反出版行政主管部门关于网络出版其他管理规定的。

第五十九条 网络出版服务单位违反本规定被处以吊销许可

证行政处罚的，其法定代表人或者主要负责人自许可证被吊销之日起 10 年内不得担任网络出版服务单位的法定代表人或者主要负责人。

从事网络出版服务的编辑出版等相关专业技术人员及其负责人违反本规定，情节严重的，由原发证机关吊销其资格证书。

第七章　附　　则

第六十条　本规定所称出版物内容审核责任制度、责任编辑制度、责任校对制度等管理制度，参照《图书质量保障体系》的有关规定执行。

第六十一条　本规定自 2016 年 3 月 10 日起施行。原国家新闻出版总署、信息产业部 2002 年 6 月 27 日颁布的《互联网出版管理暂行规定》同时废止。

互联网著作权行政保护办法

(2005年4月29日国家版权局　信息产业部令2005年第5号公布)

第一条　为了加强互联网信息服务活动中信息网络传播权的行政保护,规范行政执法行为,根据《中华人民共和国著作权法》及有关法律、行政法规,制定本办法。

第二条　本办法适用于互联网信息服务活动中根据互联网内容提供者的指令,通过互联网自动提供作品、录音录像制品等内容的上载、存储、链接或搜索等功能,且对存储或传输的内容不进行任何编辑、修改或选择的行为。

互联网信息服务活动中直接提供互联网内容的行为,适用著作权法。

本办法所称"互联网内容提供者"是指在互联网上发布相关内容的上网用户。

第三条　各级著作权行政管理部门依照法律、行政法规和本办法对互联网信息服务活动中的信息网络传播权实施行政保护。国务院信息产业主管部门和各省、自治区、直辖市电信管理机构依法配合相关工作。

第四条　著作权行政管理部门对侵犯互联网信息服务活动中的信息网络传播权的行为实施行政处罚,适用《著作权行政处罚实施办法》。

侵犯互联网信息服务活动中的信息网络传播权的行为由侵权行为实施地的著作权行政管理部门管辖。侵权行为实施地包括提供本办法第二条所列的互联网信息服务活动的服务器等设备所在地。

第五条 著作权人发现互联网传播的内容侵犯其著作权,向互联网信息服务提供者或者其委托的其他机构(以下统称"互联网信息服务提供者")发出通知后,互联网信息服务提供者应当立即采取措施移除相关内容,并保留著作权人的通知6个月。

第六条 互联网信息服务提供者收到著作权人的通知后,应当记录提供的信息内容及其发布的时间、互联网地址或者域名。互联网接入服务提供者应当记录互联网内容提供者的接入时间、用户账号、互联网地址或者域名、主叫电话号码等信息。

前款所称记录应当保存60日,并在著作权行政管理部门查询时予以提供。

第七条 互联网信息服务提供者根据著作权人的通知移除相关内容的,互联网内容提供者可以向互联网信息服务提供者和著作权人一并发出说明被移除内容不侵犯著作权的反通知。反通知发出后,互联网信息服务提供者即可恢复被移除的内容,且对该恢复行为不承担行政法律责任。

第八条 著作权人的通知应当包含以下内容:

(一)涉嫌侵权内容所侵犯的著作权权属证明;

(二)明确的身份证明、住址、联系方式;

(三)涉嫌侵权内容在信息网络上的位置;

(四)侵犯著作权的相关证据;

(五)通知内容的真实性声明。

第九条 互联网内容提供者的反通知应当包含以下内容:

(一)明确的身份证明、住址、联系方式;

(二)被移除内容的合法性证明;

(三)被移除内容在互联网上的位置;

(四)反通知内容的真实性声明。

第十条 著作权人的通知和互联网内容提供者的反通知应当

采取书面形式。

著作权人的通知和互联网内容提供者的反通知不具备本办法第八条、第九条所规定内容的,视为未发出。

第十一条 互联网信息服务提供者明知互联网内容提供者通过互联网实施侵犯他人著作权的行为,或者虽不明知,但接到著作权人通知后未采取措施移除相关内容,同时损害社会公共利益的,著作权行政管理部门可以根据《中华人民共和国著作权法》第四十七条的规定责令停止侵权行为,并给予下列行政处罚:

(一)没收违法所得。

(二)处以非法经营额 3 倍以下的罚款;非法经营额难以计算的,可以处 10 万元以下的罚款。

第十二条 没有证据表明互联网信息服务提供者明知侵权事实存在的,或者互联网信息服务提供者接到著作权人通知后,采取措施移除相关内容的,不承担行政法律责任。

第十三条 著作权行政管理部门在查处侵犯互联网信息服务活动中的信息网络传播权案件时,可以按照《著作权行政处罚实施办法》第十二条规定要求著作权人提交必备材料,以及向互联网信息服务提供者发出的通知和该互联网信息服务提供者未采取措施移除相关内容的证明。

第十四条 互联网信息服务提供者有本办法第十一条规定的情形,且经著作权行政管理部门依法认定专门从事盗版活动,或有其他严重情节的,国务院信息产业主管部门或者省、自治区、直辖市电信管理机构依据相关法律、行政法规的规定处理;互联网接入服务提供者应当依据国务院信息产业主管部门或者省、自治区、直辖市电信管理机构的通知,配合实施相应的处理措施。

第十五条 互联网信息服务提供者未履行本办法第六条规定的义务,由国务院信息产业主管部门或者省、自治区、直辖市电信管理机构予以警告,可以并处三万元以下罚款。

第十六条 著作权行政管理部门在查处侵犯互联网信息服务活动中的信息网络传播权案件过程中,发现互联网信息服务提供者的行为涉嫌构成犯罪的,应当依照国务院《行政执法机关移送涉嫌犯罪案件的规定》将案件移送司法部门,依法追究刑事责任。

第十七条 表演者、录音录像制作者等与著作权有关的权利人通过互联网向公众传播其表演或者录音录像制品的权利的行政保护适用本办法。

第十八条 本办法由国家版权局和信息产业部负责解释。

第十九条 本办法自 2005 年 5 月 30 日起施行。

使用文字作品支付报酬办法

（2014年9月23日中华人民共和国国家版权局　中华人民共和国国家发展和改革委员会令第11号公布）

第一条　为保护文字作品著作权人的著作权，规范使用文字作品的行为，促进文字作品的创作与传播，根据《中华人民共和国著作权法》及相关行政法规，制定本办法。

第二条　除法律、行政法规另有规定外，使用文字作品支付报酬由当事人约定；当事人没有约定或者约定不明的，适用本办法。

第三条　以纸介质出版方式使用文字作品支付报酬可以选择版税、基本稿酬加印数稿酬或者一次性付酬等方式。

版税，是指使用者以图书定价×实际销售数或者印数×版税率的方式向著作权人支付的报酬。

基本稿酬，是指使用者按作品的字数，以千字为单位向著作权人支付的报酬。

印数稿酬，是指使用者根据图书的印数，以千册为单位按基本稿酬的一定比例向著作权人支付的报酬。

一次性付酬，是指使用者根据作品的质量、篇幅、作者的知名度、影响力以及使用方式、使用范围和授权期限等因素，一次性向著作权人支付的报酬。

第四条　版税率标准和计算方法：

（一）原创作品：3%～10%

（二）演绎作品：1%～7%

采用版税方式支付报酬的，著作权人可以与使用者在合同中约定，在交付作品时或者签订合同时由使用者向著作权人预付首次实际印数或者最低保底发行数的版税。

首次出版发行数不足千册的,按千册支付版税,但在下次结算版税时对已经支付版税部分不再重复支付。

第五条 基本稿酬标准和计算方法:

(一)原创作品:每千字80~300元,注释部分参照该标准执行。

(二)演绎作品:

1.改编:每千字20~100元。

2.汇编:每千字10~20元。

3.翻译:每千字50~200元。

支付基本稿酬以千字为单位,不足千字部分按千字计算。

支付报酬的字数按实有正文计算,即以排印的版面每行字数乘全部实有的行数计算。占行题目或者末尾排不足一行的,按一行计算。

诗词每十行按一千字计算,作品不足十行的按十行计算。

辞书类作品按双栏排版的版面折合的字数计算。

第六条 印数稿酬标准和计算方法:

每印一千册,按基本稿酬的1%支付。不足一千册的,按一千册计算。

作品重印时只支付印数稿酬,不再支付基本稿酬。

采用基本稿酬加印数稿酬的付酬方式的,著作权人可以与使用者在合同中约定,在交付作品时由使用者支付基本稿酬的30%~50%。除非合同另有约定,作品一经使用,使用者应当在6个月内付清全部报酬。作品重印的,应在重印后6个月内付清印数稿酬。

第七条 一次性付酬的,可以参照本办法第五条规定的基本稿酬标准及其计算方法。

第八条 使用演绎作品,除合同另有约定或者原作品已进入公有领域外,使用者还应当取得原作品著作权人的许可并支付报酬。

第九条 使用者未与著作权人签订书面合同,或者签订了书面合同但未约定付酬方式和标准,与著作权人发生争议的,应当按本办法第四条、第五条规定的付酬标准的上限分别计算报酬,以较高者向著作权人支付,并不得以出版物抵作报酬。

第十条 著作权人许可使用者通过转授权方式在境外出版作品,但对支付报酬没有约定或约定不明的,使用者应当将所得报酬扣除合理成本后的70%支付给著作权人。

第十一条 报刊刊载作品只适用一次性付酬方式。

第十二条 报刊刊载未发表的作品,除合同另有约定外,应当自刊载后1个月内按每千字不低于100元的标准向著作权人支付报酬。

报刊刊载未发表的作品,不足五百字的按千字作半计算;超过五百字不足千字的按千字计算。

第十三条 报刊依照《中华人民共和国著作权法》的相关规定转载、摘编其他报刊已发表的作品,应当自报刊出版之日起2个月内,按每千字100元的付酬标准向著作权人支付报酬,不足五百字的按千字作半计算,超过五百字不足千字的按千字计算。

报刊出版者未按前款规定向著作权人支付报酬的,应当将报酬连同邮资以及转载、摘编作品的有关情况送交中国文字著作权协会代为收转。中国文字著作权协会收到相关报酬后,应当按相关规定及时向著作权人转付,并编制报酬收转记录。

报刊出版者按前款规定将相关报酬转交给中国文字著作权协会后,对著作权人不再承担支付报酬的义务。

第十四条 以纸介质出版方式之外的其他方式使用文字作品,除合同另有约定外,使用者应当参照本办法规定的付酬标准和付酬方式付酬。

在数字或者网络环境下使用文字作品,除合同另有约定外,使用者可以参照本办法规定的付酬标准和付酬方式付酬。

第十五条 教科书法定许可使用文字作品适用《教科书法定许可使用作品支付报酬办法》。

第十六条 本办法由国家版权局会同国家发展和改革委员会负责解释。

第十七条 本办法自 2014 年 11 月 1 日起施行。国家版权局 1999 年 4 月 5 日发布的《出版文字作品报酬规定》同时废止。

教科书法定许可使用作品支付报酬办法

（2013 年 10 月 22 日中华人民共和国国家版权局　中华人民共和国国家发展和改革委员会令第 10 号公布）

第一条　为保护文学、艺术和科学作品作者的著作权，规范编写出版教科书使用已发表作品的行为，根据《中华人民共和国著作权法》、《中华人民共和国著作权法实施条例》及《著作权集体管理条例》，制定本办法。

第二条　本办法适用于使用已发表作品编写出版九年制义务教育和国家教育规划教科书的行为。本办法所称教科书不包括教学参考书和教学辅导材料。

本办法所称九年制义务教育教科书和国家教育规划教科书，是指为实施义务教育、高中阶段教育、职业教育、高等教育、民族教育、特殊教育，保证基本的教学标准，或者为达到国家对某一领域、某一方面教育教学的要求，根据国务院教育行政部门或者省级人民政府教育行政部门制定的课程方案、专业教学指导方案而编写出版的教科书。

第三条　在教科书中汇编已经发表的作品片断或者短小的文字作品、音乐作品或者单幅的美术作品、摄影作品，除作者事先声明不许使用的外，可以不经著作权人许可，但应当支付报酬，指明作者姓名、作品名称，并且不得侵犯著作权人依法享有的其他权利。

作品片断或者短小的文字作品，是指九年制义务教育教科书中使用的单篇不超过 2000 字的文字作品，或者国家教育规划（不含九年制义务教育）教科书中使用的单篇不超过 3000 字的文字作品。

短小的音乐作品,是指九年制义务教育和国家教育规划教科书中使用的单篇不超过 5 页面或时长不超过 5 分钟的单声部音乐作品,或者乘相应倍数的多声部音乐作品。

第四条　教科书汇编者支付报酬的标准如下:

(一)文字作品:每千字 300 元,不足千字的按千字计算;

(二)音乐作品:每首 300 元;

(三)美术作品、摄影作品:每幅 200 元,用于封面或者封底的,每幅 400 元;

(四)在与音乐教科书配套的录音制品教科书中使用的已有录音制品:每首 50 元。

支付报酬的字数按实有正文计算,即以排印的版面每行字数乘全部实有的行数计算。占行题目或者末尾排印不足一行的,按一行计算。

诗词每十行按一千字计算;不足十行的按十行计算。

非汉字的文字作品,按照相同版面同等字号汉字数付酬标准的 80%计酬。

第五条　使用改编作品编写出版教科书,按照本办法第四条的规定确定报酬后,由改编作品的作者和原作品的作者协商分配,协商不成的,应当等额分配。

使用的作品有两个或者两个以上作者的,应当等额分配该作品的报酬,作者另有约定的除外。

第六条　教科书出版发行存续期间,教科书汇编者应当按照本办法每年向著作权人支付一次报酬。

报酬自教科书出版之日起 2 个月内向著作权人支付。

教科书汇编者未按照前款规定向著作权人支付报酬,应当在每学期开学第一个月内将其应当支付的报酬连同邮资以及使用作品的有关情况交给相关的著作权集体管理组织。教科书汇编者支付的报酬到账后，著作权集体管理组织应当及时按相关规定向著作权人转付，并及时在其网站上公告教科书汇编者使用作品的有关情况。

著作权集体管理组织收转报酬，应当编制报酬收转记录。

使用作品的有关情况包括使用作品的名称、作者（包括原作者和改编者）姓名、作品字数、出版时间等。

第七条 教科书出版后，著作权人要求教科书汇编者提供样书的，教科书汇编者应当向著作权人提供。

教科书汇编者按照本办法通过著作权集体管理组织转付报酬的，可以将样书交给相关的著作权集体管理组织，由其转交给著作权人。

转交样书产生的费用由教科书汇编者承担。

第八条 教科书汇编者按照本办法第六条第三款规定将相应报酬转交给著作权集体管理组织后，对著作权人不再承担支付报酬的义务。

第九条 教科书汇编者未按照本办法规定支付报酬的，应当承担停止侵权、消除影响、赔礼道歉、赔偿损失等民事责任。

第十条 教科书汇编者向录音制作者支付报酬，适用本办法第六条、第八条和第九条规定。

第十一条 本办法自2013年12月1日起施行。本办法施行前发布的其他有关规定与本办法不一致的，以本办法为准。

关于规范网络转载版权秩序的通知

（国版办发〔2015〕3号）

为贯彻落实中共中央办公厅、国务院办公厅印发的《关于推动传统媒体和新兴媒体融合发展的指导意见》，鼓励报刊单位和互联网媒体合法、诚信经营，推动建立健全版权合作机制，规范网络转载版权秩序，根据《中华人民共和国著作权法》、《中华人民共和国著作权法实施条例》、《信息网络传播权保护条例》有关规定，现就规范网络转载版权秩序有关事项通知如下：

一、互联网媒体转载他人作品，应当遵守著作权法律法规的相关规定，必须经过著作权人许可并支付报酬，并应当指明作者姓名、作品名称及作品来源。法律、法规另有规定的除外。

互联网媒体依照前款规定转载他人作品，不得侵犯著作权人依法享有的其他权益。

二、报刊单位之间相互转载已经刊登的作品，适用《著作权法》第三十三条第二款的规定，即作品刊登后，除著作权人声明不得转载、摘编的外，其他报刊可以转载或者作为文摘、资料刊登，但应当按照规定向著作权人支付报酬。

报刊单位与互联网媒体、互联网媒体之间相互转载已经发表的作品，不适用前款规定，应当经过著作权人许可并支付报酬。

三、互联网媒体转载他人作品，不得对作品内容进行实质性修改；对标题和内容做文字性修改和删节的，不得歪曲篡改标题和作品的原意。

四、《著作权法》第五条所称时事新闻，是指通过报纸、期刊、广播电台、电视台等媒体报道的单纯事实消息，该单纯事实消息不受著作权法保护。凡包含了著作权人独创性劳动的消息、通讯、特写、报道等作品均不属于单纯事实消息，互联网媒体进行转载时，必须经过著作权人许可并支付报酬。

五、报刊单位可以就通过约稿、投稿等方式获得的作品与著作权人订立许可使用合同，明确约定许可使用的权利种类、许可使用的权利是专有使用权或者非专有使用权、许可使用的地域范围和期间、付酬标准和办法、违约责任以及双方认为需要约定的其他内容。双方约定权利由报刊单位行使的，互联网媒体转载该作品，应当经过报刊单位许可并支付报酬。

六、报刊单位可以与其职工通过合同就职工为完成报刊单位工作任务所创作作品的著作权归属进行约定。合同约定著作权由报刊单位享有的，报刊单位可以通过发布版权声明的方式，明确报刊单位刊登作品的权属关系，互联网媒体转载此类作品，应当经过报刊单位许可并支付报酬。

七、报刊单位和互联网媒体应当建立健全本单位版权管理制度。建立本单位及本单位职工享有著作权的作品信息库，载明作品权属信息，对许可他人使用的作品应载明授权方式、授权期限等相关信息。建立经许可使用的他人作品信息库，载明权利来源、授权方式、授权期限等相关信息。

八、报刊单位与互联网媒体、互联网媒体之间应当通过签订版权许可协议等方式建立网络转载版权合作机制，加强对转载作品的版权审核，共同探索合理的授权价格体系，进一步完善作品的授权交易机制。

九、各级版权行政管理部门要加大对互联网媒体的版权监管力度，支持行业组织在推动版权保护、版权交易、自律维权等方面发挥积极作用，严厉打击未经许可转载、非法传播他人作品的侵权盗版行为。

国家版权局办公厅

2015 年 4 月 17 日

图书出版管理规定[①]

（2008年2月21日中华人民共和国新闻出版总署令第36号公布）

第一章　总　　则

第一条　为了规范图书出版，加强对图书出版的监督管理，促进图书出版的发展和繁荣，根据国务院《出版管理条例》及相关法律法规，制定本规定。

第二条　在中华人民共和国境内从事图书出版，适用本规定。

本规定所称图书，是指书籍、地图、年画、图片、画册，以及含有文字、图画内容的年历、月历、日历，以及由新闻出版总署认定的其他内容载体形式。

第三条　图书出版必须坚持为人民服务、为社会主义服务的方向，坚持马克思列宁主义、毛泽东思想、邓小平理论和“三个代表”重要思想，坚持科学发展观，坚持正确的舆论导向和出版方向，坚持把社会效益放在首位、社会效益和经济效益相统一的原则，传播和积累有益于提高民族素质、推动经济发展、促进社会和谐与进步的科学技术和文化知识，弘扬民族优秀文化，促进国际文化交流，丰富人民群众的精神文化生活。

第四条　新闻出版总署负责全国图书出版的监督管理工作，建立健全监督管理制度，制定并实施全国图书出版总量、结构、布

---

①　此处所载为据2015年8月28日国家新闻出版广电总局令第3号《关于修改部分规章和规范性文件的决定》修订的版本。

局的规划。

省、自治区、直辖市新闻出版行政部门负责本行政区域内图书出版的监督管理工作。

第五条 图书出版单位依法从事图书的编辑、出版等活动。

图书出版单位合法的出版活动受法律保护，任何组织和个人不得非法干扰、阻止、破坏。

第六条 新闻出版总署对为发展、繁荣我国图书出版事业作出重要贡献的图书出版单位及个人给予奖励，并评选奖励优秀图书。

第七条 图书出版行业的社会团体按照其章程，在新闻出版行政部门的指导下，实行自律管理。

第二章 图书出版单位的设立

第八条 图书由依法设立的图书出版单位出版。设立图书出版单位须经新闻出版总署批准，取得图书出版许可证。

本规定所称图书出版单位，是指依照国家有关法规设立，经新闻出版总署批准并履行登记注册手续的图书出版法人实体。

第九条 设立图书出版单位，应当具备下列条件：

（一）有图书出版单位的名称、章程；

（二）有符合新闻出版总署认定条件的主办单位、主管单位；

（三）有确定的图书出版业务范围；

（四）有 30 万元以上的注册资本；

（五）有适应图书出版需要的组织机构和符合国家规定资格条件的编辑出版专业人员；

（六）有确定的法定代表人或者主要负责人，该法定代表人或者主要负责人必须是在境内长久居住的具有完全行为能力的中国公民；

（七）有与主办单位在同一省级行政区域的固定工作场所；

(八)法律、行政法规规定的其他条件。

设立图书出版单位,除前款所列条件外,还应当符合国家关于图书出版单位总量、结构、布局的规划。

第十条 中央在京单位设立图书出版单位,由主办单位提出申请,经主管单位审核同意后,由主办单位报新闻出版总署审批。

中国人民解放军和中国人民武装警察部队系统设立图书出版单位,由主办单位提出申请,经中国人民解放军总政治部宣传部新闻出版局审核同意后,报新闻出版总署审批。

其他单位设立图书出版单位,经主管单位审核同意后,由主办单位向所在地省、自治区、直辖市新闻出版行政部门提出申请,省、自治区、直辖市新闻出版行政部门审核同意后,报新闻出版总署审批。

第十一条 申请设立图书出版单位,须提交以下材料:

(一)按要求填写的设立图书出版单位申请表;

(二)主管单位、主办单位的有关资质证明材料;

(三)拟任图书出版单位法定代表人或者主要负责人简历、身份证明文件;

(四)编辑出版人员的出版专业职业资格证书;

(五)注册资本数额、来源及性质证明;

(六)图书出版单位的章程;

(七)工作场所使用证明;

(八)设立图书出版单位的可行性论证报告。

第十二条 新闻出版总署应当自收到设立图书出版单位申请之日起 90 日内,作出批准或者不批准的决定,并直接或者由省、自治区、直辖市新闻出版行政部门书面通知主办单位;不批准的,应当说明理由。

第十三条 申请设立图书出版单位的主办单位应当自收到新闻出版总署批准文件之日起 60 日内办理如下注册登记手续:

（一）持批准文件到所在地省、自治区、直辖市新闻出版行政部门领取图书出版单位登记表，经主管单位审核签章后，报所在地省、自治区、直辖市新闻出版行政部门；

（二）图书出版单位登记表一式五份，图书出版单位，主办单位，主管单位及省、自治区、直辖市新闻出版行政部门各存一份，另一份由省、自治区、直辖市新闻出版行政部门在收到之日起15日内，报送新闻出版总署备案；

（三）新闻出版总署对图书出版单位登记表审核后，在10日内通过中国标准书号中心分配其出版者号并通知省、自治区、直辖市新闻出版行政部门；

（四）省、自治区、直辖市新闻出版行政部门对图书出版单位登记表审核后，在10日内向主办单位发放图书出版许可证；

（五）图书出版单位持图书出版许可证到工商行政管理部门办理登记手续，依法领取营业执照。

第十四条 图书出版单位的主办单位自收到新闻出版总署批准文件之日起60日内未办理注册登记手续，批准文件自行失效，登记机关不再受理登记，图书出版单位的主办单位须将有关批准文件缴回新闻出版总署。

图书出版单位自登记之日起满180日未从事图书出版的，由原登记的新闻出版行政部门注销登记，收回图书出版许可证，并报新闻出版总署备案。

因不可抗力或者其他正当理由发生前款所列情形的，图书出版单位可以向原登记的新闻出版行政部门申请延期。

第十五条 图书出版单位应当具备法人条件，经核准登记后，取得法人资格，以其全部法人财产独立承担民事责任。

第十六条 图书出版单位变更名称、主办单位或者主管单位、业务范围，合并或者分立，改变资本结构，依照本规定第九条至第十三条的规定办理审批、登记手续。

图书出版单位除前款所列变更事项外的其他事项的变更,应当经其主办单位和主管单位审查同意后,向所在地省、自治区、直辖市新闻出版行政部门申请变更登记,由省、自治区、直辖市新闻出版行政部门报新闻出版总署备案。

第十七条 图书出版单位终止图书出版的,由主办单位提出申请并经主管单位同意后,由主办单位向所在地省、自治区、直辖市新闻出版行政部门办理注销登记,并由省、自治区、直辖市新闻出版行政部门报新闻出版总署备案。

第十八条 组建图书出版集团,参照本规定第十条办理。

第三章 图书的出版

第十九条 任何图书不得含有《出版管理条例》和其他有关法律、法规以及国家规定禁止的内容。

第二十条 图书出版实行编辑责任制度,保障图书内容符合国家法律规定。

第二十一条 出版辞书、地图、中小学教科书等类别的图书,实行资格准入制度,出版单位须按照新闻出版总署批准的业务范围出版。具体办法由新闻出版总署另行规定。

第二十二条 图书出版实行重大选题备案制度。涉及国家安全、社会安定等方面的重大选题,涉及重大革命题材和重大历史题材的选题,应当按照新闻出版总署有关选题备案管理的规定办理备案手续。未经备案的重大选题,不得出版。

第二十三条 图书出版实行年度出版计划备案制度。图书出版单位的年度出版计划,须经省、自治区、直辖市新闻出版行政部门审核后报新闻出版总署备案。

第二十四条 图书出版单位实行选题论证制度、图书稿件三审责任制度、责任编辑制度、责任校对制度、图书重版前审读制度、稿件及图书资料归档制度等管理制度，保障图书出版质量。

第二十五条 图书使用语言文字须符合国家语言文字法律规定。

图书出版质量须符合国家标准、行业标准和新闻出版总署关于图书出版质量的管理规定。

第二十六条 图书使用中国标准书号或者全国统一书号、图书条码以及图书在版编目数据须符合有关标准和规定。

第二十七条 图书出版单位不得向任何单位或者个人出售或者以其他形式转让本单位的名称、中国标准书号或者全国统一书号。

第二十八条 图书出版单位不得以一个中国标准书号或者全国统一书号出版多种图书，不得以中国标准书号或者全国统一书号出版期刊。中国标准书号使用管理办法由新闻出版总署另行规定。

第二十九条 图书出版单位租型出版图书、合作出版图书、出版自费图书须按照新闻出版总署的有关规定执行。

第三十条 图书出版单位与境外出版机构在境内开展合作出版，在合作出版的图书上双方共同署名，须经新闻出版总署批准。

第三十一条 图书出版单位须按照国家有关规定在其出版的图书上载明图书版本记录事项。

第三十二条 图书出版单位应当委托依法设立的出版物印刷单位印刷图书，并按照国家规定使用印刷委托书。

第三十三条 图书出版单位须遵守国家统计规定，依法向新闻出版行政部门报送统计资料。

第三十四条 图书出版单位在图书出版 30 日内，应当按照国家有关规定向国家图书馆、中国版本图书馆、新闻出版总署免费送交样书。

第四章　监督管理

第三十五条　图书出版的监督管理实行属地原则。

省、自治区、直辖市新闻出版行政部门依法对本行政区域内的图书出版进行监督管理，负责本行政区域内图书出版单位的审核登记、年度核验及其出版图书的审读、质量评估等管理工作。

第三十六条　图书出版管理实行审读制度、质量保障管理制度、出版单位分级管理制度、出版单位年度核验制度和出版从业人员职业资格管理制度。

第三十七条　新闻出版总署负责全国图书审读工作。省、自治区、直辖市新闻出版行政部门负责对本行政区域内出版的图书进行审读，并定期向新闻出版总署提交审读报告。

第三十八条　新闻出版行政部门可以根据新闻出版总署《图书质量管理规定》等规定，对图书质量进行检查，并予以奖惩。

第三十九条　新闻出版总署制定图书出版单位等级评估办法，对图书出版单位进行评估，并实行分级管理。

第四十条　图书出版单位实行年度核验制度，年度核验每两年进行一次。

年度核验按照以下程序进行：

（一）图书出版单位提出年度自查报告，填写由新闻出版总署统一印制的图书出版年度核验表，经图书出版单位的主办单位、主管单位审核盖章后，在规定时间内报所在地省、自治区、直辖市新闻出版行政部门；

（二）省、自治区、直辖市新闻出版行政部门在收到图书出版单位自查报告、图书出版年度核验表等年度核验材料 30 日内予以审核查验、出具审核意见，报送新闻出版总署；

（三）新闻出版总署在收到省、自治区、直辖市新闻出版行政部门报送的图书出版单位年度核验材料和审核意见60日内作出是否予以通过年度核验的批复；

（四）图书出版单位持新闻出版总署予以通过年度核验的批复文件、图书出版许可证副本等相关材料，到所在地省、自治区、直辖市新闻出版行政部门办理登记手续。

第四十一条 图书出版单位有下列情形之一的，暂缓年度核验：

（一）正在限期停业整顿的；

（二）经审核发现有违法情况应予处罚的；

（三）主管单位、主办单位未认真履行管理责任，导致图书出版管理混乱的；

（四）所报年度核验自查报告内容严重失实的；

（五）存在其他违法嫌疑需要进一步核查的。

暂缓年度核验的期限为6个月。在暂缓年度核验期间，图书出版单位除教科书、在印图书可继续出版外，其他图书出版一律停止。缓验期满，按照本规定重新办理年度核验手续。

第四十二条 图书出版单位有下列情形之一的，不予通过年度核验：

（一）出版导向严重违反管理规定并未及时纠正的；

（二）违法行为被查处后拒不改正或者在整改期满后没有明显效果的；

（三）图书出版质量长期达不到规定标准的；

（四）经营恶化已经资不抵债的；

（五）已经不具备本规定第九条规定条件的；

（六）暂缓登记期满，仍未符合年度核验基本条件的；

（七）不按规定参加年度核验，经催告仍未参加的；

（八）存在其他严重违法行为的。

对不予通过年度核验的图书出版单位，由新闻出版总署撤销图书出版许可证，所在地省、自治区、直辖市新闻出版行政部门注销登记。

第四十三条 年度核验结果，新闻出版总署和省、自治区、直辖市新闻出版行政部门可以向社会公布。

第四十四条 图书出版从业人员，应具备国家规定的出版职业资格条件。

第四十五条 图书出版单位的社长、总编辑须符合国家规定的任职资格和条件。

图书出版单位的社长、总编辑须参加新闻出版行政部门组织的岗位培训，取得岗位培训合格证书后才能上岗。

第五章 法律责任

第四十六条 图书出版单位违反本规定的，新闻出版总署或者省、自治区、直辖市新闻出版行政部门可以采取下列行政措施：

（一）下达警示通知书；

（二）通报批评；

（三）责令公开检讨；

（四）责令改正；

（五）核减中国标准书号数量；

（六）责令停止印制、发行图书；

（七）责令收回图书；

（八）责成主办单位、主管单位监督图书出版单位整改。

警示通知书由新闻出版总署制定统一格式，由新闻出版总署或者省、自治区、直辖市新闻出版行政部门下达给违法的图书出版单位，并抄送违法图书出版单位的主办单位及其主管单位。

本条所列行政措施可以并用。

第四十七条 未经批准，擅自设立图书出版单位，或者擅自从事图书出版业务，假冒、伪造图书出版单位名称出版图书的，依照《出版管理条例》第五十五条处罚。

第四十八条 图书出版单位出版含有《出版管理条例》和其他有关法律、法规以及国家规定禁止内容图书的，由新闻出版总署或者省、自治区、直辖市新闻出版行政部门依照《出版管理条例》第五十六条处罚。

第四十九条 图书出版单位违反本规定第二十七条的，由新闻出版总署或者省、自治区、直辖市新闻出版行政部门依照《出版管理条例》第六十条处罚。

第五十条 图书出版单位有下列行为之一的，由新闻出版总署或者省、自治区、直辖市新闻出版行政部门依照《出版管理条例》第六十一条处罚：

（一）变更名称、主办单位或者主管单位、业务范围，合并或分立，改变资本结构，未依法办理审批手续的；

（二）未按规定将其年度出版计划备案的；

（三）未按规定履行重大选题备案的；

（四）未按规定送交样书的。

第五十一条 图书出版单位有下列行为之一的，由新闻出版总署或者省、自治区、直辖市新闻出版行政部门给予警告，并处3万元以下罚款：

（一）未按规定使用中国标准书号或者全国统一书号、图书条码、图书在版编目数据的；

（二）图书出版单位违反本规定第二十八条的；

（三）图书出版单位擅自在境内与境外出版机构开展合作出版，在合作出版的图书上双方共同署名的；

（四）未按规定载明图书版本记录事项的；

（五）图书出版单位委托非依法设立的出版物印刷单位印刷图书的，或者未按照国家规定使用印刷委托书的。

第五十二条 图书出版单位租型出版图书、合作出版图书、出版自费图书，违反新闻出版总署有关规定的，由新闻出版总署或者省、自治区、直辖市新闻出版行政部门给予警告，并处3万元以下罚款。

第五十三条 图书出版单位出版质量不合格的图书，依据新闻出版总署《图书质量管理规定》处罚。

第五十四条 图书出版单位未依法向新闻出版行政部门报送统计资料的，依据新闻出版总署、国家统计局联合颁布的《新闻出版统计管理办法》处罚。

第五十五条 对图书出版单位作出行政处罚，新闻出版行政部门应告知其主办单位和主管单位，可以通过媒体向社会公布。

对图书出版单位作出行政处罚，新闻出版行政部门可以建议其主办单位或者主管单位对直接责任人和主要负责人予以行政处分或者调离岗位。

第六章　附　　则

第五十六条 本规定自2008年5月1日起施行。

自本规定施行起，此前新闻出版行政部门对图书出版的其他规定，凡与本规定不一致的，以本规定为准。

书号实名申领管理办法(试行)

(新闻出版总署　2009年1月7日　新出出版〔2009〕33号)

第一章　总　　则

第一条　为进一步转变政府职能,创新管理机制,完善图书出版管理,促进我国图书业的繁荣发展,根据《出版管理条例》等有关规定,决定实行书号实名申领办法。

第二条　书号管理办法的改革和书号实名申领工作,要全面贯彻落实科学发展观,坚持正确的出版导向;要有利于出版业的繁荣发展,有利于多出好书,不断满足人民群众日益增长的文化需求;要有利于进一步提高出版管理工作效率和服务水平,有利于宏观调控,资源整合,逐步实现书号、条码、CIP等出版基本信息的统一,为行业发展服务;要有利于切实规范出版行为,有效打击侵权盗版活动,坚决禁止买卖书号、"一号多用"行为。

第三条　书号实名申领实行属地管理和谁主管谁负责的原则,明确出版单位主管和主办单位的管理责任,完善新闻出版总署,各省、自治区、直辖市新闻出版行政部门,中央出版单位主管部门和出版单位分级管理办法,形成职责明确、运行规范的书号管理体系。

第四条　书号实名申领是指出版单位在图书出版活动中按书稿实名申领书号,有关部门见稿给号,一书一号。

本办法所称书号是指中国标准书号。

第二章 分级管理

第五条 新闻出版总署负责全国出版单位书号实名申领工作。

第六条 各省、自治区、直辖市新闻出版行政部门负责本行政区域内出版单位的书号实名申领、发放及相应的管理工作。

第七条 中央在京出版单位主管部门所辖出版单位达到一定数量并有专门机构和专职人员从事出版单位管理的,由新闻出版总署委托其负责所辖出版单位的书号实名申领工作;其他中央在京出版单位的书号实名申领工作在主管部门指导下,由新闻出版总署条码中心在技术层面负责书号的实名申领工作。

第八条 出版单位须按照出版法规,对所申报的书稿内容、书稿质量及其出版活动严格把关,承担相应责任。

(一)出版单位在按规定完成书稿“三审”程序后,方可进行书号实名申领。

(二)涉及党和国家领导人等重大题材作品和涉及国家安全、社会安定等方面的重大选题,要严格执行重大革命和重大历史题材作品管理办法和图书重大选题备案办法,在履行重大选题备案手续后方可进行书号实名申领。

(三)出版单位不得向任何单位或者个人出售或者以其他形式转让本单位的书号。

第三章 申领程序

第九条 书号实名申领通过基于互联网的计算机系统(书号实名申领信息系统)实现,书号实名申领工作涉及的部门、单位应依据工作流程和职能通过该系统进行相关工作。

第十条 出版单位已完成“三审”的书稿可随时通过网络进

行书号实名申领。申领书号信息要完整、真实、准确。书稿出版后要向有关部门及时报送有关出版物信息，并按规定向出版行政部门送缴样本。

第十一条 各省、自治区、直辖市出版行政部门（或负责中央出版单位书号实名申领工作的有关部门）应对所辖出版单位的申请在7个工作日内通过书号实名申领信息系统予以办理。

第十二条 新闻出版总署出版管理司负责对书号实名申领工作进行管理、监督，发现问题及时纠正。

第十三条 新闻出版总署条码中心负责通过计算机信息系统进行书号编制和条码配发工作，对书号实名申领信息系统及出版物信息数据进行维护，保障其安全、稳定运行，并在条码制作、发放等方面探索与书号实名申领相适应的工作模式。

第四章 罚 则

第十四条 出版单位书号实名申领有下列行为之一的，由新闻出版总署或省、自治区、直辖市新闻出版行政部门责令改正，给予警告：

（一）提供虚假出版信息的；

（二）不按《中国标准书号》标准使用书号的；

（三）书稿出版后不及时报送出版物信息的。

第十五条 出版单位出售或者以其他形式转让本单位书号的，按《出版管理条例》第六十条和《图书出版管理规定》进行处罚。

图书质量保障体系

（1997年6月26日中华人民共和国新闻出版署令第8号公布）

第一章　总　　则

第一条　依据国务院颁布的《出版管理条例》，建立和实施严格、有效、可操作的图书质量保障体系，是实现图书出版从扩大规模数量为主向提高质量效益为主的转变，提高图书出版整体水平，繁荣社会主义出版事业的重要措施。

第二条　建立和实施图书质量保障体系的指导思想：以马克思列宁主义、毛泽东思想和邓小平建设有中国特色社会主义理论为指导，坚持党的基本路线和基本方针，以建立适应社会主义市场经济体制，符合社会主义精神文明建设要求，体现出版工作自身规律的出版体制为目的，坚持为人民服务、为社会主义服务的方向，坚持百花齐放、百家争鸣的方针，坚持精神文明重在建设，繁荣出版重在质量的思想，把能否提高图书质量当作衡量出版工作是否健康发展、检验出版改革成功与否的重要标志。提高认识，强化管理，使出版事业朝着健康、有序、优质、高效的方向发展。

第三条　实施图书质量保障体系的基本原则：图书质量保障体系是一项系统工程，要有严密的组织，需要各出版社、出版社的主管部门、各级出版行政部门以及社会各界的共同参与，形成网络；要有科学、严格、有效的机制，根据图书生产、销售和管理的规律，分部门、分阶段、分层次组织实施，分清任务，明确责任，提高管理和运行水平；要有称职的队伍，各单位要制定计划，对各级、各类的出版从业人员，特别是从事编辑工作和出版行政管理工作人员，进行考核和培训，提高思想、政策、职业道德、专业技术水平。

第四条 加强图书出版法制建设。加强图书出版的法制建设，是图书质量保障体系正常、有效实施的根本保证。国务院颁布的《出版管理条例》是出版行业的重要法规，也是图书质量保障体系依法实施的保证。各级出版行政部门要依据《出版管理条例》，做到依法管理，对违反《出版管理条例》和《图书质量保障体系》的行为，要依据相应的法规和规定，坚决予以查处，以维护社会主义出版法规和规定的权威性和严肃性。各省、自治区、直辖市新闻出版局、出版社主管部门和出版社在认真执行《出版管理条例》和《图书质量保障体系》的同时，还可根据这些法规和规定，制定本地区、本部门和出版社内部的管理规定、制度，提高图书出版管理水平。

第二章 编辑出版责任机制

第一节 前期保障机制

第五条 坚持按专业分工出书制度。按专业分工出书对于发挥出版社的专业人才、资源优势和特点，为本行业、本部门、本地区服务，提高图书质量，形成出版特色，具有重要作用。各出版社必须严格按照新闻出版署核定的出书范围和有关规定执行。

第六条 加强选题策划工作。

（一）图书质量的提高，首先取决于选题的优化，优化的第一步要搞好选题的策划工作。

（二）策划是出版工作的重要环节，出版社的全体编辑人员应认真履行编辑职责，积极参与选题的策划工作。

（三）出版社编辑人员在策划选题时，要注意广泛收集、积累、研究与本社出书范围有关的信息,注意加强与有关学术、科研、教学、创作等部门和专家、学者的联系,倾听他们的意见,提高策划水平。

第七条 坚持选题论证制度。选题质量的优劣,直接影响图书质量,也影响出版社的整体出版水平。出版社要对选题进行多方面的考察,既要从微观上论证选题的可行性,又要从宏观上考虑各类选题的合理结构,为此要注意以下三点:

(一)选题论证应当坚持以马克思列宁主义、毛泽东思想,邓小平同志建设有中国特色社会主义理论为指导,坚持党的基本路线,贯彻“为人民服务、为社会主义服务、为全党全国工作大局服务”和“百花齐放、百家争鸣”的方针,始终以社会效益为最高准则,在此前提下,注意经济效益,力争做到“两个效益”的最佳结合。使选题论证结果符合质量第一的原则,符合控制总量、优化结构、提高质量、增进效益的总体要求。

(二)要加强调研工作,充分运用各方面的信息资源和群体的知识资源,进行深入的调查研究,研究有关的学术、学科发展状况,了解读者的需求,掌握图书市场的供求情况,使选题的确定建立在准确、可靠、科学的基础上。

(三)坚持民主和集中相结合的论证方法。召开选题论证会议,论证时,人人平等,各抒己见,重科学分析,有理有据,力争取得一致意见。在意见不一致的情况下,由社长或总编辑决定。

第二节 中期保障机制

第八条 坚持稿件三审责任制度。审稿是编辑工作的中心环节,是一种从出版专业角度,对书稿进行科学分析判断的理性活动。因此,在选题获得批准后,要做好编前准备工作,加强与作者的联系。稿件交来后,要切实做好初审、复审和终审工作,三个环节缺一不可。三审环节中,任何两个环节的审稿工作不能同时由一人担任。在三审过程中,始终要注意政治性和政策性问题,同时切实检查稿件的科学性、艺术性和知识性问题。

(一)初审,应由具有编辑职称或具备一定条件的助理编辑人员担任(一般为责任编辑),在审读全部稿件的基础上,主要负责从专业的角度对稿件的社会价值和文化学术价值进行审查,把好政治关、知识关、文字关。要写出初审报告,并对稿件提出取舍意见和修改建议。

(二)复审,应由具有正、副编审职称的编辑室主任一级的人员担任。复审应审读全部稿件,并对稿件质量及初审报告提出复审意见,作出总的评价,并解决初审中提出的问题。

(三)终审,应由具有正、副编审职称的社长、总编辑(副社长、副总编辑)或由社长、总编辑指定的具有正、副编审职称的人员担任(非社长、总编辑终审的书稿意见,要经过社长、总编辑审核),根据初、复审意见,主要负责对稿件的内容,包括思想政治倾向、学术质量、社会效果、是否符合党和国家的政策规定等方面作出评价。如果选题涉及国家安全、社会安定等方面内容,属于应当由主管部门转报国务院出版行政部门备案的重大选题,或初审和复审意见不一致的,终审者应通读稿件,在此基础上,对稿件能否采用作出决定。

第九条 坚持责任编辑制度。图书的责任编辑由出版社指定,一般由初审者担任。除负责初审工作外,还要负责稿件的编辑加工整理和付印样的通读工作,使稿件的内容更完善,体例更严谨,材料更准确,语言文字更通达,逻辑更严密,消除一般技术性差错,防止出现原则性错误;并负责对编辑、设计、排版、校对、印刷等出版环节的质量进行监督。为保证图书质量,也可根据稿件情况,适当增加责任编辑人数。

第十条 坚持责任设计编辑制度和设计方案三级审核制度。图书的整体设计,包括图书外部装帧设计和内文版式设计。设计质量是图书整体质量的重要组成部分。提高图书的整体设计质量,是提高图书质量的重要方面。出版社每出一种书,都要指定一名具有相应专业职称的编辑为责任设计编辑,主要负责提出图书的整体设计方案、具体设计或对委托他人设计的方案和设计的成品质量进行把关。图书的整体设计也要严格执行责任设计编辑、编辑室主任、社长或总编辑(副社长或副总编辑)三级审核制度。

第十一条 坚持责任校对制度和"三校一读"制度。

专业校对是出版流程中不可缺少的环节,直接影响图书的质量。出版社应配备足够的具有专业技术职称的专职校对人员,负责专业校对工作。出版社每出一种书,都要指定一名具有专业技术职称的专职校对人员为责任校对,负责校样的文字技术整理工作,监督检查各校次的质量,并负责付印样的通读工作。一般图书的专业校对应不低于三个校次,重点图书、工具书等,应相应增加校次。终校必须由本社有中级以上专业技术职称的专职校对人员担任。聘请的社外校对人员,必须具有相应的专业技术职称和丰富的校对经验。对采用现代排版技术的图书,还要通读付印软片或软片样。

第十二条 坚持印刷质量标准和《委托书》制度。出版社印制图书必须到有"书报刊印刷许可证"的印装厂印制。印装厂承接图书印刷业务时,必须查验出版社开具的全国统一的由新闻出版署监制的《委托书》,否则,不得承印。印制时必须严格按照国家技术监督部门和出版行政部门制定的有关书刊印刷标准和书刊印刷产品质量监督管理规定执行。

第十三条 坚持图书书名页使用标准。图书书名页是图书正文之前载有完整书名信息的书页,包括主书名页和附书名页。主书名页应载有完整的书名、著作责任说明、版权说明、图书在版编目数据、版本记录等内容;附书名页应载有多卷书、丛书、翻译书等有关书名信息。图书书名页是图书不可缺少的部分,具有重要信息价值。出版社出版的图书必须严格按照国家的有关标准执行。

第十四条 坚持中国标准书号和图书条码使用标准。中国标准书号是目前国际通用的一种科学合理的图书编码系统。条码技术是国际上通行的一种主要的信息标识技术,图书使用条码技术,有利于图书信息在销售中的广泛、快捷地传播、使用。出版社必须严格按照国家标准和有关规定,正确使用中国标准书号和条码技术。

第三节 后期保障机制

第十五条 坚持图书成批装订前的样书检查制度。印装厂在每种书封面和内文印刷完毕、未成批装订前,必须先装订 10 本样书,送出版社查验。出版社负责联系印制的业务人员、责任编辑、责任校对及主管社领导,应从总体上对装订样书的质量进行审核,如发现问题,立即通知印装厂,封存待装订的印成品并进行处理;如无问题,要正式具文通知印装厂开始装订。出版社应在接到样书后 3 日内通知印装厂。印装厂在未接到出版社的通知前,不得擅自将待装订的印成品装订出厂。

第十六条 坚持出书后的评审制度。出版社要成立图书质量评审委员会。评审委员会由具有高级职称的在职或离职的编辑以及社会上的专家学者组成,定期对本社新出版的图书的质量进行认真的审读、评议。出版社根据评议结果,奖优罚劣,并对质量有问题的图书,根据有关规定,进行相应处理。

第十七条 坚持图书征订广告审核制度。出版社法人代表应对本版图书的广告质量负全部责任。出版、发行单位为推销图书印制的征订单和广告,必须事先报出版社审核,经出版社法人指定的部门负责人和责任编辑审核同意并出具书面意见后,才可印制、散发。

第十八条 坚持图书样本缴送制度。出版社每新出一种图书,应在出书后一个月内,按规定分别向新闻出版署、中宣部出版局、中国版本图书馆、北京图书馆缴送样书一册(套)备查。

第十九条 坚持图书重版前审读制度。图书重版有利于扩大图书的社会效益和经济效益,因此,更需要对图书内容质量严格把关。出版社出版的新书首次重版前,必须组织具有高级职称的编辑人员(含具有高级职称的离退休者)对图书内容和质量重新进行审读,写出书面审读意见,由社长或总编辑核定。

第二十条 坚持稿件及图书质量资料归档制度。出版社应将稿件连同图书出版合同、稿件审读意见、稿费通知单、印刷委托书、排印单、样书等一起归档。同时,还必须把图书出版过程中每一环节的质量情况以及读者和学术界对图书质量的意见,书评和各种奖励或处罚情况,采用表格形式记录在案并归档,便于对图书质量整体情况进行分析研究,提高图书出版质量的管理水平。

第二十一条 坚持出版社与作者和读者联系制度。出版社要保持同作者和读者长期、紧密的联系,依靠作者,并在可能的条件下为作者的创作、研究提供必要条件;同时,倾听作者和读者对图书质量的意见,及时改进工作。

第三章 出版管理宏观调控机制

第一节 预报机制

第二十二条 坚持年度选题计划审批和备案制度。各省、自治区、直辖市新闻出版局和出版社的主管部门负有对所辖、所属出版社选题计划的审批责任,必须按有关法规、规定严格把关;同时要送交本省(自治区、直辖市)党委宣传部门备案。经省(自治区、直辖市)新闻出版局和出版社主管部门批准的各出版社的选题计划,必须报新闻出版署备案。新闻出版署可对导向、总量、结构和趋势等问题提出指导性意见，对不符合国家法规、规定的选题进行调整或通知撤销。

第二十三条 坚持重大选题备案制度。对涉及政治、军事、安全、外交、宗教、民族等敏感问题的重大选题和其他需宏观调控的重大选题，必须按照国务院《出版管理条例》和国务院出版行政部门的有关规定履行备案手续。凡列入备案范围内的重大选题，出版社在出版之前，必须报新闻出版署备案，未申报备案或报来后未得到备案答复的，一律不得出版。重大选题备案的一般程序是：先由出版社写出申请报告和对稿件的审读意见（写明没有把握要请示的问题），连同稿件一并报主管部门；主管部门经审读稿件后如认为有出版价值，再正式向新闻出版署申报备案，申报时，应当填写备案登记表并提交下列材料：

（一）备案的报告；

（二）稿件；

（三）出版社的上级主管部门的具体审读意见。

上述备案材料不齐备时，新闻出版署负责备案的部门不予受理。新闻出版署受理备案之后，按照有关规定予以答复。

第二十四条 坚持对全国发排新书目的审核制度。《全国发排新书半月报》是国家出版行政部门及时了解出版信息，掌握出版动态的重要资料。各出版社要按时、认真报送发排新书目，以便于国家出版行政部门审核研究，对倾向性问题，及时发现，及时解决。

第二节 引导机制

第二十五条 坚持出版通气会制度。由中宣部和新闻出版署主持的出版通气会，定期召开，由有关部委、省委宣传部、省（自治区、直辖市）新闻出版局负责同志参加，主要贯彻中央和国务院的新精神，通报出版工作的新情况、新问题，及时对全国的出版工作提出指导意见。

第二十六条 坚持出版法规强化培训制度。针对出版工作中发生的值得注意的新问题,中宣部、新闻出版署召集有关出版社及其党政主管部门的负责人,举办强化培训班,学习出版法规,分析研究问题,制定整改措施。

第二十七条 坚持舆论引导制度。出版行政部门应充分发挥各种新闻传播媒体的宣传引导作用,围绕提高图书质量,通报政策、沟通信息、交流经验、评荐好书、批评坏书。

第二十八条 坚持制定和实施中长期出版规划制度,加强对制定年度选题计划的指导。制订规划的目的是抓导向、抓质量,促进图书出版整体质量的提高,推动出版事业长期、稳定地发展。新闻出版署主要做好国家五年重点图书出版规划、重要门类的选题出版规划以及国家重点出版工程的制定工作。各省、自治区、直辖市新闻出版局和出版社的主管部门也要根据地区、部门的特点和需要,制订好地方和部门出版规划。规划务求精当、突出重点、体现导向。搞好年度选题计划对于提高图书质量十分关键。新闻出版署一般于本年度末对下一年度制定选题计划的指导思想和重点内容提出原则意见。各省、自治区、直辖市新闻出版局和出版社主管部门可结合本地区、本部门实际提出具体实施意见。

第二十九条 坚持出版基金保障制度。在社会主义市场经济条件下,各省、自治区、直辖市新闻出版局和出版社的主管部门以及各出版社要创造条件,面向社会,多渠道筹集资金,建立多层次、多形式的出版基金,发挥经济政策的引导和调控作用,扶持优秀图书的出版。同时要制定科学、可行的基金管理和使用办法。

第三节 约束机制

第三十条 坚持出版社年检登记制度。出版社年检实行“一年一自检,两年一统检”,即每年出版社结合总结工作,自我检查;每两年由新闻出版署组织全国出版社统一检查。统一年检是在学习和总结的基础上,先由出版社进行自查,提出改进工作的措施,写出总结报告,经主管部门审核并提出意见后,报新闻出版署核验批准。经新闻出版署批准合格者,可以办理换证登记手续。不合格者,给予暂缓登记处分,停止其出版业务。暂缓登记期自发文之日起六个月。六个月内,经整改仍达不到年检登记基本条件者,取消其出版社登记资格及出版者前缀号。

第三十一条 坚持书号使用总量宏观调控制度。合理控制书号使用总量,有利于优化选题、调整结构、提高质量,保证重点图书、学术著作的出版,也有利于出版资源的合理配置。各省、自治区、直辖市新闻出版局、出版社主管部门和出版社必须严格执行新闻出版署制定的有关对书号使用总量进行宏观调控的规定。

第三十二条 坚持图书跨省印制审批制度。凡跨省印制的图书,由出版社持印制《委托书》到所在地省、自治区、直辖市新闻出版局办理出省印制手续,再到承印厂所在省(自治区、直辖市)新闻出版局办理进省印制手续。《委托书》必须由两省(自治区、直辖市)新闻出版局分别审核批准,否则承印厂不得承接。

第三十三条 坚持图书售前送审制度。加强对批发、零售样书的售前审核,是有效控制图书负面影响的重要手段之一。图书市场管理部门要严格按照有关规定加强对批发、零售样书的售前审核,不论是批发市场还是零售市场(摊点),凡进场(摊点)销售的图书必须报经当地图书市场管理部门审核,未经报审批准,不得批发、零售;擅自批发、进货销售者,应根据有关规定,给予行政处罚。同时,图书市场管理部门要严格依法办事,提高工作效率。

第四节 监督机制

第三十四条 坚持随机抽样审读制度。各级出版行政部门要有重点、有目的、有针对性地组织有经验、有水平的审读人员,对所辖地区出版社出版的和市场上销售的图书内容进行随机抽样审读,对优秀图书要向读者大力推荐;对有问题的图书要及时处理并向上报告;对倾向性问题要及时向上汇报,向下打招呼。

第三十五条 坚持图书出版定期综合分析制度。各省、自治区、直辖市新闻出版局要对本地区各出版社出版的图书进行跟踪了解,每半年对已出版的图书做一次综合性分析(包括重点书审读情况,出书结构、特点、趋势、问题等),写出书面报告,报新闻出版署。

第三十六条 坚持图书编校、印装质量检查制度。编校、印装质量是图书整体质量的重要组成部分,对图书的社会效益和经济效益产生重要影响。坚持经常性地对图书编校、印装质量进行检查,有利于提高图书的整体质量。各出版社和主管部门要根据国家制定的图书质量管理规定,每年至少分别进行两次图书编校、印装质量检查。新闻出版署也将每年不定期对部分图书进行抽样检查。对不合格的图书或不合格图书的比例超过规定标准的出版社,按有关规定进行处罚。

第三十七条 坚持图书市场的动态监测制度。巩固和完善图书市场动态监测网络,有利于图书市场朝着健康、有序的方向发展,各地图书市场管理部门要密切配合,做到信息准确,反映灵敏,措施有力。

第五节 奖惩机制

第三十八条 坚持优秀图书奖励制度。奖励优秀图书,有利于调动广大出版工作者的积极性,有利于向广大读者推荐优秀图书,从而促进图书质量的提高。各级出版行政部门和出版社,应严格执行中央和国务院有关图书评奖的规定,并认真做好优秀图书评奖工作。特别是中央宣传部精神文明建设“五个一工程”的“一本好书奖”和新闻出版署主办的国家级政府奖“国家图书奖”及中国出版工作者协会组织的“中国图书奖”的评选工作。同时,各省、自治区、直辖市新闻出版局和有关部门也可根据有关规定开展地区和部门内的优秀图书评奖活动，并使之制度化。

第三十九条 坚持优秀编辑出版人员表彰制度。编辑队伍是提高图书质量的主力军。新闻出版署、人事部每五年评选一次“出版系统先进集体、先进工作者（劳动模范）”；中国出版工作者协会每两年评选一次“百佳出版工作者”，每五年评选一次“韬奋奖”。各级出版行政部门要分层次、分门类定期做好编辑出版人员的表彰工作，充分调动编辑出版人员的积极性，鼓励他们不断提高自身的思想和业务水平。

第四十条 坚持优秀和良好出版社表彰制度。在全国出版社年检的基础上，评选出优秀出版社和良好出版社，予以表彰，对鼓励出版社坚持正确出版方向，提高图书质量，办出特色具有重要意义。每次全国统一年检结束后，评选出良好出版社，然后在良好出版社中，评选出优秀出版社。对受到表彰后出现问题的出版社，一经查实，立即取消其荣誉称号。

第四十一条 坚持对违规出版社和责任人的处罚制度。本着依法管理，有法必依，违法必究的原则，对出版违反国家法律、法规和出版行政管理规定的图书的出版社和责任人要严肃处理。各级出版行政部门要切实负起责任，除对违规图书根据定性作出处理外，对出版社则根据所犯错误的性质，依据有关法规和规定作出行政处罚，处罚包括：批评、警告、没收利润、罚款、停止某一编辑室业务、停止某一类图书出版权、全社停业整顿、吊销社号；对因渎职导致出版坏书，出版社被停业整顿或被吊销社号的，出版社有关责任人必须调离出版业务岗位，有关领导者不得再担任出版社领导职务。对构成犯罪的，要依法追究刑事责任。

第六节 责任机制

第四十二条 坚持分级管理责任制度。各级出版行政部门，肩负着党和政府赋予的重要管理职责，应尽职尽责，做好管理工作。一旦出现问题，涉及哪一级，就追究哪一级部门的领导责任。坚决杜绝那种日常管理不负责任，出了问题推卸责任的现象。

第四十三条 坚持主管、主办单位负责制。主管、主办单位对所属出版社负有直接领导责任，必须切实承担起管理的职责。要指定部门，并配备合格的管理人员，既要指导、监督所属出版社自觉按照党和国家的方针、政策，多出好书，同时也要为出版社出好书提供必要的条件。

第四十四条 坚持出版社业务人员持证上岗制度。出版行政部门应根据国家制定的有关出版从业人员（包括出版社负责人、编辑、校对等）资格认定标准和业绩考核办法，定期、分层次、分类别对出版社的业务人员进行资格认定和业绩考核，考核前先培训，合格者，持证上岗；不合格者，要下岗再培训，经再培训考核仍不合格者，调离业务岗位。

第四章 社会监督机制

第四十五条 坚持出版行业协会监督制度。出版行业协会是出版行政部门的有力补充。中国出版工作者协会、中国编辑学会、中国书刊业发行协会、中国印刷技术协会以及其他专业协会和各地相应的团体，都应根据各自的特点建立和完善行规行约，从保护会员合法权益和履行应尽义务的角度，在图书质量保障方面，做好自我约束和调研、咨询、协调、监督工作，形成网络。

第四十六条 坚持社会团体监督制度。各种群众团体、学术组织集中了社会各方面的人才，代表着社会上广大群众的利益，反映各阶层群众的呼声。出版行政部门，出版社主管部门和出版社要紧紧依靠他们，同他们建立固定的联系渠道，主动征求、随时听取他们对提高图书质量的意见、建议，不断改进工作。

第四十七条 坚持读者投诉反馈制度。广大读者既是对图书质量进行社会监督的主要力量,也是出版行政部门搞好宏观调控的社会基础。出版行政部门要充分重视和发挥读者的监督作用,认真对待读者对图书质量问题的投诉,本着实事求是、真诚负责的态度,对质量不合格的图书,要按有关规定坚决处理。出版社有义务解决读者投诉提出的问题并予以回复,使读者满意。

第四十八条 坚持社会舆论监督制度。出版行政部门和出版社对社会各界人士通过各种媒介对图书质量发表的意见要予以高度重视,充分发挥社会舆论的监督作用,对维护良好的出版秩序,依法进行出版行政管理具有重要意义。特别是在社会主义市场经济条件下,有利于抵制部门和地方保护主义对图书质量保障体系的干扰,防止出版行政部门在行使管理职权时,有法不依、滥用职权,甚至执法犯法。

第五章 附 则

第四十九条 本体系由新闻出版署制定并负责解释。各省、自治区、直辖市新闻出版局、出版社的主管部门和出版社可根据本体系的有关原则,制定本地区、本部门和本社的具体实施细则,并报新闻出版署备案。

第五十条 本体系自发布之日起生效。

图书质量管理规定

（2004 年 12 月 24 日中华人民共和国新闻出版总署令第 26 号公布）

第一条 为建立健全图书质量管理机制，规范图书出版秩序，促进图书出版业的繁荣和发展，保护消费者的合法权益，根据《中华人民共和国产品质量法》和国务院《出版管理条例》，制定本规定。

第二条 本规定适用于依法设立的图书出版单位出版的图书的质量管理。

出版时间超过十年且无再版或者重印的图书，不适用本规定。

第三条 图书质量包括内容、编校、设计、印制四项，分为合格、不合格两个等级。

内容、编校、设计、印制四项均合格的图书，其质量属合格。内容、编校、设计、印制四项中有一项不合格的图书，其质量属不合格。

第四条 符合《出版管理条例》第二十六、二十七条规定的图书，其内容质量属合格。

不符合《出版管理条例》第二十六、二十七条规定的图书，其内容质量属不合格。

第五条 差错率不超过万分之一的图书，其编校质量属合格。

差错率超过万分之一的图书，其编校质量属不合格。

图书编校质量差错的判定以国家正式颁布的法律法规、国家标准和相关行业制定的行业标准为依据。图书编校质量差错率的计算按照本规定附件《图书编校质量差错率计算方法》执行。

第六条 图书的整体设计和封面(包括封一、封二、封三、封底、勒口、护封、封套、书脊)、扉页、插图等设计均符合国家有关技术标准和规定,其设计质量属合格。

图书的整体设计和封面(包括封一、封二、封三、封底、勒口、护封、封套、书脊)、扉页、插图等设计中有一项不符合国家有关技术标准和规定的,其设计质量属不合格。

第七条 符合中华人民共和国出版行业标准《印刷产品质量评价和分等导则》(CY/T 2—1999)规定的图书,其印制质量属合格。

不符合中华人民共和国出版行业标准《印刷产品质量评价和分等导则》(CY/T 2—1999)规定的图书,其印制质量属不合格。

第八条 新闻出版总署负责全国图书质量管理工作,依照本规定实施图书质量检查,并向社会及时公布检查结果。

第九条 各省、自治区、直辖市新闻出版行政部门负责本行政区域内的图书质量管理工作,依照本规定实施图书质量检查,并向社会及时公布检查结果。

第十条 图书出版单位的主办单位和主管机关应当履行其主办、主管职能,尽其责任,协助新闻出版行政部门实施图书质量管理,对不合格图书提出处理意见。

第十一条 图书出版单位应当设立图书质量管理机构,制定图书质量管理制度,保证图书质量合格。

第十二条 新闻出版行政部门对图书质量实施的检查包括:图书的正文、封面(包括封一、封二、封三、封底、勒口、护封、封套、书脊)、扉页、版权页、前言(或序)、后记(或跋)、目录、插图及其文字说明等。正文部分的抽查必须内容(或页码)连续且不少于10万字,全书字数不足10万字的必须检查全书。

第十三条 新闻出版行政部门实施图书质量检查,须将审读记录和检查结果书面通知出版单位。出版单位如有异议,可以在接到通知后 15 日内提出申辩意见，请求复检。对复检结论仍有异议的，可以向上一级新闻出版行政部门请求裁定。

第十四条 对在图书质量检查中被认定为成绩突出的出版单位和个人，新闻出版行政部门给予表扬或者奖励。

第十五条 对图书内容违反《出版管理条例》第二十六、二十七条规定的，根据《出版管理条例》第五十六条实施处罚。

第十六条 对出版编校质量不合格图书的出版单位，由省级以上新闻出版行政部门予以警告，可以根据情节并处 3 万元以下罚款。

第十七条 经检查属编校质量不合格的图书，差错率在万分之一以上万分之五以下的，出版单位必须自检查结果公布之日起 30 天内全部收回，改正重印后可以继续发行；差错率在万分之五以上的，出版单位必须自检查结果公布之日起 30 天内全部收回。

出版单位违反本规定继续发行编校质量不合格图书的，由省级以上新闻出版行政部门按照《中华人民共和国产品质量法》第五十条的规定处理。

第十八条 对于印制质量不合格的图书，出版单位必须及时予以收回、调换。

出版单位违反本规定继续发行印制质量不合格图书的，由省级以上新闻出版行政部门按照《中华人民共和国产品质量法》第五十条的规定处理。

第十九条 一年内造成三种以上图书不合格或者连续两年造成图书不合格的直接责任者，由省、自治区、直辖市新闻出版行政部门注销其出版专业技术人员职业资格，三年之内不得从事出版编辑工作。

第二十条 本规定自 2005 年 3 月 1 日起实施。新闻出版署于 1997 年 3 月 3 日公布的《图书质量管理规定》同时停止执行。

附件:图书编校质量差错率计算方法

一、图书编校差错率

图书编校差错率,是指一本图书的编校差错数占全书总字数的比率,用万分比表示。实际鉴定时,可以依据抽查结果对全书进行认定。如检查的总字数为 10 万,检查后发现两个差错,则其差错率为 0.2/10000。

二、图书总字数的计算方法

图书总字数的计算方法,一律以该书的版面字数为准,即:总字数=每行字数×每面行数×总面数。

1.除环衬等空白面不计字数外,凡连续编排页码的正文、目录、辅文等,不论是否排字,均按一面满版计算字数。分栏排版的图书,各栏之间的空白也计算版面字数。

2.书眉(或中缝)和单排的页码、边码作为行数或每行字数计入正文,一并计算字数。

3.索引、附录等字号有变化时,分别按实际版面计算字数。

4.用小号字排版的脚注文字超过 5 行不足 10 行的,该面按正文满版字数加 15%计算;超过 10 行的,该面按注文满版计算字数。用小号字排版的夹注文字,可采用折合行数的方法,比照脚注文字进行计算。

5.封一、封二、封三、封底、护封、封套、扉页,除空白面不计以外,每面按正文满版字数的 50%计算;版权页、书脊、有文字的勒口,各按正文的一面满版计算。

6.正文中的插图、表格,按正文的版面字数计算;插图占一面的,按正文满版字数的 20%计算字数。

7.以图片为主的图书,有文字说明的版面,按满版字数的 50%计算;没有文字说明的版面,按满版字数的 20%计算。

8.乐谱类图书、地图类图书,按满版字数全额计算。

9.外文图书、少数民族文字图书,拼音图书的拼音部分,以对应字号的中文满版字数加 30%计算。

三、图书编校差错的计算方法

1.文字差错的计算标准

(1)封底、勒口、版权页、正文、目录、出版说明(或凡例)、前言(或序)、后记(或跋)、注释、索引、图表、附录、参考文献等中的一般性错字、别字、多字、漏字、倒字,每处计 1 个差错。前后颠倒字,可以用一个校对符号改正的,每处计 1 个差错。书眉(或中缝)中的差错,每处计 1 个差错;同样性质的差错重复出现,全书按一面差错基数加 1 倍计算。阿拉伯数字、罗马数字差错,无论几位数,都计 1 个差错。

(2)同一错字重复出现,每面计 1 个差错,全书最多计 4 个差错。每处多、漏 2~5 个字,计 2 个差错,5 个字以上计 4 个差错。

(3)封一、扉页上的文字差错,每处计 2 个差错;相关文字不一致,有一项计 1 个差错。

(4)知识性、逻辑性、语法性差错,每处计 2 个差错。

(5)外文、少数民族文字、国际音标,以一个单词为单位,无论其中几处有错,计 1 个差错。汉语拼音不符合《汉语拼音方案》和《汉语拼音正词法基本规则》(GB/T 16159—1996)规定的,以一个对应的汉字或词组为单位,计 1 个差错。

(6)字母大小写和正斜体、黑白体误用,不同文种字母混用的(如把英文字母 N 错为俄文字母 И),字母与其他符号混用的(如把汉字的〇错为英文字母 O),每处计 0.5 个差错;同一差错在全书超过 3 处,计 1.5 个差错。

(7)简化字、繁体字混用,每处计 0.5 个差错;同一差错在全书超过 3 个,计 1.5 个差错。

(8)工具书的科技条目、科技类教材、学习辅导书和其他科技图书，使用计量单位不符合国家标准《量和单位》（GB 3100—3102—1993）的中文名称的、使用科技术语不符合全国科学技术名词审定委员会公布的规范词的，每处计 1 个差错；同一差错多次出现，每面只计 1 个差错，同一错误全书最多计 3 个差错。

（9）阿拉伯数字与汉语数字用法不符合《出版物上数字用法的规定》（GB/T 15835—1995）的，每处计 0.1 个差错。全书最多计 1 个差错。

2.标点符号和其他符号差错的计算标准

（1）标点符号的一般错用、漏用、多用，每处计 0.1 个差错。

（2）小数点误为中圆点，或中圆点误为小数点的，以及冒号误为比号，或比号误为冒号的，每处计 0.1 个差错。专名线、着重点的错位、多、漏，每处计 0.1 个差错。

（3）破折号误为一字线、半字线，每处计 0.1 个差错。标点符号误在行首、行末的，每处计 0.1 个差错。

（4）外文复合词、外文单词按音节转行，漏排连接号的，每处计 0.1 个差错；同样差错在每面超过 3 个，计 0.3 个差错，全书最多计 1 个差错。

（5）法定计量单位和符号，科学技术各学科中的科学符号、乐谱符号等差错，每处计 0.5 个差错；同样差错同一面内不重复计算，全书最多计 1.5 个差错。

（6）图序、表序、公式序等标注差错，每处计 0.1 个差错；全书超过 3 处，计 1 个差错。

3.格式差错的计算标准

（1）影响文意，不合版式要求的另页、另面、另段、另行、接排、空行，需要空行、空格而未空的，每处计 0.1 个差错。

（2）字体错、字号错或字体、字号同时错，每处计 0.1 个差错；同一面内不重复计算，全书最多计 1 个差错。

（3）同一面上几个同级标题的位置、转行格式不统一且影响理解的,计 0.1 个差错;需要空格而未空格的,每处计 0.1 个差错。

(4)阿拉伯数字、外文缩写词转行的,外文单词未按音节转行的,每处计 0.1 个差错。

(5)图、表的位置错,每处计 1 个差错。图、表的内容与说明文字不符,每处计 2 个差错。

(6)书眉单双页位置互错,每处计 0.1 个差错,全书最多计 1 个差错。

(7)正文注码与注文注码不符,每处计 0.1 个差错。

关于规范图书出版单位辞书出版业务范围的若干规定

（新闻出版总署　2006年3月10日　新出图〔2006〕232号）

为提高辞书出版质量，规范辞书出版秩序，维护读者权益，依据《出版管理条例》，特制定《关于规范图书出版单位辞书出版业务范围的若干规定》，以下简称《规定》。

一、辞书包括语文类辞书、专科类辞书、综合类辞书。专科类辞书根据专业分工原则，继续由相应的专业出版社出版。语文类辞书中少数民族文字与汉语对照辞书由各民族出版社负责出版。本《规定》所调整的辞书出版业务范围是指除专科类辞书、少数民族文字与汉语对照辞书以外的辞书出版业务。

二、自本《规定》实施之日起，出版业务范围中无辞书出版业务，但超范围出版辞书的图书出版单位，一律停止辞书出版、发行业务。已出版辞书经过省、自治区、直辖市新闻出版行政部门和新闻出版总署质量检查为合格的，方可继续发行。正在编辑加工的辞书，一律中止活动，经新闻出版总署批准同意增加辞书出版业务后，方可继续出版、发行。

三、自本《规定》实施之日起，出版业务范围中无辞书出版业务的图书出版单位，申请增加辞书出版业务的，可依照《出版管理条例》第十七条向新闻出版总署提出申请。新闻出版总署自收到申请之日起九十日内，作出批准或不批准的决定，并书面通知主办单位；不批准的，应当说明理由。

四、申请增加辞书出版业务的图书出版单位，必须具备如下条件：

(一)必须具备足够的编辑出版力量,原则上需成立专门的辞书编辑室,辞书编辑室的编辑人员不少于五名,其中具有高级职称的不少于一名;

(二)辞书编辑室的编辑人员,必须通过汉语、英语等相关语言学专业学习,获得本科以上学历或同等学力,参加过新闻出版总署组织的辞书出版业务培训,并通过考核,获得持证上岗资格;

(三)在图书质量方面,五年内无被省、自治区、直辖市新闻出版行政部门和新闻出版总署处罚的记录。

五、申请增加辞书出版业务的图书出版单位,应提交以下申请材料:

(一)申请书;

(二)辞书编辑人员的职业资格证书、学历证明、辞书出版业务培训证明;

(三)省、自治区、直辖市新闻出版行政部门的审核意见。

六、自本《规定》实施之日起,出版业务范围中有辞书出版业务的图书出版单位,由新闻出版总署对其进行辞书质量检查。对辞书质量不合格或所出辞书中存在抄袭、剽窃等侵犯著作权行为的出版单位,可以视其情节轻重,给予暂停其辞书出版业务两年或直接撤消其辞书出版业务的处罚。

七、本《规定》同样适用于由图书出版单位出版的与纸介质辞书配套的电子辞书、光盘辞书等。

八、本《规定》自二〇〇六年五月一日起施行。

图书、期刊、音像制品、电子出版物重大选题备案办法

（新闻出版署　1997年10月10日　新出图〔1997〕860号）

第一条　根据《出版管理条例》第十九条的规定，为了实施图书、音像制品、电子出版物重大选题备案制度，制定本办法。

第二条　凡列入备案范围内的重大选题，图书、音像制品、电子出版物出版单位在出版之前，必须依照本办法报新闻出版署备案。未经备案的，不得出版发行。

第三条　本办法所称重大选题，是指涉及国家安全、社会安定等方面的内容，对国家的政治、经济、文化、军事等会产生较大影响的选题，具体包括：

（一）有关党和国家的重要文件、文献选题；

（二）有关党和国家曾任和现任主要领导人的著作、文章以及有关其生活和工作情况的选题；

（三）涉及党和国家秘密的选题；

（四）集中介绍政府机构设置和党政领导干部情况的选题；

（五）涉及民族问题和宗教问题的选题；

（六）涉及我国国防建设及我军各个历史时期的战役、战斗、工作、生活和重要人物的选题；

（七）涉及“文化大革命”的选题；

（八）涉及中共党史上的重大历史事件和重要历史人物的选题；

（九）涉及国民党上层人物和其他上层统战对象的选题；

（十）涉及苏联、东欧以及其他兄弟党和国家重大事件和主要

领导人的选题；

（十一）涉及中国国界的各类地图选题；

（十二）涉及香港特别行政区和澳门、台湾地区图书的选题；

（十三）大型古籍白话今译的选题（指 500 万字以及 500 万字以上的项目）；

（十四）引进版动画读物的选题；

（十五）以单位名称、通讯地址等为内容的各类"名录"的选题。

前款所列重大选题的范围，新闻出版署将根据情况适时予以调整并另行公布。

第四条 出版单位向新闻出版署申报重大选题备案时，应当填写备案登记表并提交下列材料：

（一）备案申请报告；

（二）选题、书稿、文章、图片或者样片、样带；

（三）出版单位的上级主管部门或所在地党委宣传部门的审核意见。

前款备案材料不齐备时，不予受理。

本条所称出版单位的上级主管部门，是指：（一）中央各部门的出版社，其主管部门是中共中央和国务院各部委、各民主党派和人民团体；（二）解放军系统的出版单位，其主管部门是解放军总政治部宣传部；（三）属地方的出版单位，其主管部门是所在地省级新闻出版局或音像出版行政管理部门。

第五条 新闻出版署自决定受理备案之日起 30 日内，对备案申请予以答复或者提出意见，逾期未予答复或者提出意见的，备案即自动生效。

第六条 新闻出版署对备案的重大选题进行审核，必要时可以转请有关部门协助审核。

第七条 出版单位违反本办法，未经备案出版属于重大选题范围内的出版物的，由省级新闻出版局或新闻出版署责成其上级主管部门对出版单位的主要负责人员给予行政处分；停止出版、发行该出版物，并责令该出版单位按照本办法的规定办理申报备案手续；违反《出版管理条例》的，依照有关规定处罚。

第八条 根据《出版管理条例》的精神和期刊出版中存在的问题，本办法适用于期刊中涉及的重大选题。

第九条 本办法自发布之日起施行。

关于重申对出版反映党和国家主要领导人工作和生活情况图书加强管理的紧急通知

（新闻出版署　1997 年 1 月 24 日　新出图〔1997〕15 号）

出版反映党和国家主要领导人工作和生活情况的图书，是一项政治性很强的工作，必须十分慎重、严肃对待，必须严格执行中央和国家主管部门的有关规定。最近，个别出版社违反规定，未经专题报批，出版这类图书，在社会上造成不良影响。为严肃出版纪律，我署将于近期对已出版的反映党和国家主要领导人工作和生活情况的图书进行一次全面检查，凡违反规定的，严肃处理。现根据《关于对描写党和国家主要领导人的出版物加强管理的规定》（中宣发文〔1990〕5 号、〔90〕新出图字第 551 号）、《关于发表和出版有关党和国家主要领导人工作和生活情况作品的补充规定》（中宣发文〔1993〕5 号）、《关于出版反映党和国家主要领导人工作和生活情况的摄影画册的规定》（新出图〔1995〕215 号）等有关规定，经中央宣传部同意，重申如下：

一、反映现任或曾任党中央政治局常委，国家主席、副主席，国务院总理，中央军委主席，全国人大常务委员会委员长，全国政协主席工作和生活情况的图书必须专题报批。上述领导人的身边工作人员、战友和子女、亲属撰写的作品中有涉及党和国家主要领导人工作和生活情况的内容的，也必须专题报批。

二、反映党和国家主要领导人工作和生活情况的图书包括：专著、传记、回忆录、纪实文学、报告文学、摄影画册、图片以及有关作品的汇编集等。

三、反映党和国家主要领导人工作和生活情况的图书，只能由国家指定的出版社按专业分工范围出版，其他出版社一律不得安排出版。

四、出版反映党和国家主要领导人工作和生活情况的图书，必须严格执行专题申报、审批制度。中央和国家有关部委所属出版社，须将选题和稿件报主管部门审核并提出意见后，报送新闻出版署审批；地方出版社，须将选题和稿件报省、自治区、直辖市新闻出版局审核并提出意见，经省、自治区、直辖市党委宣传部同意后，报新闻出版署审批。新闻出版署在审批过程中，必要时可视不同情况，分别送中央宣传部、中央文献研究室、中央党史研究室和军事科学院等部门协助审核。凡出版反映健在的党和国家主要领导人工作和生活情况的图书，必须征得本人同意才能出版。

五、严禁用党和国家主要领导人的形象和声誉作广告或变相作广告。

六、凡宣传地方、行业、部门及企事业单位发展业绩的图书，内容涉及党和国家主要领导人的，不论是否正式出版、公开发行，均应按照有关规定申报、审批。

七、严禁采用买卖书号，或变相买卖书号、协作出版等方式出版反映党和国家主要领导人工作和生活情况的图书。严禁借出版反映党和国家主要领导人工作和生活情况的图书，向有关单位收取任何费用。

八、违反规定未经报批出版这类图书的，除对图书作出处理外，还将追究有关出版社负责人的责任。

九、出版社不出示新闻出版署的批准件，印刷单位不得承印这类图书，违者，从严处罚，并追究印刷单位负责人的责任。

十、出版社不出示新闻出版署的批准件，任何单位不得征订并批销这类图书，违者，从严处罚，并追究有关征订和批销单位负责人的责任。

十一、各省、自治区、直辖市新闻出版局接到本通知后应立即组织人员对所属出版社和本地图书市场出版和销售的这类图书进行一次全面检查，凡违反规定未经报批出版的，一律停售、封存；全国各出版社接到本通知后，应按照有关规定，立即进行一次自查，对违反规定未经报批出版的这类图书，主动停售、封存，并写出检查报告，经主管部门审核提出意见后，于 1997 年 2 月底前报新闻出版署作出处理。逾期不报者，从重处罚。

本通知由各省、自治区、直辖市新闻出版局转发所辖地区各有关单位和出版社。

中小学教辅材料管理办法

(2015年8月3日国家新闻出版广电总局　教育部　国家发展改革委印发)

一、为规范中小学教辅材料管理,切实减轻中小学生过重课业负担和学生家长的经济负担,根据《中华人民共和国著作权法》《中华人民共和国教育法》《中华人民共和国义务教育法》《中华人民共和国价格法》《出版管理条例》等法律法规及国务院有关规定,制定本办法。

二、本办法所称中小学教辅材料是指与教科书配套,供中小学生使用的各种学习辅导、考试辅导等出版物,包括:教科书同步练习类出版物,寒暑假作业类出版物,中小学习题、试卷类出版物,省级以上新闻出版行政主管部门认定的其他供中小学生使用的学习、考试辅导类出版物。其产品形态包括图书、报纸、期刊、音像制品、电子出版物等。

三、中小学教辅材料编写出版管理

(一)出版单位出版中小学教辅材料必须符合依法批准的出版业务范围。

(二)中小学教辅材料出版单位要严格规范对外合作行为,严禁任何形式的买卖书号、刊号、版号和一号多用等违法违规行为。

(三)教辅材料主要编写者应当具有相关学科教学经验且熟悉相关教材;各级行政主管部门和负责实施考试命题、监测评价的单位不得组织编写有偿使用的同步练习册、寒暑假作业、初中和高中毕业年级考试辅导类中小学教辅材料。

(四)鼓励有条件的单位组织开发供学生免费使用的教学辅

助资源。

四、中小学教辅材料印刷复制管理

（一）出版单位应优先选择通过绿色印刷合格评定的印刷企业印制中小学教辅材料。

（二）出版物印刷复制单位在承接中小学教辅材料印制业务时，必须事先核验出版单位的委托印制手续，手续不齐或无效的一律不得承接。

五、中小学教辅材料发行管理

（一）中小学教辅材料须由新闻出版行政主管部门依法批准、取得《出版物经营许可证》的发行单位发行。未经批准，任何部门、单位和个人一律不得从事中小学教辅材料的发行。

（二）中小学教辅材料出版发行单位不得委托不具备发行资质的部门、单位和个人发行中小学教辅材料。

（三）在中小学教科书发行中，不得搭售中小学教辅材料。

六、中小学教辅材料质量管理

（一）中小学教辅材料出版、印制质量必须符合《中华人民共和国产品质量法》《图书质量管理规定》等有关法律规定，符合国家标准、行业标准及其他规范要求。

（二）中小学教辅材料出版、印制单位应当建立内部质量管理制度，完善中小学教辅材料质量管理机制。

（三）各省、自治区、直辖市新闻出版行政主管部门负责对本行政区域内出版发行的中小学教辅材料质量进行监督检查。

七、中小学教辅材料评议管理

（一）各省、自治区、直辖市教育行政主管部门会同新闻出版行政主管部门、价格主管部门加强对中小学教辅材料使用的指导，组织成立中小学教辅材料评议委员会，下设学科组。学科组负责按照教科书选用程序对进入本地区中小学校的教辅材料进行初评排序，并提出初选意见，提交中小学教辅材料评议委员会审议后进行公告。

（二）中小学教辅材料评议推荐的种类主要是与本地区使用的教科书配套的同步练习册，也可根据教学需要评议推荐寒暑假作业、初中和高中毕业年级考试辅导类教辅材料。凡评议推荐的教辅材料应控制内容容量，避免增加学生负担。中小学教辅材料评议推荐的学科、年级由省级教育行政主管部门确定。一个学科每个版本教科书配套同步练习册送评数少于3种的，该版本该学科不予评议。

提供学生免费使用教辅材料的地方可自行确定使用教辅材料的种类和范围，但应符合《中华人民共和国政府采购法》有关规定。

（三）教辅材料评议委员会要确保专业性和代表性。教辅材料的评议推荐要做到机会均等、过程透明、程序公正。教辅材料编写人员和被评议的教辅材料出版人员不得参加教辅材料评议推荐工作。

（四）省级教辅材料评议公告结果报教育部备案，抄送国家新闻出版广电总局、国家发展改革委、国务院纠风办。

八、中小学教辅材料选用管理

（一）中小学教辅材料的购买与使用实行自愿原则。任何部门和单位不得以任何形式强迫中小学校或学生订购教辅材料。

（二）各地市教材选用委员会根据当地教育实际和教科书使用情况，按照教科书选用的程序，从本省中小学教辅材料评议公告目录中，一个学科每个版本直接为各县（区）或学校推荐1套教辅材料供学生选用。地市教辅材料推荐结果报省级教育行政主管部门备案。

（三）学生自愿购买本地区评议公告目录内的中小学教辅材料并申请学校代购的，学校可以统一代购，但不得从中牟利。其他教辅材料由学生和家长自行在市场购买，学校不得统一征订或提供代购服务。

（四）任何单位和个人不得进入学校宣传、推荐和推销任何教辅材料。

九、中小学教辅材料价格管理

（一）各省、自治区、直辖市评议公告目录内的教辅材料价格管理按国家有关规定执行。

各省、自治区、直辖市物价主管部门要会同新闻出版行政主管部门，加强对列入本地区评议公告目录的教辅材料价格监管。

（二）对各省、自治区、直辖市评议公告目录以外的教辅材料，由出版单位自主定价。在每学期开学前，出版单位要在本单位互联网页显著位置，向社会公开所出版的所有中小学教辅材料价格情况，包括开本、印张数、印张单价、零售价格等情况，主动接受社会监督。

十、从事中小学教辅材料编写、出版、印制、发行活动的单位或个人须严格遵守《中华人民共和国著作权法》等有关法律法规，不得侵害著作权人的合法权益。

使用他人享有著作权的教科书等作品编写出版同步练习册等教辅材料，应依法取得著作权人的授权。

十一、中小学教辅材料监督管理

国家新闻出版广电总局、教育部、国家发展改革委及各省、自治区、直辖市新闻出版行政主管部门、教育行政主管部门、价格主管部门建立健全监督管理制度，接受社会监督。对群众举报和反映的有关教辅材料出版、印制、发行、使用和价格中的违规情况，由各级新闻出版行政主管部门、教育行政主管部门、价格主管部门根据本办法并按各自的管理职责调查处理。

（一）对违反本办法从事中小学教辅材料出版、印刷复制、发行活动的单位或个人，由新闻出版行政主管部门责令其纠正违法行为，依法给予行政处罚，按照相关规定追究有关单位和人员的行政责任。

(二)对违反本办法,强制或变相强制学校或学生购买教辅材料、不按规定代购、从代购教辅材料中收取回扣的单位和个人,由上级教育行政主管部门责令其纠正违规行为,按照相关规定追究有关单位和人员的行政责任。

(三)对违反本办法,擅自或变相提高进入评议公告目录的教辅材料定价标准的,由价格主管部门依照《价格法》、《价格违法行为行政处罚规定》有关法律法规给予处罚,追究有关人员和单位的行政责任。

(四)违反本办法构成犯罪的,由司法机关依法追究刑事责任。

十二、各地要建立工作经费保障机制,确保有关工作顺利开展。

十三、本办法由国家新闻出版广电总局、教育部、国家发展改革委按照行政管理职责负责解释。

十四、本办法自 2015 年 10 月 1 日起施行,2001 年印发的《中小学教辅材料管理办法》(新出联〔2001〕8 号)、《新闻出版总署 教育部关于〈中小学教辅材料管理办法〉的实施意见》(新出联〔2001〕26 号)同时废止。此前与本办法规定不一致的以本办法为准。

期刊出版管理规定

（2005 年 9 月 30 日中华人民共和国新闻出版总署令第 31 号公布）

第一章　总　　则

第一条　为了促进我国期刊业的繁荣和发展，规范期刊出版活动，加强期刊出版管理，根据国务院《出版管理条例》及相关法律法规，制定本规定。

第二条　在中华人民共和国境内从事期刊出版活动，适用本规定。

期刊由依法设立的期刊出版单位出版。期刊出版单位出版期刊，必须经新闻出版总署批准，持有国内统一连续出版物号，领取《期刊出版许可证》。

本规定所称期刊又称杂志，是指有固定名称，用卷、期或者年、季、月顺序编号，按照一定周期出版的成册连续出版物。

本规定所称期刊出版单位，是指依照国家有关规定设立，经新闻出版总署批准并履行登记注册手续的期刊社。法人出版期刊不设立期刊社的，其设立的期刊编辑部视为期刊出版单位。

第三条　期刊出版必须坚持马克思列宁主义、毛泽东思想、邓小平理论和“三个代表”重要思想，坚持正确的舆论导向和出版方向，坚持把社会效益放在首位、社会效益和经济效益相统一的原则，传播和积累有益于提高民族素质、经济发展和社会进步的科学技术和文化知识，弘扬中华民族优秀文化，促进国际文化交流，丰富人民群众的精神文化生活。

第四条 期刊发行分公开发行和内部发行。

内部发行的期刊只能在境内按指定范围发行，不得在社会上公开发行、陈列。

第五条 新闻出版总署负责全国期刊出版活动的监督管理工作，制定并实施全国期刊出版的总量、结构、布局的规划，建立健全期刊出版质量评估制度、期刊年度核验制度以及期刊出版退出机制等监督管理制度。

地方各级新闻出版行政部门负责本行政区域内的期刊出版活动的监督管理工作。

第六条 期刊出版单位负责期刊的编辑、出版等期刊出版活动。

期刊出版单位合法的出版活动受法律保护。任何组织和个人不得非法干扰、阻止、破坏期刊的出版。

第七条 新闻出版总署对为我国期刊业繁荣和发展做出突出贡献的期刊出版单位及个人实施奖励。

第八条 期刊出版行业的社会团体按照其章程，在新闻出版行政部门的指导下，实行自律管理。

第二章 期刊创办和期刊出版单位设立

第九条 创办期刊、设立期刊出版单位，应当具备下列条件：

(一)有确定的、不与已有期刊重复的名称；

(二)有期刊出版单位的名称、章程；

(三)有符合新闻出版总署认定条件的主管、主办单位；

(四)有确定的期刊出版业务范围；

(五)有 30 万元以上的注册资本；

(六)有适应期刊出版活动需要的组织机构和符合国家规定资格条件的编辑专业人员；

（七）有与主办单位在同一行政区域的固定的工作场所；

（八）有确定的法定代表人或者主要负责人，该法定代表人或者主要负责人必须是在境内长久居住的中国公民；

（九）法律、行政法规规定的其他条件。

除前款所列条件外，还须符合国家对期刊及期刊出版单位总量、结构、布局的总体规划。

第十条 中央在京单位创办期刊并设立期刊出版单位，经主管单位审核同意后，由主办单位报新闻出版总署审批。

中国人民解放军和中国人民武装警察部队系统创办期刊并设立期刊出版单位，由中国人民解放军总政治部宣传部新闻出版局审核同意后报新闻出版总署审批。

其他单位创办期刊并设立期刊出版单位，经主管单位审核同意后，由主办单位向所在地省、自治区、直辖市新闻出版行政部门提出申请，省、自治区、直辖市新闻出版行政部门审核同意后，报新闻出版总署审批。

第十一条 两个以上主办单位合办期刊，须确定一个主要主办单位，并由主要主办单位提出申请。

期刊的主要主办单位应为其主管单位的隶属单位。期刊出版单位和主要主办单位须在同一行政区域。

第十二条 创办期刊，设立期刊出版单位，由期刊出版单位的主办单位提出申请，并提交以下材料：

（一）按要求填写的《期刊出版申请表》；

（二）主管单位、主办单位的有关资质证明材料；

（三）拟任出版单位法定代表人或主要负责人简历、身份证明文件及国家有关部门颁发的职业资格证书；

（四）编辑出版人员的职业资格证书；

（五）办刊资金来源、数额及相关的证明文件；

（六）期刊出版单位的章程；

（七）工作场所使用证明；

（八）期刊出版可行性论证报告。

第十三条 新闻出版总署应当自收到创办期刊、设立期刊出版单位的申请之日起 90 日内，作出批准或者不批准的决定，并直接或者由省、自治区、直辖市新闻出版行政部门书面通知主办单位；不批准的，应当说明理由。

第十四条 期刊主办单位应当自收到新闻出版总署批准决定之日起 60 日内办理注册登记手续：

（一）持批准文件到所在地省、自治区、直辖市新闻出版行政部门领取《期刊出版登记表》，填写一式五份，经期刊主管单位审核签章后，报所在地省、自治区、直辖市新闻出版行政部门，省、自治区、直辖市新闻出版行政部门应在 15 日内，将《期刊出版登记表》报送新闻出版总署备案；

（二）公开发行的期刊，可以向 ISSN 中国国家中心申领国际标准连续出版物号，并向新闻出版总署条码中心申领条型码；

（三）省、自治区、直辖市新闻出版行政部门对《期刊出版登记表》审核无误后，在 10 日内向主办单位发放《期刊出版许可证》；

（四）期刊出版单位持《期刊出版许可证》到工商行政管理部门办理登记手续，依法领取营业执照。

《期刊出版登记表》由期刊出版单位、主办单位、主管单位及所在地省、自治区、直辖市新闻出版行政部门各留存一份。

第十五条 期刊主办单位自收到新闻出版总署的批准文件之日起 60 日内未办理注册登记手续，批准文件自行失效，登记机关不再受理登记，期刊主办单位须把有关批准文件缴回新闻出版总署。

期刊出版单位自登记之日起满 90 日未出版期刊的，由新闻出版总署撤销《期刊出版许可证》，并由原登记的新闻出版行政部门注销登记。

因不可抗力或者其他正当理由发生前款所列情形的，期刊出版单位可以向原登记的新闻出版行政部门申请延期。

第十六条 期刊社应当具备法人条件，经核准登记后，取得法人资格，以其全部法人财产独立承担民事责任。

期刊编辑部不具有法人资格，其民事责任由其主办单位承担。

第十七条 期刊出版单位变更名称、合并或者分立、改变资本结构，出版新的期刊，依照本规定第十条至第十四条的规定办理审批、登记手续。

第十八条 期刊变更名称、主办单位或主管单位、登记地、业务范围、刊期的，依照本规定第十条至第十四条的规定办理审批、登记手续。

期刊变更刊期，新闻出版总署可以委托省、自治区、直辖市新闻出版行政部门审批。

本规定所称期刊业务范围包括办刊宗旨、文种。

第十九条 期刊出版单位变更期刊开本、法定代表人或者主要负责人，在同一登记地内变更地址，经其主办单位审核同意后，由期刊出版单位在15日内向所在地省、自治区、直辖市新闻出版行政部门备案。

第二十条 期刊休刊，期刊出版单位须向所在地省、自治区、直辖市新闻出版行政部门备案并说明休刊理由和期限。

期刊休刊时间不得超过一年。休刊超过一年的，由新闻出版总署撤销《期刊出版许可证》，所在地省、自治区、直辖市新闻出版行政部门注销登记。

第二十一条 期刊出版单位终止期刊出版活动的，经主管单位同意后，由其主办单位向所在地省、自治区、直辖市新闻出版行政部门办理注销登记，并由省、自治区、直辖市新闻出版行政部门报新闻出版总署备案。

第二十二条 期刊注销登记，以同一名称设立的期刊出版单位须与期刊同时注销，并到原登记的工商行政管理部门办理注销登记。

注销登记的期刊和期刊出版单位不得再以该名称从事出版、经营活动。

第二十三条 中央期刊出版单位组建期刊集团，由新闻出版总署批准；地方期刊出版单位组建期刊集团，向所在地省、自治区、直辖市新闻出版行政部门提出申请，经审核同意后，报新闻出版总署批准。

第三章 期刊的出版

第二十四条 期刊出版实行编辑责任制度，保障期刊刊载内容符合国家法律、法规的规定。

第二十五条 期刊不得刊载《出版管理条例》和其他有关法律、法规以及国家规定的禁止内容。

第二十六条 期刊刊载的内容不真实、不公正，致使公民、法人或者其他组织的合法权益受到侵害的，期刊出版单位应当公开更正，消除影响，并依法承担其他民事责任。

期刊刊载的内容不真实、不公正，致使公民、法人或者其他组织的合法权益受到侵害的，当事人有权要求期刊出版单位更正或者答辩，期刊出版单位应当在其最近出版的一期期刊上予以发表；拒绝发表的，当事人可以向人民法院提出诉讼。

期刊刊载的内容不真实、不公正，损害公共利益的，新闻出版总署或者省、自治区、直辖市新闻出版行政部门可以责令该期刊出版单位更正。

第二十七条 期刊刊载涉及国家安全、社会安定等重大选题的内容，须按照重大选题备案管理规定办理备案手续。

第二十八条 公开发行的期刊不得转载、摘编内部发行出版物的内容。

期刊转载、摘编互联网上的内容,必须按照有关规定对其内容进行核实,并在刊发的明显位置标明下载文件网址、下载日期等。

第二十九条 期刊出版单位与境外出版机构开展合作出版项目,须经新闻出版总署批准,具体办法另行规定。

第三十条 期刊出版质量须符合国家标准和行业标准。期刊使用语言文字须符合国家有关规定。

第三十一条 期刊须在封底或版权页上刊载以下版本记录:期刊名称、主管单位、主办单位、出版单位、印刷单位、发行单位、出版日期、总编辑(主编)姓名、发行范围、定价、国内统一连续出版物号、广告经营许可证号等。

领取国际标准连续出版物号的期刊须同时刊印国际标准连续出版物号。

第三十二条 期刊须在封面的明显位置刊载期刊名称和年、月、期、卷等顺序编号,不得以总期号代替年、月、期号。

期刊封面其他文字标识不得明显于刊名。

期刊的外文刊名须是中文刊名的直译。外文期刊封面上必须同时刊印中文刊名;少数民族文种期刊封面上必须同时刊印汉语刊名。

第三十三条 一个国内统一连续出版物号只能对应出版一种期刊,不得用同一国内统一连续出版物号出版不同版本的期刊。

出版不同版本的期刊,须按创办新期刊办理审批手续。

第三十四条 期刊可以在正常刊期之外出版增刊。每种期刊每年可以出版两期增刊。

期刊出版单位出版增刊,应在申请报告中说明拟出增刊的文章编目、印数、定价、出版时间、印刷单位,经其主管单位审核同意后,由主办单位报所在地省、自治区、直辖市新闻出版行政部门审批;批准的,发给一次性增刊许可证。

增刊内容必须符合正刊的业务范围，开本和发行范围必须与正刊一致；增刊除刊印本规定第三十一条所列版本纪录外，还须刊印增刊许可证编号，并在封面刊印正刊名称和注明“增刊”。

第三十五条 期刊合订本须按原期刊出版顺序装订，不得对期刊内容另行编排，并在其封面明显位置标明期刊名称及“合订本”字样。

期刊因内容违法被新闻出版行政部门给予行政处罚的，该期期刊的相关篇目不得收入合订本。

被注销登记的期刊，不得制作合订本。

第三十六条 期刊出版单位不得出卖、出租、转让本单位名称及所出版期刊的刊号、名称、版面，不得转借、转让、出租和出卖《期刊出版许可证》。

第三十七条 期刊出版单位利用其期刊开展广告业务，必须遵守广告法律规定，发布广告须依法查验有关证明文件，核实广告内容，不得刊登有害的、虚假的等违法广告。

期刊的广告经营者限于在合法授权范围内开展广告经营、代理业务，不得参与期刊的采访、编辑等出版活动。

第三十八条 期刊采编业务与经营业务必须严格分开。

禁止以采编报道相威胁，以要求被报道对象做广告、提供赞助、加入理事会等损害被报道对象利益的行为牟取不正当利益。

期刊不得刊登任何形式的有偿新闻。

第三十九条 期刊出版单位的新闻采编人员从事新闻采访活动，必须持有新闻出版总署统一核发的新闻记者证，并遵守新闻出版总署《新闻记者证管理办法》的有关规定。

第四十条 具有新闻采编业务的期刊出版单位在登记地以外的地区设立记者站，参照新闻出版总署《报社记者站管理办法》审批、管理。其他期刊出版单位一律不得设立记者站。

期刊出版单位是否具有新闻采编业务由新闻出版总署认定。

第四十一条　期刊出版单位不得以不正当竞争行为或者方式开展经营活动，不得利用权力摊派发行期刊。

第四十二条　期刊出版单位须遵守国家统计法规，依法向新闻出版行政部门报送统计资料。

期刊出版单位应配合国家认定的出版物发行数据调查机构进行期刊发行量数据调查，提供真实的期刊发行数据。

第四十三条　期刊出版单位须在每期期刊出版 30 日内，分别向新闻出版总署、中国版本图书馆、国家图书馆以及所在地省、自治区、直辖市新闻出版行政部门缴送样刊 3 本。

第四章　监 督 管 理

第四十四条　期刊出版活动的监督管理实行属地原则。

省、自治区、直辖市新闻出版行政部门依法负责对本行政区域期刊和期刊出版单位的登记、年度核验、质量评估、行政处罚等工作，对本行政区域的期刊出版活动进行监督管理。

其他地方新闻出版行政部门依法对本行政区域内期刊出版单位及其期刊出版活动进行监督管理。

第四十五条　期刊出版管理实施期刊出版事后审读制度、期刊出版质量评估制度、期刊年度核验制度和期刊出版从业人员资格管理制度。

期刊出版单位应当按照新闻出版总署的规定，将从事期刊出版活动的情况向新闻出版行政部门提出书面报告。

第四十六条　新闻出版总署负责全国期刊审读工作。地方各级新闻出版行政部门负责对本行政区域内出版的期刊进行审读。下级新闻出版行政部门要定期向上一级新闻出版行政部门提交审读报告。

主管单位须对其主管的期刊进行审读，定期向所在地新闻出版行政部门报送审读报告。

期刊出版单位应建立期刊阅评制度,定期写出阅评报告。新闻出版行政部门根据管理工作的需要,可以随时调阅、检查期刊出版单位的阅评报告。

第四十七条 新闻出版总署制定期刊出版质量综合评估标准体系,对期刊出版质量进行全面评估。

经期刊出版质量综合评估,期刊出版质量未达到规定标准或者不能维持正常出版活动的,由新闻出版总署撤销《期刊出版许可证》,所在地省、自治区、直辖市新闻出版行政部门注销登记。

第四十八条 省、自治区、直辖市新闻出版行政部门负责对本行政区域的期刊实施年度核验。年度核验内容包括期刊出版单位及其所出版期刊登记项目、出版质量、遵纪守法情况等。

第四十九条 年度核验按照以下程序进行:

(一)期刊出版单位提出年度自检报告,填写由新闻出版总署统一印制的《期刊登记项目年度核验表》,经期刊主办单位、主管单位审核盖章后,连同本年度出版的样刊报省、自治区、直辖市新闻出版行政部门;

(二)省、自治区、直辖市新闻出版行政部门对期刊出版单位自检报告、《期刊登记项目年度核验表》及样刊进行审核查验;

(三)经核验符合规定标准的,省、自治区、直辖市新闻出版行政部门在《期刊出版许可证》上加盖年度核验章;《期刊出版许可证》上加盖年度核验章即为通过年度核验,期刊出版单位可以继续从事期刊出版活动;

(四)省、自治区、直辖市新闻出版行政部门在完成期刊年度核验工作30日内向新闻出版总署提交期刊年度核验工作报告。

第五十条 有下列情形之一的,暂缓年度核验:

(一)正在限期停业整顿的;

(二)经审核发现有违法情况应予处罚的;

(三)主管单位、主办单位未履行管理责任,导致期刊出版管理混乱的;

(四)存在其他违法嫌疑需要进一步核查的。

暂缓年度核验的期限由省、自治区、直辖市新闻出版行政部门确定,报新闻出版总署备案。缓验期满,按本规定第四十八条、第四十九条重新办理年度核验。

第五十一条 期刊有下列情形之一的,不予通过年度核验:

(一)违法行为被查处后拒不改正或者没有明显整改效果的;

(二)期刊出版质量长期达不到规定标准的;

(三)经营恶化已经资不抵债的;

(四)已经不具备本规定第九条规定条件的。

不予通过年度核验的,由新闻出版总署撤销《期刊出版许可证》,所在地省、自治区、直辖市新闻出版行政部门注销登记。

未通过年度核验的,期刊出版单位自第二年起停止出版该期刊。

第五十二条 《期刊出版许可证》加盖年度核验章后方可继续使用。有关部门在办理期刊出版、印刷、发行等手续时,对未加盖年度核验章的《期刊出版许可证》不予采用。

不按规定参加年度核验的期刊出版单位,经催告仍未参加年度核验的,由新闻出版总署撤销《期刊出版许可证》,所在地省、自治区、直辖市新闻出版行政部门注销登记。

第五十三条 年度核验结果,核验机关可以向社会公布。

第五十四条 期刊出版从业人员,应具备国家规定的新闻出版职业资格条件。

第五十五条 期刊出版单位的社长、总编辑须符合国家规定的任职资格和条件。

期刊出版单位的社长、总编辑须参加新闻出版行政部门组织的岗位培训。

期刊出版单位的新任社长、总编辑须经过岗位培训合格后才能上岗。

第五章 法律责任

第五十六条 期刊出版单位违反本规定的,新闻出版行政部门视其情节轻重,可以采取下列行政措施:

(一)下达警示通知书;

(二)通报批评;

(三)责令公开检讨;

(四)责令改正;

(五)责令停止印制、发行期刊;

(六)责令收回期刊;

(七)责成主办单位、主管单位监督期刊出版单位整改。

警示通知书由新闻出版总署制定统一格式,由新闻出版总署或者省、自治区、直辖市新闻出版行政部门下达给违法的期刊出版单位,并抄送违法期刊出版单位的主办单位及其主管单位。

本条所列行政措施可以并用。

第五十七条 未经批准,擅自设立期刊出版单位,或者擅自从事期刊出版业务,假冒期刊出版单位名称或者伪造、假冒期刊名称出版期刊的,依照《出版管理条例》第五十五条处罚。

期刊出版单位擅自出版增刊、擅自与境外出版机构开展合作出版项目的,按前款处罚。

第五十八条 出版含有《出版管理条例》和其他有关法律、法规以及国家规定禁载内容期刊的,依照《出版管理条例》第五十六条处罚。

第五十九条 期刊出版单位违反本规定第三十六条的,依照《出版管理条例》第六十条处罚。

期刊出版单位允许或者默认广告经营者参与期刊采访、编辑等出版活动的,按前款处罚。

第六十条 期刊出版单位有下列行为之一的,依照《出版管理条例》第六十一条处罚:

(一)期刊变更名称、主办单位或主管单位、登记地、业务范围、刊期,未依照本规定办理审批手续的;

(二)期刊出版单位变更名称、合并或分立、改变资本结构、出版新的期刊,未依照本规定办理审批手续的;

(三)期刊出版单位未将涉及国家安全、社会安定等方面的重大选题备案的;

(四)期刊出版单位未依照本规定缴送样刊的。

第六十一条 期刊出版单位违反本规定第四条第二款的,依照新闻出版总署《出版物市场管理规定》第四十八条处罚。

第六十二条 期刊出版单位有下列行为之一的,由新闻出版总署或者省、自治区、直辖市新闻出版行政部门给予警告,并处3万元以下罚款:

(一)期刊出版单位变更期刊开本、法定代表人或者主要负责人、在同一登记地内变更地址,未按本规定第十九条报送备案的;

(二)期刊休刊未按本规定第二十条报送备案的;

(三)刊载损害公共利益的虚假或者失实报道,拒不执行新闻出版行政部门更正命令的;

(四)公开发行的期刊转载、摘编内部发行出版物内容的;

(五)期刊转载、摘编互联网上的内容,违反本规定第二十八条第二款的;

(六)未按照本规定第三十一条刊载期刊版本记录的;

(七)违反本规定第三十二条关于期刊封面标识的规定的;

(八)违反本规定第三十三条,"一号多刊"的;

(九)出版增刊违反本规定第三十四条第三款的;

(十)违反本规定第三十五条制作期刊合订本的;

(十一)刊登有偿新闻或者违反本规定第三十八条其他规定的;

(十二)违反本规定第四十一条,以不正当竞争行为开展经营活动或者利用权力摊派发行的。

第六十三条 期刊出版单位新闻采编人员违反新闻记者证的有关规定,依照新闻出版总署《新闻记者证管理办法》的规定处罚。

第六十四条 期刊出版单位违反记者站的有关规定,依照新闻出版总署《报社记者站管理办法》的规定处罚。

第六十五条 对期刊出版单位做出行政处罚,新闻出版行政部门应告知其主办单位和主管单位,可以通过媒体向社会公布。

对期刊出版单位做出行政处罚,新闻出版行政部门可以建议其主办单位或者主管单位对直接责任人和主要负责人予以行政处分或者调离岗位。

第六章 附 则

第六十六条 本规定施行后,新闻出版署《期刊管理暂行规定》和《〈期刊管理暂行规定〉行政处罚实施办法》同时废止,此前新闻出版行政部门对期刊出版活动的其他规定,凡与本规定不一致的,以本规定为准。

第六十七条 本规定自二○○五年十二月一日起施行。

关于印发《期刊出版形式规范》的通知

（新闻出版总署　2007年4月12日　新出报刊〔2007〕376号）

各省、自治区、直辖市新闻出版局，新疆生产建设兵团新闻出版局，解放军总政宣传部新闻出版局，中央国家机关各部委、各民主党派、各人民团体新闻出版主管部门：

2005年12月1日起实施的《期刊出版管理规定》第四十七条规定："新闻出版总署制定期刊出版质量综合评估标准体系，对期刊出版质量进行全面评估"。

依据《出版管理条例》、《期刊出版管理规定》等相关法规，我署制定了《期刊出版形式规范》，并将从2007年7月起依照该规范对全国期刊的出版形式进行全面检查。

请向各期刊出版单位宣传这一规范，督促其依据规范进行对照检查，并及时纠正一些期刊在出版形式方面存在的不规范行为。

期刊出版形式规范

《期刊出版形式规范》编制说明

《期刊出版管理规定》第四十七条规定："新闻出版总署制定期刊出版质量综合评估标准体系，对期刊出版质量进行全面评估。"

经期刊出版质量综合评估，期刊出版质量未达到规定要求或者不能维持正常出版活动的，由新闻出版总署撤销《期刊出版许可证》，所在地省、自治区、直辖市新闻出版行政部门注销登记。

为更好地执行《期刊出版管理规定》,特制定本规范。

《期刊出版形式规范》制定目的

本规范制定目的是为期刊提供可依据的出版形式规范,为提高期刊综合出版质量,建立科学的期刊出版管理体系服务。

《期刊出版形式规范》制定原则

本规范制定的原则是:科学合理,客观实际,标准兼容,可操作性强。

《期刊出版形式规范》制定依据

本规范制定以《出版管理条例》、《期刊出版管理规定》、GB/T 9999—2001《中国标准连续出版物号》以及相关国家标准和仍在有效期内的各种法规为依据。

《期刊出版形式规范》规范项目

本规范根据《期刊出版管理规定》规范如下项目:国内统一连续出版物号(CN)、国际标准连续出版物号(ISSN)、广告经营许可证号、期刊条码、期刊名称、期刊主要责任单位(主管单位、主办单位、出版单位)、印刷发行单位、总编辑、期刊出版标识(期刊编号、刊期)、版权页和期刊标识性文字。

《期刊出版形式规范》适用范围

本规范适用于获得国内统一连续出版物号(CN)的期刊。

《期刊出版形式规范》的解释

本规范由新闻出版总署制定并负责解释。

期刊出版形式规范

1 期刊 CN (国内统一连续出版物号)

以 CN 为前缀,由 6 位数字(前 2 位为地区代码,后 4 位为地区连续出版物的序号)和分类号组成。

是由新闻出版总署负责分配给一种期刊的唯一代码。

1.1 期刊 CN 规定

1.1.1 CN 执行《期刊出版管理规定》和 GB/T 9999—2001《中

国标准连续出版物号》相关规定。

1.1.2 获得 CN 的期刊应持有新闻出版总署批准文件(2004 年以前批准的科技期刊持有科技部文件)、期刊出版许可证,并在新闻出版总署备案。

1.1.3 一个国内统一连续出版物号只能对应出版一种期刊,不得用同一国内统一连续出版物号出版不同版本的期刊。

1.1.4 CN 应印在期刊封面、版权页或封底上。

1.2 期刊 CN 准则

1.2.1 一个 CN 对应一种期刊唯一刊名,期刊更名、变更登记地(跨行政区域)应获得新的 CN。

1.2.2 一个 CN 只能出版一种期刊的一个版本。

1.2.3 不同文种、不同载体的期刊应分别有各自的 CN。

1.2.4 CN 编号后面不允许附加任何其他标识信息。

1.2.5 CN 分类号应以新闻出版总署批准文件为准,不能任意跨学科更改和刊印时省略。

1.2.6 期刊出版单位不得出售、出租和转让 CN 给其他期刊使用。

1.2.7 CN 应按规定格式和字体印在期刊封面、版权页或封底上。

2 期刊 ISSN (国际标准连续出版物号)

以 ISSN 为前缀,包括一位校验码在内的 8 位数字。

由 ISSN 中国国家中心分配给每一种获得 CN 并公开发行的期刊的唯一识别代码。

2.1 期刊 ISSN 规定

2.1.1 期刊社应持国家新闻出版总署批准创办期刊文件复印件、期刊出版许可证复印件和期刊出版登记表复印件向 ISSN 中国国家中心申请 ISSN。

2.1.2 ISSN 执行《中国标准连续出版物号》和《期刊出版管理

规定》相关规定。

2.1.3 获得ISSN的期刊应持有ISSN中国国家中心颁发的ISSN证书并在该中心数据库注册。

2.1.4 ISSN应印在期刊封面右上角、版权页或封底上。

2.2 期刊ISSN准则

2.2.1 获得CN并公开发行的期刊应申请ISSN,期刊更名须获得新闻出版总署批准后申请新的ISSN。

2.2.2 一个ISSN应与该刊的CN及刊名保持一致。

2.2.3 一个ISSN只能出版一种期刊的一个版本。

2.2.4 不同文种、不同载体的期刊应分别有各自的ISSN。

2.2.5 ISSN应按规定格式和字体印在期刊封面、版权页或封底上。

3 期刊条码

出版物条码是由一组按EAN规范排列的条、空及其对应字符组成的表示一定信息的出版物标识。

期刊条码由前缀码977(3位)、数据码(ISSN前7位)、年份码(2位)、校验码(1位)以及附加码(2位)组成,由新闻出版总署条码中心负责制作。

3.1 期刊条码规定

3.1.1 期刊条码执行《出版物条码管理办法》和GB/T 16827—1997《中国标准刊号(ISSN部分)条码》等相关规定。

3.1.2 期刊条码由新闻出版总署条码中心统一负责制作。

3.2 期刊条码准则

3.2.1 期刊条码应与该刊的ISSN及刊名保持一致。

3.2.2 一种期刊的条码只能用于一种期刊的一个版本,不同文种、不同载体的期刊应分别有各自的期刊条码。

3.2.3 期刊条码的附加码应与期刊出版的刊期和(或)出版的年份、月份或期号保持一致。

3.2.4 期刊条码可以通过相关设备识读。

3.2.5 期刊条码应印在规定的位置，印刷质量和色彩应清晰并便于识读。

4 期刊广告经营

期刊刊登广告应在工商管理部门注册登记。

4.1 期刊广告经营规定

4.1.1 期刊广告经营执行《期刊出版管理规定》和相关法律法规。

4.1.2 期刊刊登广告应持有工商管理部门颁发的广告经营许可证。

4.1.3 广告经营许可证号应印在期刊版权页上。

4.2 期刊广告经营准则

4.2.1 刊登广告的期刊须将广告经营许可证号印在每一期期刊版权页或封底上。

5 期刊名称

期刊使用的名称，包括期刊中文刊名和外文刊名。

中文期刊使用中文刊名，刊名包括分册（分辑）刊名、不同内容版本刊名。

外文期刊使用相应语种刊名，刊名包括分册（分辑）刊名、不同内容版本刊名。

少数民族语文期刊使用相应语言刊名，刊名包括分册（分辑）刊名、不同内容版本刊名。

5.1 期刊名称规定

5.1.1 期刊名称执行《期刊出版管理规定》和《中国标准连续出版物号》的相关规定。

5.1.2 出版不同版本的期刊，须按创办新期刊办理审批手续。

5.1.3 期刊的外文刊名须是中文刊名的直译。

5.1.4 外文期刊封面上必须同时刊印中文刊名，少数民族文种期刊封面上必须同时刊印汉语刊名。

5.1.5 期刊名称应印在期刊封面、版权页等处。

5.2 期刊名称准则

5.2.1 期刊刊名由新闻出版总署批准并同时为该刊名分配CN。一个刊名对应一个CN为一种期刊。

5.2.2 期刊刊名变更须经批准并获得新的CN;未经批准不得在刊名中增加、删减和更改字词。

5.2.3 一种期刊不得以任何形式出版两种或两种以上期刊,不得使用同一个CN出版不同刊名的期刊,如:

◆一种期刊不能以增加类似版别方式,分别出版两种或两种以上期刊;

◆一种期刊不能以"社会科学版"、"自然科学版"、"教师版"、"学生版"等字样,交替出版两种或两种以上期刊;

◆一种教育辅导类期刊不能分别使用"××年级"、"小学版"、"语文版"、"英语"等字样,出版两种或两种以上期刊。

5.2.4 期刊名称应出现在封面和版权页等处。

5.2.5 期刊刊名应明显于期刊封面的其他标识性文字。

5.2.6 期刊名称在封面、版权页、封底、书脊等处应保持一致。

5.2.7 期刊外文刊名的翻译应准确并与中文刊名保持一致,不能使用不相关的外文名称。

6 期刊主要责任单位

期刊主要责任单位包括期刊的主管单位、主办单位和出版单位。

6.1 期刊主要责任单位规定

6.1.1 期刊主要责任单位执行《期刊出版管理规定》等相关规定。

6.1.2 期刊主管单位、主办单位、出版单位变更须经新闻出版总署批准。

6.1.3 两个以上主办单位合办期刊,须确定一个主要主办单位。期刊的主要主办单位应为其主管单位的隶属单位。

6.1.4 期刊出版单位须与主要主办单位在同一行政区域。

6.1.5 期刊主管单位、主办单位、出版单位应印在期刊版权页或期刊封面等处。

6.2 期刊主要责任单位准则

6.2.1 期刊主管单位、主办单位、出版单位未经批准不得变更。

6.2.2 期刊主管单位、主办单位、出版单位名称应印在期刊版权页或期刊封面等处。

6.2.3 未经注册成立具有法人资格的期刊社(杂志社)的期刊,出版单位应标识为“××编辑部”。

6.2.4 期刊出版单位和主要主办单位的所在地须在同一行政区域。

7 期刊印刷发行单位

印刷单位是具有印刷经营许可证可以印制期刊的机构。

发行单位是承担期刊发行的部门。

7.1 期刊印刷发行单位规定

7.1.1 印刷单位、发行单位应印在期刊版权页或封底上。

7.2 期刊印刷发行单位准则

7.2.1 期刊印刷单位和发行单位的刊印不应省略。

8 期刊总编辑(主编)

总编辑(主编)是主持期刊编辑和终审等工作的负责人。

8.1 期刊总编辑(主编)规定

8.1.1 总编辑(主编)执行《期刊出版管理规定》和相关法规。

8.1.2 总编辑(主编)姓名应印在期刊版权页等处。

8.2 期刊总编辑(主编)准则

8.2.1 总编辑(主编)姓名应印在期刊版权页等处。

8.2.2　期刊上不得出现多个总编辑(主编)。

9　期刊出版标识

期刊出版标识包括期刊编号、刊期、期刊版式设计等。

期刊编号指期刊在编辑出版过程中所采用的卷、期、年、月标识。

期刊刊期指一种期刊每年出版的频次。

9.1　期刊出版标识规定

9.1.1　期刊出版标识执行《期刊出版管理规定》相关规定。

9.1.2　期刊须在封面的明显位置刊载期刊名称和年、月、期、卷等顺序编号,不得以总期号代替年、月、期号。

9.1.3　期刊应按批准的刊期出版。

9.2　期刊出版标识准则

9.2.1　每期期刊封面和版权页等处的年、月、期号标识不能省略。

9.2.2　期刊的年、月、期号标识可采用卷号和(或)总期号方式标识,凡采用卷和总期号标识的期刊,其卷号和(或)总期号应连续编排,不应随意更改,不得使用总期号和卷号代替年、月、期号。

9.2.3　同一期刊每年出版的各期不得分别独立设置编号体系交叉出版。

9.2.4　一种期刊的每一期应为一册。

9.2.5　任何期刊不得以不同刊期或增加刊期频率方式变相出版两种以上期刊。

9.2.6　期刊不得随意脱期出版,不应任意增减出版刊期。

9.2.7　同一期刊在每年度中的版式设计风格应基本保持一致。

9.2.8　同一期刊在每年度中各期的幅面尺寸应保持一致。

10　期刊版权页

期刊出版情况的记录,列载供国家版本管理部门、出版发行单位、信息资源管理等部门使用的版本资料。

10.1　期刊版权页规定

10.1.1　期刊版权页执行《期刊出版管理规定》相关规定。

10.1.2　期刊版权页记录:期刊名称、主管单位、主办单位、出版单位、印刷单位、发行单位、出版日期、总编辑(主编)姓名、定价、国内统一连续出版物号、广告经营许可证号。

10.2　期刊版权页准则

10.2.1　期刊须设立版权页,版权页位于期刊正文之前,也可设在期刊封底上。

10.2.2　期刊版权页记录的各个项目应完整。

10.2.3　期刊版权页记录的项目应与封面或封底上记录的相同项目保持一致。

11　期刊标识性文字

期刊版权页规定的记录项目之外,在期刊封面或显著位置上对期刊进行宣传的文字。

11.1　期刊标识性文字规定

11.1.1　期刊标识性文字执行《期刊出版管理规定》相关规定。

11.1.2　期刊封面其他文字标识不得明显于刊名。

11.2　期刊标识性文字准则

11.2.1　期刊标识性文字不得使用毫无实据的、过于夸张的宣传语言,如"世界排名第×名"、"全球发行量最大"、"中国唯一的"、"××领域最早期刊"、"获奖最多"等。

11.2.2　期刊刊名的补充文字说明、期刊内容宣传等标识性文字不得明显于期刊刊名,不得通过颜色、位置等手段突出显示。

音像制品出版管理规定[①]

（2004 年 6 月 17 日中华人民共和国新闻出版总署令第 22 号公布）

第一章　总　　则

第一条　为了加强音像制品出版的管理，促进我国音像出版事业的健康发展和繁荣，根据《出版管理条例》、《音像制品管理条例》，制定本规定。

第二条　在中华人民共和国境内从事音像制品出版活动，适用本规定。

本规定所称音像制品是指录有内容的录音带（AT）、录像带（VT）、激光唱盘（CD）、数码激光视盘（VCD）及高密度光盘（DVD）等。

第三条　任何组织和个人不得出版含有《音像制品管理条例》第三条第二款禁止内容的音像制品。

第四条　新闻出版总署负责全国音像制品出版的监督管理工作。县级以上地方人民政府负责出版管理的行政部门（以下简称出版行政部门）负责本行政区域内音像制品出版的监督管理工作。

音像出版单位的主管机关、主办单位应当按照出版法律、法规和规章，对音像出版单位的出版活动履行管理职责。

第五条　国家对出版音像制品，实行许可制度；未经许可，任

---

① 此处所载为据 2015 年 8 月 28 日国家新闻出版广电总局令第 3 号《关于修改部分规章和规范性文件的决定》修订的版本。

何单位和个人不得从事音像制品的出版活动。

音像制品出版的许可证件和批准文件,不得出租、出借、出售或者以其他任何形式转让。

第六条 音像出版行业的社会团体按照其章程,在出版行政部门的指导下,实行自律管理。

第二章 出版单位的设立

第七条 设立音像出版单位,应当具备下列条件:

(一)有音像出版单位的名称、章程;

(二)有符合新闻出版总署认定的主办单位及其主管机关;

(三)有确定的业务范围;

(四)有适应业务范围需要的组织机构和取得国家出版专业技术人员资格的编辑人员,其人数不得少于 10 人,其中从事音像出版业务 2 年以上并具有中级以上出版专业技术人员职业资格的不得少于 5 人;

(五)有 30 万元以上的注册资本;

(六)有适应业务范围需要的设备和工作场所;

(七)法律、行政法规规定的其他条件。

审批设立音像出版单位,除依照前款所列条件外,还应当符合国家关于音像出版单位总量、布局和结构的规划。

第八条 申请设立音像出版单位,由主办单位向所在地省、自治区、直辖市人民政府出版行政部门提出申请;省、自治区、直辖市人民政府出版行政部门自受理申请之日起 20 日内提出审核意见,连同申请材料报新闻出版总署审批。

第九条 设立音像出版单位的申请书应当载明下列事项:

(一)音像出版单位的名称、地址;

(二)音像出版单位的主办单位及其主管机关的名称、地址;

（三）音像出版单位的法定代表人或者主要负责人及音像出版专业人员的姓名、住址、资格证明文件；

（四）音像出版单位的注册资本数额、来源及性质证明；

（五）音像出版单位工作场所使用证明文件。

申请书应当附具出版单位的章程和设立出版单位的主办单位及主管机关的有关证明材料。

第十条 新闻出版总署应当自收到申请书之日起60日内作出批准或者不批准的决定，并由省、自治区、直辖市人民政府出版行政部门书面通知主办单位；不批准的，应当说明理由。

第十一条 音像出版单位的主办单位应当自收到批准决定之日起60日内，向所在地省、自治区、直辖市人民政府出版行政部门登记，领取《音像制品出版许可证》（以下简称出版许可证）。音像出版单位经登记后，持出版许可证到工商行政管理部门登记，依法领取营业执照。

音像出版单位自登记之日起满180日未从事出版活动的，由原登记的出版行政部门注销登记，并报新闻出版总署备案。因不可抗力或者其他正当理由发生前款所列情形的，向出版行政部门申请延期。

第十二条 音像出版单位变更名称、主办单位或者主管机关、业务范围，或者兼并其他音像出版单位，或者因合并、分立而设立新的音像出版单位的，应当依照本规定第七条至第十条的规定办理审批手续，并到原登记的工商行政管理部门办理相应的登记手续。

第十三条 音像出版单位变更地址、法定代表人或者主要负责人，或者终止音像出版经营活动的，应当到原登记的工商行政管理部门办理变更登记或者注销登记，并在30日内向新闻出版总署备案。

第十四条 音像出版单位的法定代表人或者主要负责人应当

具有中级以上出版专业技术人员职业资格，具有从事音像出版业务3年以上的经历，并应通过新闻出版总署或省、自治区、直辖市人民政府出版行政部门组织的岗位培训，获得《岗位培训合格证书》。

第十五条 音像出版单位中从事编辑、出版、校对等专业技术工作的人员，必须通过国家出版专业技术人员职业资格考试，取得规定级别的出版专业职业资格，持相应的《中华人民共和国出版专业技术人员职业资格证书》上岗。

第三章 出版活动的管理

第十六条 音像出版单位不得超出出版许可证确定的业务范围从事音像制品的出版活动。

第十七条 音像出版单位应当按照国家标准及其他有关规定标识、使用《中国标准音像制品编码》(以下简称版号)。

版号由新闻出版总署负责管理和调控，由省、自治区、直辖市人民政府出版行政部门发放。

第十八条 音像出版单位实行编辑责任制度，保障音像制品刊载的内容合法。

第十九条 音像出版单位实行年度出版计划备案制度，出版计划的内容应包括选题名称、制作单位、主创人员、类别、载体、内容提要、节目长度、计划出版时间。出版计划报送的程序为：

(一)本年度上一年的12月20日以前报送本年度出版计划；本年度3月1日~20日、9月1日~20日报送本年度出版调整计划。

(二)出版计划及出版调整计划，须经所在地省、自治区、直辖市人民政府出版行政部门审核。

(三)省、自治区、直辖市人民政府出版行政部门应当自受理出版计划报送申请之日起 20 日内,向音像出版单位回复审核意见,并报新闻出版总署备案。

第二十条 音像出版单位出版涉及国家安全、社会安定等方面的重大选题,应当依照重大选题备案的有关规定报新闻出版总署备案。未经备案的重大选题,不得出版。

第二十一条 图书出版社、报社、期刊社、电子出版物出版社,出版配合本版出版物的音像制品,须向所在地省、自治区、直辖市人民政府出版行政部门提交申请书和样本。

第二十二条 出版配合本版出版物的音像制品申请书,须写明本版出版物的名称、制作单位、主创人员、主要内容、出版时间、节目长度、复制数量和载体形式等内容。

第二十三条 出版单位所在地省、自治区、直辖市人民政府出版行政部门,应当自受理申请之日起 20 日内对其申请书和样本进行审核。审核同意的,配发版号,发放复制委托书,并报新闻出版总署备案;审核不同意的,应当说明理由。

第二十四条 经批准出版的配合本版出版物音像制品,其名称须与本版出版物一致,并须与本版出版物统一配套销售,不得单独定价销售。

第二十五条 音像出版单位及经批准出版配合本版出版物音像制品的其他出版单位,应在其出版的音像制品及其包装的明显位置,标明出版单位的名称、地址和音像制品的版号、出版时间、责任编辑、著作权人和条形码。出版进口的音像制品,还应当标明进口批准文号。

第二十六条 音像出版单位不得向任何单位或者个人出租、出借、出售或者以其他任何形式转让本单位的名称,不得向任何单位或者个人出售或者以其他形式出售或转让本单位版号。

第二十七条 任何单位和个人不得以购买、租用、借用、擅自使用音像出版单位的名称或者以购买、伪造版号等形式从事音像制品出版活动。

第二十八条 音像出版单位不得委托未取得《音像制品制作许可证》的单位制作音像制品。

第二十九条 音像出版单位、经批准出版配合本版出版物音像制品的出版单位,应自音像制品出版之日起30日内,分别向国家图书馆、中国版本图书馆和新闻出版总署免费送交样本。

第四章 非卖品的管理

第三十条 用于无偿赠送、发放及业务交流的音像制品属于音像非卖品,不得定价,不得销售或变相销售,不得收取任何费用。

第三十一条 委托复制音像非卖品,须向委托方或者受托方所在地省、自治区、直辖市人民政府出版行政部门提出申请,其申请书应写明非卖品使用目的、名称、制作单位、主要内容、发送对象、复制数量、节目长度和载体形式等内容,并附样本。

省、自治区、直辖市人民政府出版行政部门,应当自受理委托复制音像非卖品申请之日起20日内予以审查,对符合本规定的,向委托复制单位核发音像制品复制委托书。

第三十二条 音像非卖品须统一编号。编号为四段:第一段为各省、自治区、直辖市简称,第二段为“音像非卖品”字样,第三段为年度,第四段为数字编号。音像非卖品应当在其包装和盘(带)显著位置注明其音像非卖品编号。

第五章 委托复制的管理

第三十三条 委托复制音像制品,须使用复制委托书。

音像出版单位及其他委托复制单位,必须遵守国家关于复制委托书的管理规定。

复制委托书由新闻出版总署统一印制。

第三十四条 复制委托书由音像出版单位及其他委托复制单位向所在地省、自治区、直辖市人民政府出版行政部门领取。

第三十五条 出版单位及其他委托复制单位应当按照规定开具或填写复制委托书,并将复制委托书直接交送复制单位。

出版单位及其他委托复制单位须保证复制委托书内容真实、准确、完整。

出版单位及其他委托复制单位不得以任何形式向任何单位或者个人出售或者转让复制委托书。

第三十六条 音像出版单位及其他委托复制单位,须确定专人管理复制委托书并建立使用记录。复制委托书使用记录的内容包括开具时间、音像制品及具体节目名称、相对应的版号、管理人员签名。

复制委托书使用记录保存期为两年。

第三十七条 音像出版单位及其他委托复制单位,自音像制品完成复制之日起 30 日内,向所在地省、自治区、直辖市人民政府出版行政部门上交由本单位及复制单位签章的复制委托书第二联及音像制品样品。

第三十八条 申请出版配合本版出版物音像制品或音像非卖品的单位,自获得批准之日起 90 日内未能出版的,须向所在地省、自治区、直辖市人民政府出版行政部门交回复制委托书。

第三十九条 音像出版单位出版的音像制品、其他出版单位出版的配合本版出版物音像制品、音像非卖品须委托依法设立的复制单位复制。

第六章 审 核 登 记

第四十条 音像出版单位实行审核登记制度,审核登记每两年进行一次。

第四十一条 申请审核登记的音像出版单位应提交以下材料：

（一）《音像出版单位审核登记表》；

（二）音像制品出版业务情况报告，应当包括：执行出版管理的法律、法规和规章的情况，出版经营情况，人员、场所、设施情况；

（三）两年内出版的音像制品登记表；

（四）出版许可证的复印件。

第四十二条 音像出版单位应于审核登记年度1月15日前向所在地省、自治区、直辖市人民政府出版行政部门申请年度审核登记并提交相应材料。各省、自治区、直辖市人民政府出版行政部门对本行政区域内申请登记的音像出版单位进行审核，并于同年2月底前完成审核登记工作。

第四十三条 对符合下列条件的音像出版单位，省、自治区、直辖市人民政府出版行政部门予以登记：

（一）符合本规定第七条的规定；

（二）两年内无违反出版管理法律、法规和规章的情形；

（三）两年内出版音像制品不少于10种。

第四十四条 对不符合前条所列条件之一的音像出版单位，省、自治区、直辖市人民政府出版行政部门予以暂缓登记。

暂缓登记的期限为3个月。省、自治区、直辖市人民政府出版行政部门应当责令暂缓登记的出版单位在此期限内进行整顿，达到本规定第七条的规定条件。

在暂缓登记的期限届满前，省、自治区、直辖市人民政府出版行政部门应对暂缓登记的出版单位进行审查，对于达到本规定第七条的规定条件的，予以登记。对于未达到本规定第七条的规定条件的，提出注销登记意见报新闻出版总署批准。对注销登记的出版单位，由所在地省、自治区、直辖市人民政府出版行政部门缴回其出版许可证。

第四十五条 各省、自治区、直辖市人民政府出版行政部门应于同年3月20日前将审核登记情况及有关材料复印件汇总后报新闻出版总署备案。

第七章 罚 则

第四十六条 未经批准，擅自设立音像制品出版单位，擅自从事音像制品出版业务的，依照《音像制品管理条例》第三十九条处罚。

第四十七条 出版含有《音像制品管理条例》第三条第二款禁止内容的音像制品，依照《音像制品管理条例》第四十条处罚。

第四十八条 出版音像制品的单位有下列行为之一的，依照《音像制品管理条例》第四十二条处罚：

（一）向其他单位、个人出租、出借、出售或者以其他任何形式转让本单位的名称、音像制品出版的许可证件或者批准文件，出售或者以其他任何形式转让本单位的版号或者复制委托书的；

（二）委托未取得《音像制品制作许可证》的单位制作音像制品，或者委托非依法设立的复制单位复制音像制品的。

第四十九条 出版音像制品的单位有下列行为之一的，依照《音像制品管理条例》第四十四条处罚：

（一）未按规定将年度出版计划和涉及国家安全、社会安定等方面的重大选题报新闻出版总署备案的；

（二）变更名称、主办单位或者主管机关、地址、法定代表人或者主要负责人、业务范围等，未依照本规定第十二条、第十三条办理审批、备案手续的；

（三）未在其出版的音像制品及其包装的明显位置标明本规定所规定的项目的；

（四）未依照规定期限送交音像制品样本的。

第五十条 有下列行为之一的，由出版行政部门责令停止违法行为，给予警告，并处 3 万元以下的罚款：

（一）其他出版单位配合本版出版物出版音像制品，其名称与本版出版物不一致或者单独定价销售的；

（二）音像出版单位及其他委托复制单位，未按照本规定第三十六条规定的内容、期限留存备查材料的；

（三）委托复制非卖品的单位销售或变相销售非卖品或者以非卖品收取费用的；

（四）委托复制非卖品的单位未在非卖品包装和盘带显著位置注明非卖品编号的。

第八章 附 则

第五十一条 音像制品的出版许可证由新闻出版总署统一印制。

第五十二条 本规定有关行政许可的期限以工作日计算，不含法定节假日。

第五十三条 本办法自 2004 年 8 月 1 日起施行，新闻出版署 1996 年 2 月 1 日发布的《音像制品出版管理办法》同时废止。

复制管理办法[①]

(2009年6月30日中华人民共和国新闻出版总署令第42号公布)

第一章 总 则

第一条 为了加强管理,促进我国复制业健康发展,根据《出版管理条例》和《音像制品管理条例》的有关规定,制定本办法。

第二条 本办法适用于光盘、磁带磁盘以及新闻出版总署认定的其他存储介质形态(以下简称其他介质)的复制经营活动。

本办法所称光盘包括只读类光盘和可录类光盘。其中,只读类光盘是指存储有内容的光盘;可录类光盘是指空白光盘。

本办法所称复制经营活动,包括经营性的光盘复制生产和存储有内容的磁带磁盘复制等活动。

本办法所称复制单位是指从事光盘、磁带磁盘和其他介质复制经营活动的单位。

第三条 任何单位和个人禁止复制含有以下内容的复制品:

(一)反对宪法确定的基本原则的;

(二)危害国家统一、主权和领土完整的;

(三)泄露国家秘密、危害国家安全或者损害国家荣誉和利益的;

(四)煽动民族仇恨、民族歧视,破坏民族团结,或者侵害民族

---

① 此处所载为据2015年8月28日国家新闻出版广电总局令第3号《关于修改部分规章和规范性文件的决定》修订的版本。

风俗、习惯的；

（五）宣扬邪教、迷信的；

（六）扰乱社会秩序，破坏社会稳定的；

（七）宣扬淫秽、赌博、暴力或者教唆犯罪的；

（八）侮辱或者诽谤他人，侵害他人合法权益的；

（九）危害社会公德或者民族优秀文化传统的；

（十）有法律、行政法规和国家规定禁止的其他内容的。

第四条 新闻出版总署主管全国光盘、磁带磁盘以及其他介质复制经营活动的监督管理工作，负责只读类光盘设立的审批。

县级以上地方新闻出版行政部门负责本行政区域内光盘、磁带磁盘以及其他介质复制经营活动的监督管理工作。其中，省级新闻出版行政部门负责可录类光盘生产单位和磁带磁盘复制单位设立的审批。

第五条 新闻出版行政部门根据已经取得的违法嫌疑证据或者举报，对涉嫌违法从事复制经营活动的行为进行查处时，可以检查与违法活动有关的物品；对有证据证明是与违法活动有关的物品，可以查封或者扣押。

第六条 复制单位应当建立质量保障体系，健全各项管理制度。

第七条 复制行业的社会团体按照其章程，在新闻出版行政部门的指导下，实行自律管理。

第二章 复制单位的设立

第八条 国家对复制经营活动实行许可制度；未经许可，任何单位和个人不得从事复制经营活动。

设立复制单位须由新闻出版行政部门审批，核发复制经营许可证，并经工商行政部门登记注册后方可进行生产。设立外商投资复制单位,除由新闻出版行政部门批准外,还须报商务部审批并颁发外商投资企业批准证书。

第九条 设立复制单位应当具备下列条件:

(一)有复制单位的名称、章程。

(二)有确定的业务范围。

(三)有适应业务范围需要的生产经营场所和必要的资金、设备等生产经营条件。

(四)有适应业务范围需要的组织机构和人员。

(五)有关法律、行政法规规定的其他条件。

审批设立复制单位,除依照前款规定外,还应当符合国家有关复制单位总量、结构和布局的规划。

第十条 设立复制单位,应当向所在地省级新闻出版行政部门提出申请,并提交下列申请文件:

(一)按要求填写的申请表;

(二)企业章程;

(三)可行性研究报告;

(四)法定代表人或者主要负责人的身份证明和履历证明;

(五)注册资本数额、来源及性质证明;

(六)经营场所和必备的生产条件证明;

(七)新设立企业的,须提交工商部门核发的企业名称预先核准通知书。

第十一条 申请设立只读类光盘复制单位的,由所在地省级新闻出版行政部门审核同意后,报新闻出版总署审批,并提交省级新闻出版行政部门的初审文件和本办法第十条规定的申请文件。新闻出版总署应自受理之日起60日内作出批准或不批准的决定,并由省级新闻出版行政部门通知申请人;不批准的,应当说明理由。

申请设立可录类光盘生产单位和磁带磁盘复制单位的,省级新闻出版行政部门应自受理之日起20日内作出批准或不批准的决定,并通知申请人;不批准的,应当说明理由。

第十二条 国家允许设立外商投资可录类光盘生产单位,允许设立中外合资经营、中外合作经营只读类光盘和磁带磁盘复制单位,但中方必须控股或占主导地位。国家禁止设立外商独资只读类光盘和磁带磁盘复制单位。

第十三条 经新闻出版行政部门批准设立的复制单位,其复制生产设备安装调试完毕,经所在地省级新闻出版行政部门验收合格并发给复制经营许可证后,方可投产。

复制单位应当在60日内持新闻出版行政部门有关批准文件或复制经营许可证到所在地工商行政部门办理登记手续。

第十四条 复制单位申请兼营或者变更业务范围,或者兼并其他复制单位,或者因合并、分立而设立新的复制单位,应当依照本办法第九条至第十一条的规定办理审批登记手续。

复制单位变更名称、地址、法定代表人或者主要负责人或者终止复制经营活动的,应当到原登记的工商行政部门办理变更登记或者注销登记。由省级新闻出版行政部门批准设立的复制单位,应在工商机关登记后30日内直接向省级新闻出版行政部门备案;由新闻出版总署批准设立的复制单位,应在工商机关登记后20日内向省级新闻出版行政部门提交备案申请,省级新闻出版行政部门在接到申请之日起20日内向新闻出版总署备案;备案机关进行备案后变更或者注销复制经营许可证。

第三章　复制生产设备管理

第十五条 国家对光盘复制生产设备实行审批管理。

本办法所称的光盘复制生产设备是指从事光盘母盘刻录生产和子盘复制生产的设备。包括下列主要部分:用于光盘生产的金属母盘生产设备、精密注塑机、真空金属溅镀机、粘合机、保护胶涂覆机、染料层旋涂机、专用模具、盘面印刷机和光盘质量在线检测仪、离线检测仪等。

增加、进口、购买、变更光盘复制生产设备,须由新闻出版行政部门审批。其中增加、进口、购买、变更只读类光盘复制生产设备,由新闻出版总署审批;增加、进口、购买、变更可录类光盘生产设备,由所在地省级新闻出版行政部门审批,报新闻出版总署备案。

第十六条 光盘复制生产设备进口管理流程依据新闻出版总署、商务部、海关总署有关规定执行。

禁止进口旧(二手)光盘复制生产设备,禁止旧(二手)光盘复制生产设备进入出口加工区、保税区等海关监管特殊区域。

第十七条 被查处关闭光盘复制单位和被查缴的光盘复制生产设备的处理,由所在地省级新闻出版行政部门在本辖区内定向审批。需要跨省处理的,所在地省级新闻出版行政部门可报新闻出版总署在省际之间调剂,由同意接收或收购的光盘复制单位所在地省级新闻出版行政部门审批。接收或收购上述光盘复制生产设备的单位,必须是现有的合法光盘复制单位在许可经营的范围内接收或收购对应的生产设备,超出原许可经营范围的,应按本办法第十四条的规定办理审批手续。

被查处关闭光盘复制单位的光盘复制生产设备的价格,由买卖双方协商解决;被查缴的光盘复制生产设备的价格,由有关部门评估定价。省级新闻出版行政部门应在审批后 20 日内向新闻出版总署备案。

申请单位向所在地省级新闻出版行政部门提出申请,经批准后,凭新闻出版行政部门的批准文件按上述程序办理有关设备的交接手续。

第十八条 进口用于国产设备制造或者其他科研用途的光盘复制生产设备的,依照本办法第十五条、第十六条的规定办理相关手续。

第十九条 国家对国产光盘复制生产设备的生产和销售实行备案管理。国产光盘复制生产设备生产和销售后,应分别在30日内向所在地省级新闻出版行政部门备案。备案内容包括生产和销售国产光盘复制生产设备的时间、设备名称、设备编号、设备数量和销售对象等。

第二十条 从事只读类光盘复制,必须使用蚀刻有新闻出版总署核发的光盘来源识别码(SID码)的注塑模具。

光盘复制单位蚀刻SID码,应当向所在地省级新闻出版行政部门提出申请,由所在地省级新闻出版部门报新闻出版总署核发SID码;复制单位应于收到核发文件之日起20日内到指定刻码单位进行蚀刻,并在刻码后按有关规定向光盘生产源鉴定机构报送样盘。

刻码单位应将蚀刻SID码的情况通报新闻出版总署,光盘生产源鉴定机构应将样盘报送情况通报新闻出版总署。

第二十一条 复制生产设备的技术、质量指标应当符合国家或者行业标准。

第四章 复制经营活动管理

第二十二条 复制单位必须严格按所批准的经营范围进行复制经营,不得超范围复制经营。

第二十三条 国家对复制经营活动实行复制委托书制度。

复制单位接受委托复制音像制品或者电子出版物的,应当验证委托的出版单位盖章的复制委托书及其他法定文书。

接受委托复制属于非卖品或计算机软件的,应当验证经省级新闻出版行政部门核发并由委托单位盖章的复制委托书。

第二十四条 复制单位接受委托复制境外产品的,应当事先将该样品及有关证明文件报经所在地省级新闻出版行政部门审核同意;复制的产品除样品外应当全部出境。

加工贸易项下只读类光盘的进出口管理,依照国家有关规定执行。

第二十五条 复制单位不得接受非音像出版单位、电子出版物出版单位或者个人的委托复制经营性的音像制品、电子出版物;不得擅自复制音像制品、电子出版物、计算机软件、音像非卖品、电子出版物非卖品等。

第二十六条 复制单位应该建立和保存完整清晰的复制业务档案,包括委托方按本办法有关规定所提交的复制委托书和其他法定文书以及复制样品、生产单据、发货记录等。保存期为 2 年,以备查验。

第二十七条 复制单位对委托加工的产品除样品外必须全部交付委托单位,不得擅自加制,不得将委托单位提供的母盘、母带、样品等以任何方式转让或出售、复制给任何单位和个人。

第二十八条 复制单位所复制的产品质量应符合国家或者行业标准。

第二十九条 复制单位必须依照国家有关统计法规和规定按时填报有关统计报表,并由省级新闻出版行政部门审核汇总后上报新闻出版总署。

第三十条 复制单位在复制生产过程中,如发现所复制的产品涉及本办法第三条内容或与委托证明文件所规定的内容不符,或复制的产品被新闻出版行政部门明令查禁、停止复制的,应立即停止复制,及时报告新闻出版行政部门,并按要求上缴或封存,不得拖延或隐匿。

第三十一条 复制单位的法定代表人或者主要负责人应当接受所在地省级新闻出版行政部门组织的岗位培训。

第三十二条 复制单位实行年度核验制度,年度核验每两年逢单数年进行一次。新闻出版总署负责指导年度核验,省级新闻出版行政部门负责对本行政区域内的复制单位实施年度核验。核验内容包括复制单位的登记项目、设立条件、经营状况、资产变化、技术设备、产品质量、人员培训、遵纪守法情况等。

第三十三条 复制单位进行年度核验,应提交以下材料:

(一)复制单位年度核验登记表;

(二)复制单位按照年度核验要求提交的自检报告;

(三)复制经营许可证、营业执照等有关企业证明文件的复印件。

第三十四条 复制单位年度核验程序:

(一)复制单位应于核验年度1月15日前向所在地省级新闻出版行政部门提交年度核验材料。

(二)各省级新闻出版行政部门对本行政区域内复制单位情况进行全面审核,并于该年度2月底前完成年度核验工作。对符合要求的单位予以通过年度核验;对不符合要求的单位暂缓年度核验。

(三)各省级新闻出版行政部门应于该年度3月底前将年度核验情况报送新闻出版总署备案。

第三十五条 复制单位有下列情形之一的,暂缓年度核验:

(一)不具备本办法第九条规定条件的;

(二)因违反规定正在限期停业整顿的;

(三)发现有违法行为应予处罚的;

(四)经营恶化不能正常开展复制经营活动的;

(五)存在其他违法嫌疑活动需要进一步核查的。

暂缓年度核验的期限由省级新闻出版行政部门确定,最长不得超过3个月。期间,省级新闻出版行政部门应当督促、指导暂缓年度核验的复制单位进行整改。暂缓年度核验期满,达到要求的复制单位予以通过年度核验;仍未达到要求的复制单位,所在地省级新闻出版行政部门提出注销登记意见,由原发证机关撤销复制经营许可证。

第三十六条 不按规定参加年度核验的复制单位,经书面催告仍未参加年度核验的,所在地省级新闻出版行政部门提出注销登记意见,由原发证机关撤销复制经营许可证。

第三十七条 对非法干扰、阻止和破坏复制经营活动的,县级以上新闻出版行政部门及其他有关部门,应当及时采取措施,予以制止。

第五章 法律责任

第三十八条 未经批准,擅自设立复制单位或擅自从事复制业务的,由新闻出版行政部门、工商行政部门依照法定职权予以取缔;触犯刑律的,依照刑法有关规定,依法追究刑事责任;尚不够刑事处罚的,没收违法经营的复制产品和违法所得以及进行违法活动的专用工具、设备;违法经营额1万元以上的,并处违法经营额5倍以上10倍以下的罚款;违法经营额不足1万元的,并处5万元以下的罚款。

第三十九条 复制明知或者应知含有本办法第三条所列内容产品或其他非法出版物的,依照刑法有关规定,依法追究刑事责任;尚不够刑事处罚的,由新闻出版行政部门责令限期停业整顿,没收违法所得,违法经营额1万元以上的,并处违法经营额5倍以上10倍以下的罚款;违法经营额不足1万元的,可以并处5万元以下罚款;情节严重的,由批准设立的新闻出版行政部门吊销其复制经营许可证。如果当事人对所复制产品的来源作出说明、指认,经查证属实的,没收出版物、违法所得,可以减轻或者免除其他行政处罚。

第四十条 有下列行为之一的,由新闻出版行政部门责令停止违法行为,给予警告,没收违法经营的产品和违法所得;违法经营额1万元以上的,并处违法经营额5倍以上10倍以下的罚款;违法经营额不足1万元的,并处1万元以上5万元以下罚款;情节严重的,并责令停业整顿或者由新闻出版总署吊销其复制经营许可证:

(一)复制单位未依照本办法的规定验证复制委托书及其他法定文书的;

(二)复制单位擅自复制他人的只读类光盘和磁带磁盘的;

(三)复制单位接受非音像出版单位、电子出版物单位或者个人委托复制经营性的音像制品、电子出版物或者自行复制音像制品、电子出版物的;

(四)复制单位未履行法定手续复制境外产品的,或者复制的境外产品没有全部运输出境的。

第四十一条 有下列行为之一的,由新闻出版行政部门责令改正,给予警告;情节严重的,并责令停业整顿或者由新闻出版总署吊销其复制经营许可证:

(一)复制单位变更名称、地址、法定代表人或者主要负责人、业务范围等,未依照本办法规定办理审批、备案手续的;

(二)复制单位未依照本办法的规定留存备查的材料的;

(三)光盘复制单位使用未蚀刻或者未按本办法规定蚀刻SID码的注塑模具复制只读类光盘的。

第四十二条 有下列行为之一的,由新闻出版行政部门责令停止违法行为,给予警告,并处3万元以下的罚款:

(一)光盘复制单位违反本办法第十五条的规定,未经审批,擅自增加、进口、购买、变更光盘复制生产设备的;

(二)国产光盘复制生产设备的生产商未按本办法第十九条的要求报送备案的;

(三)光盘复制单位未按本办法第二十条规定报送样盘的;

（四）复制生产设备或复制产品不符合国家或行业标准的；

（五）复制单位的有关人员未按本办法第三十一条参加岗位培训的；

（六）违反本办法的其他行为。

第四十三条 复制单位违反本办法被处以吊销许可证行政处罚的，其法定代表人或者主要负责人自许可证被吊销之日起10年内不得担任复制单位法定代表人或者主要负责人。

第六章 附 则

第四十四条 本办法自2009年8月1日起施行。1996年2月1日新闻出版署发布的《音像制品复制管理办法》同时废止。其他有关复制管理规定，凡与本办法相抵触的，以本办法为准。

电子出版物出版管理规定[①]

（2008年2月21日中华人民共和国新闻出版总署令第34号公布）

第一章　总　　则

第一条　为了加强对电子出版物出版活动的管理，促进电子出版事业的健康发展与繁荣，根据国务院《出版管理条例》、《国务院对确需保留的行政审批项目设定行政许可的决定》和有关法律、行政法规，制定本规定。

第二条　在中华人民共和国境内从事电子出版物的制作、出版、进口活动，适用本规定。

本规定所称电子出版物，是指以数字代码方式，将有知识性、思想性内容的信息编辑加工后存储在固定物理形态的磁、光、电等介质上，通过电子阅读、显示、播放设备读取使用的大众传播媒体，包括只读光盘（CD-ROM、DVD-ROM等）、一次写入光盘（CD-R、DVD-R等）、可擦写光盘（CD-RW、DVD-RW等）、软磁盘、硬磁盘、集成电路卡等，以及新闻出版总署认定的其他媒体形态。

第三条　电子出版物不得含有《出版管理条例》第二十六条、第二十七条禁止的内容。

第四条　新闻出版总署负责全国电子出版物出版活动的监督管理工作。

---

① 此处所载为据2015年8月28日国家新闻出版广电总局令第3号《关于修改部分规章和规范性文件的决定》修订的版本。

县级以上地方新闻出版行政部门负责本行政区域内电子出版物出版活动的监督管理工作。

第五条 国家对电子出版物出版活动实行许可制度;未经许可,任何单位和个人不得从事电子出版物的出版活动。

第二章 出版单位设立

第六条 设立电子出版物出版单位,应当具备下列条件:

(一)有电子出版物出版单位的名称、章程;

(二)有符合新闻出版总署认定条件的主管、主办单位;

(三)有确定的电子出版物出版业务范围;

(四)有适应业务范围需要的设备和工作场所;

(五)有适应业务范围需要的组织机构,有2人以上具有中级以上出版专业职业资格;

(六)法律、行政法规规定的其他条件。

除依照前款所列条件外,还应当符合国家关于电子出版物出版单位总量、结构、布局的规划。

第七条 设立电子出版物出版单位,经其主管单位同意后,由主办单位向所在地省、自治区、直辖市新闻出版行政部门提出申请;经省、自治区、直辖市新闻出版行政部门审核同意后,报新闻出版总署审批。

第八条 申请设立电子出版物出版单位,应当提交下列材料:

(一)按要求填写的申请表,应当载明出版单位的名称、地址、资本结构、资金来源及数额,出版单位的主管、主办单位的名称和地址等内容;

(二)主办单位、主管单位的有关资质证明材料;

(三)出版单位章程;

(四)法定代表人或者主要负责人及本规定第六条要求的有

关人员的资格证明和身份证明;

(五)可行性论证报告;

(六)注册资本数额、来源及性质证明;

(七)工作场所使用证明。

第九条 新闻出版总署自受理设立电子出版物出版单位的申请之日起90日内,作出批准或者不批准的决定,直接或者由省、自治区、直辖市新闻出版行政部门书面通知主办单位;不批准的,应当说明理由。

第十条 设立电子出版物出版单位的主办单位应当自收到批准决定之日起60日内,向所在地省、自治区、直辖市新闻出版行政部门登记,领取新闻出版总署颁发的《电子出版物出版许可证》。

电子出版物出版单位持《电子出版物出版许可证》向所在地工商行政管理部门登记,依法领取营业执照。

第十一条 电子出版物出版单位自登记之日起满180日未从事出版活动的,由省、自治区、直辖市新闻出版行政部门注销登记,收回《电子出版物出版许可证》,并报新闻出版总署备案。

因不可抗力或者其他正当理由发生前款所列情形的,电子出版物出版单位可以向省、自治区、直辖市新闻出版行政部门申请延期。

第十二条 电子出版物出版单位变更名称、主办单位或者主管单位、业务范围、资本结构,合并或者分立,须依照本规定第七条、第八条的规定重新办理审批手续,并到原登记的工商行政管理部门办理相应的登记手续。

电子出版物出版单位变更地址、法定代表人或者主要负责人的,应当经其主管、主办单位同意,向所在地省、自治区、直辖市新闻出版行政部门申请变更登记后,到原登记的工商行政管理部门办理变更登记。

省、自治区、直辖市新闻出版行政部门须将有关变更登记事项报新闻出版总署备案。

第十三条 电子出版物出版单位终止出版活动的，应当向所在地省、自治区、直辖市新闻出版行政部门办理注销登记手续，并到原登记的工商行政管理部门办理注销登记。

省、自治区、直辖市新闻出版行政部门应将有关注销登记报新闻出版总署备案。

第十四条 申请出版连续型电子出版物，经主管单位同意后，由主办单位向所在地省、自治区、直辖市新闻出版行政部门提出申请；经省、自治区、直辖市新闻出版行政部门审核同意后，报新闻出版总署审批。

本规定所称连续型电子出版物，是指有固定名称，用卷、期、册或者年、月顺序编号，按照一定周期出版的电子出版物。

第十五条 申请出版连续型电子出版物，应当提交下列材料：

（一）申请书，应当载明连续型电子出版物的名称、刊期、媒体形态、业务范围、读者对象、栏目设置、文种等；

（二）主管单位的审核意见。

申请出版配报纸、期刊的连续型电子出版物，还须报送报纸、期刊样本。

第十六条 经批准出版的连续型电子出版物，新增或者改变连续型电子出版物的名称、刊期与出版范围的，须按照本规定第十四条、第十五条办理审批手续。

第十七条 出版行政部门对从事电子出版物制作的单位实行备案制管理。电子出版物制作单位应当于单位设立登记以及有关变更登记之日起30日内，将单位名称、地址、法定代表人或者主要负责人的姓名及营业执照复印件、法定代表人或主要负责人身份证明报所在地省、自治区、直辖市新闻出版行政部门备案。

本规定所称电子出版物制作，是指通过创作、加工、设计等方式，提供用于出版、复制、发行的电子出版物节目源的经营活动。

第三章 出版管理

第十八条 电子出版物出版单位实行编辑责任制度,保障电子出版物的内容符合有关法规、规章规定。

第十九条 电子出版物出版单位应于每年12月1日前将下一年度的出版计划报所在地省、自治区、直辖市新闻出版行政部门,省、自治区、直辖市新闻出版行政部门审核同意后报新闻出版总署备案。

第二十条 电子出版物出版实行重大选题备案制度。涉及国家安全、社会安定等方面重大选题,涉及重大革命题材和重大历史题材的选题,应当按照新闻出版总署有关选题备案的规定办理备案手续;未经备案的重大选题,不得出版。

第二十一条 出版电子出版物,必须按规定使用中国标准书号。同一内容,不同载体形态、格式的电子出版物,应当分别使用不同的中国标准书号。

出版连续型电子出版物,必须按规定使用国内统一连续出版物号,不得使用中国标准书号出版连续型电子出版物。

第二十二条 电子出版物出版单位不得以任何形式向任何单位或者个人转让、出租、出售本单位的名称、电子出版物中国标准书号、国内统一连续出版物号。

第二十三条 电子出版物应当符合国家的技术、质量标准和规范要求。

出版电子出版物,须在电子出版物载体的印刷标识面或其装帧的显著位置载明电子出版物制作、出版单位的名称,中国标准书号或国内统一连续出版物号及条码,著作权人名称以及出版日期等其他有关事项。

第二十四条 电子出版物出版单位申请出版境外著作权人授

权的电子出版物，须向所在地省、自治区、直辖市新闻出版行政部门提出申请；所在地省、自治区、直辖市新闻出版行政部门审核同意后，报新闻出版总署审批。

第二十五条 申请出版境外著作权人授权的电子出版物，应当提交下列材料：

（一）申请书，应当载明电子出版物名称、内容简介、授权方名称、授权方基本情况介绍等；

（二）申请单位的审读报告；

（三）样品及必要的内容资料；

（四）申请单位所在地省、自治区、直辖市著作权行政管理部门的著作权合同登记证明文件。

出版境外著作权人授权的电子游戏出版物还须提交游戏主要人物和主要场景图片资料、代理机构营业执照、发行合同及发行机构批发许可证、游戏文字脚本全文等材料。

第二十六条 新闻出版总署自受理出版境外著作权人授权电子出版物申请之日起，20日内作出批准或者不批准的决定；不批准的，应当说明理由。

审批出版境外著作权人授权电子出版物，应当组织专家评审，并应当符合国家总量、结构、布局规划。

第二十七条 境外著作权人授权的电子出版物，须在电子出版物载体的印刷标识面或其装帧的显著位置载明引进出版批准文号和著作权授权合同登记证号。

第二十八条 已经批准出版的境外著作权人授权的电子出版物，若出版升级版本，须按照本规定第二十五条提交申请材料，报所在地省、自治区、直辖市新闻出版行政部门审批。

第二十九条 出版境外著作权人授权的电子游戏测试盘及境外互联网游戏作品客户端程序光盘，须按照本规定第二十五条提交申请材料，报所在地省、自治区、直辖市新闻出版行政部门审批。

第三十条 电子出版物出版单位与境外机构合作出版电子出版物,须经主管单位同意后,将选题报所在地省、自治区、直辖市新闻出版行政部门审核;省、自治区、直辖市新闻出版行政部门审核同意后,报新闻出版总署审批。

新闻出版总署自受理合作出版电子出版物选题申请之日起20日内,作出批准或者不批准的决定;不批准的,应当说明理由。

第三十一条 电子出版物出版单位申请与境外机构合作出版电子出版物,应当提交下列材料:

(一)申请书,应当载明合作出版的电子出版物的名称、载体形态、内容简介、合作双方名称、基本情况、合作方式等,并附拟合作出版的电子出版物的有关文字内容、图片等材料;

(二)合作意向书;

(三)主管单位的审核意见。

第三十二条 电子出版物出版单位与境外机构合作出版电子出版物,应在该电子出版物出版30日内将样盘报送新闻出版总署备案。

第三十三条 出版单位配合本版出版物出版电子出版物,向所在地省、自治区、直辖市新闻出版行政部门提出申请,省、自治区、直辖市新闻出版行政部门审核同意的,发放电子出版物中国标准书号和复制委托书,并报新闻出版总署备案。

第三十四条 出版单位申请配合本版出版物出版电子出版物,应提交申请书及本版出版物、拟出版电子出版物样品。

申请书应当载明配合本版出版物出版的电子出版物的名称、制作单位、主要内容、出版时间、复制数量和载体形式等内容。

第三十五条 电子出版物发行前,出版单位应当向国家图书馆、中国版本图书馆和新闻出版总署免费送交样品。

第三十六条 电子出版物出版单位的从业人员,应当具备国家规定的出版专业职业资格条件。

电子出版物出版单位的社长、总编辑须符合国家规定的任职资格和条件。电子出版物出版单位的社长、总编辑须参加新闻出版行政部门组织的岗位培训,取得岗位培训合格证书后才能上岗。

第三十七条 电子出版物出版单位须遵守国家统计规定,依法向新闻出版行政部门报送统计资料。

第四章 进口管理

第三十八条 进口电子出版物成品,须由新闻出版总署批准的电子出版物进口经营单位提出申请;所在地省、自治区、直辖市新闻出版行政部门审核同意后,报新闻出版总署审批。

第三十九条 申请进口电子出版物,应当提交下列材料:

(一)申请书,应当载明进口电子出版物的名称、内容简介、出版者名称、地址、进口数量等;

(二)主管单位审核意见;

(三)申请单位关于进口电子出版物的审读报告;

(四)进口电子出版物的样品及必要的内容资料。

第四十条 新闻出版总署自受理进口电子出版物申请之日起20日内,作出批准或者不批准的决定;不批准的,应当说明理由。

审批进口电子出版物,应当组织专家评审,并应当符合国家总量、结构、布局规划。

第四十一条 进口电子出版物的外包装上应贴有标识,载明批准进口文号及用中文注明的出版者名称、地址、著作权人名称、出版日期等有关事项。

第五章 非卖品管理

第四十二条 委托复制电子出版物非卖品,须向委托方或受托方所在地省、自治区、直辖市新闻出版行政部门提出申请，申请书应写明电子出版物非卖品的使用目的、名称、内容、发送对象、复制数量、载体形式等，并附样品。

电子出版物非卖品内容限于公益宣传、企事业单位业务宣传、交流、商品介绍等，不得定价，不得销售、变相销售或与其他商品搭配销售。

第四十三条 省、自治区、直辖市新闻出版行政部门应当自受理委托复制电子出版物非卖品申请之日起 20 日内，作出批准或者不批准的决定，批准的，发给电子出版物复制委托书；不批准的，应当说明理由。

第四十四条 电子出版物非卖品载体的印刷标识面及其装帧的显著位置应当注明电子出版物非卖品统一编号，编号分为四段：第一段为方括号内的各省、自治区、直辖市简称，第二段为“电子出版物非卖品”字样，第三段为圆括号内的年度，第四段为顺序编号。

第六章 委托复制管理

第四十五条 电子出版物、电子出版物非卖品应当委托经新闻出版总署批准设立的复制单位复制。

第四十六条 委托复制电子出版物和电子出版物非卖品，必须使用复制委托书，并遵守国家关于复制委托书的管理规定。

复制委托书由新闻出版总署统一印制。

第四十七条 委托复制电子出版物、电子出版物非卖品的单位，应当保证开具的复制委托书内容真实、准确、完整，并须将开具的复制委托书直接交送复制单位。

委托复制电子出版物、电子出版物非卖品的单位不得以任何形式向任何单位或者个人转让、出售本单位的复制委托书。

第四十八条 委托复制电子出版物的单位，自电子出版物完成复制之日起30日内，须向所在地省、自治区、直辖市新闻出版行政部门上交本单位及复制单位签章的复制委托书第二联及样品。

委托复制电子出版物的单位须将电子出版物复制委托书第四联保存2年备查。

第四十九条 委托复制电子出版物、电子出版物非卖品的单位，经批准获得电子出版物复制委托书之日起90日内未使用的，须向发放该委托书的省、自治区、直辖市新闻出版行政部门交回复制委托书。

第七章 年度核验

第五十条 电子出版物出版单位实行年度核验制度，年度核验每两年进行一次。省、自治区、直辖市新闻出版行政部门负责对本行政区域内的电子出版物出版单位实施年度核验。核验内容包括电子出版物出版单位的登记项目、设立条件、出版经营情况、遵纪守法情况、内部管理情况等。

第五十一条 电子出版物出版单位进行年度核验，应提交以下材料：

（一）电子出版物出版单位年度核验登记表；

（二）电子出版物出版单位两年的总结报告，应当包括执行出版法规的情况、出版业绩、资产变化等内容；

（三）两年出版的电子出版物出版目录；

（四）《电子出版物出版许可证》的复印件。

第五十二条 电子出版物出版单位年度核验程序为：

（一）电子出版物出版单位应于核验年度的1月15日前向所在地省、自治区、直辖市新闻出版行政部门提交年度核验材料；

（二）各省、自治区、直辖市新闻出版行政部门对本行政区域内电子出版物出版单位的设立条件、开展业务及执行法规等情况

进行全面审核,并于该年度的2月底前完成年度核验工作,对符合年度核验要求的单位予以登记,并换发《电子出版物出版许可证》;

(三)各省、自治区、直辖市新闻出版行政部门应于核验年度的3月20日前将年度核验情况及有关书面材料报新闻出版总署备案。

第五十三条 电子出版物出版单位有下列情形之一的,暂缓年度核验:

(一)不具备本规定第六条规定条件的;

(二)因违反出版管理法规,正在限期停业整顿的;

(三)经审核发现有违法行为应予处罚的;

(四)曾违反出版管理法规受到行政处罚,未认真整改,仍存在违法问题的;

(五)长期不能正常开展电子出版物出版活动的。

暂缓年度核验的期限由省、自治区、直辖市新闻出版行政部门确定,最长不得超过3个月。暂缓期间,省、自治区、直辖市新闻出版行政部门应当督促、指导电子出版物出版单位进行整改。暂缓年度核验期满,对达到年度核验要求的电子出版物出版单位予以登记;仍未达到年度核验要求的电子出版物出版单位,由所在地省、自治区、直辖市新闻出版行政部门提出注销登记意见,新闻出版总署撤销《电子出版物出版许可证》,所在地省、自治区、直辖市新闻出版行政部门办理注销登记。

第五十四条 不按规定参加年度核验的电子出版物出版单位,经书面催告仍未参加年度核验的,由所在地省、自治区、直辖市新闻出版行政部门提出注销登记意见,新闻出版总署撤销《电子出版物出版许可证》,所在地省、自治区、直辖市新闻出版行政部门办理注销登记。

第五十五条 出版连续型电子出版物的单位按照本章规定参加年度核验。

第八章 法律责任

第五十六条 电子出版物出版单位违反本规定的，新闻出版总署或者省、自治区、直辖市新闻出版行政部门可以采取下列行政措施：

（一）下达警示通知书；

（二）通报批评；

（三）责令公开检讨；

（四）责令改正；

（五）责令停止复制、发行电子出版物；

（六）责令收回电子出版物；

（七）责成主办单位、主管单位监督电子出版物出版单位整改。

警示通知书由新闻出版总署制定统一格式，由新闻出版总署或者省、自治区、直辖市新闻出版行政部门下达给违法的电子出版物出版单位，并抄送违法电子出版物出版单位的主办单位及其主管单位。

本条所列行政措施可以并用。

第五十七条 未经批准，擅自设立电子出版物出版单位，擅自从事电子出版物出版业务，伪造、假冒电子出版物出版单位或者连续型电子出版物名称、电子出版物专用中国标准书号出版电子出版物的，按照《出版管理条例》第五十五条处罚。

图书、报纸、期刊、音像等出版单位未经批准，配合本版出版物出版电子出版物的，属于擅自从事电子出版物出版业务，按照前款处罚。

第五十八条 从事电子出版物制作、出版业务，有下列行为之一的，按照《出版管理条例》第五十六条处罚：

（一）制作、出版含有《出版管理条例》第二十六条、第二十七条禁止内容的电子出版物的；

（二）明知或者应知他人出版含有《出版管理条例》第二十六条、第二十七条禁止内容的电子出版物而向其出售、出租或者以其他形式转让本出版单位的名称、电子出版物专用中国标准书号、国内统一连续出版物号、条码及电子出版物复制委托书的。

第五十九条 电子出版物出版单位出租、出借、出售或者以其他任何形式转让本单位的名称、电子出版物专用中国标准书号、国内统一连续出版物号的，按照《出版管理条例》第六十条处罚。

第六十条 有下列行为之一的，按照《出版管理条例》第六十一条处罚：

（一）电子出版物出版单位变更名称、主办单位或者主管单位、业务范围、资本结构，合并或者分立，电子出版物出版单位变更地址、法定代表人或者主要负责人，未依照本规定的要求办理审批、变更登记手续的；

（二）经批准出版的连续型电子出版物，新增或者改变连续型电子出版物的名称、刊期与出版范围，未办理审批手续的；

（三）电子出版物出版单位未按规定履行年度出版计划和重大选题备案的；

（四）出版单位未按照有关规定送交电子出版物样品的；

（五）电子出版物进口经营单位违反本规定第三十八条未经批准进口电子出版物的。

第六十一条 电子出版物出版单位未依法向新闻出版行政部门报送统计资料的，依据新闻出版总署、国家统计局联合颁布的《新闻出版统计管理办法》处罚。

第六十二条 有下列行为之一的，由新闻出版行政部门责令改正，给予警告，可并处三万元以下罚款：

（一）电子出版物制作单位违反本规定第十七条，未办理备案手续的；

（二）电子出版物出版单位违反本规定第二十一条，未按规定使用中国标准书号或者国内统一连续出版物号的；

（三）电子出版物出版单位出版的电子出版物不符合国家的技术、质量标准和规范要求的，或者未按本规定第二十三条载明有关事项的；

（四）电子出版物出版单位出版境外著作权人授权的电子出版物，违反本规定第二十四条、第二十七条、第二十八条、第二十九条有关规定的；

（五）电子出版物出版单位与境外机构合作出版电子出版物，未按本规定第三十条办理选题审批手续的，未按本规定第三十二条将样盘报送备案的；

（六）电子出版物进口经营单位违反本规定第四十一条的；

（七）委托复制电子出版物非卖品违反本规定第四十二条的有关规定，或者未按第四十四条标明电子出版物非卖品统一编号的；

（八）电子出版物出版单位及其他委托复制单位违反本规定第四十五条至第四十九条的规定，委托未经批准设立的复制单位复制，或者未遵守有关复制委托书的管理制度的。

第九章　附　　则

第六十三条　本规定自 2008 年 4 月 15 日起施行，新闻出版署 1997 年 12 月 30 日颁布的《电子出版物管理规定》同时废止，此前新闻出版行政部门对电子出版物制作、出版、进口活动的其他规定，凡与本规定不一致的，以本规定为准。

出版物市场管理规定

（2016年4月26日国家新闻出版广电总局局务会议通过，并经商务部同意，自2016年6月1日起施行）

第一章　总　　则

第一条　为规范出版物发行活动及其监督管理，建立全国统一开放、竞争有序的出版物市场体系，满足人民群众精神文化需求，推进社会主义文化强国建设，根据《出版管理条例》和有关法律、行政法规，制定本规定。

第二条　本规定适用于出版物发行活动及其监督管理。本规定所称出版物，是指图书、报纸、期刊、音像制品、电子出版物。

本规定所称发行，包括批发、零售以及出租、展销等活动。

批发是指供货商向其他出版物经营者销售出版物。

零售是指经营者直接向消费者销售出版物。

出租是指经营者以收取租金的形式向消费者提供出版物。

展销是指主办者在一定场所、时间内组织出版物经营者集中展览、销售、订购出版物。

第三条　国家对出版物批发、零售依法实行许可制度。从事出版物批发、零售活动的单位和个人凭出版物经营许可证开展出版物批发、零售活动；未经许可，任何单位和个人不得从事出版物批发、零售活动。

任何单位和个人不得委托非出版物批发、零售单位或者个人销售出版物或者代理出版物销售业务。

第四条　国家新闻出版广电总局负责全国出版物发行活动的

监督管理,负责制定全国出版物发行业发展规划。

省、自治区、直辖市人民政府出版行政主管部门负责本行政区域内出版物发行活动的监督管理,制定本省、自治区、直辖市出版物发行业发展规划。省级以下各级人民政府出版行政主管部门负责本行政区域内出版物发行活动的监督管理。

制定出版物发行业发展规划须经科学论证,遵循合法公正、符合实际、促进发展的原则。

第五条 国家保障、促进发行业的发展与转型升级,扶持实体书店、农村发行网点、发行物流体系、发行业信息化建设等,推动网络发行等新兴业态发展,推动发行业与其他相关产业融合发展。对为发行业发展作出重要贡献的单位和个人,按照国家有关规定给予奖励。

第六条 发行行业的社会团体按照其章程,在出版行政主管部门的指导下,实行自律管理。

第二章 申请从事出版物发行业务

第七条 单位从事出版物批发业务,应当具备下列条件:

(一)已完成工商注册登记,具有法人资格;

(二)工商登记经营范围含出版物批发业务;

(三)有与出版物批发业务相适应的设备和固定的经营场所,经营场所面积合计不少于50平方米;

(四)具备健全的管理制度并具有符合行业标准的信息管理系统。

本规定所称经营场所,是指企业在工商行政主管部门注册登记的住所。

第八条 单位申请从事出版物批发业务,可向所在地地市级人民政府出版行政主管部门提交申请材料,地市级人民政府出版行政主管部门在接受申请材料之日起10个工作日内完成审核,审核后报省、自治区、直辖市人民政府出版行政主管部门审批;申请单位也可直接报所在地省、自治区、直辖市人民政府出版行政主管部门审批。

省、自治区、直辖市人民政府出版行政主管部门自受理申请之日起20个工作日内作出批准或者不予批准的决定。批准的,由省、自治区、直辖市人民政府出版行政主管部门颁发出版物经营许可证,并报国家新闻出版广电总局备案。不予批准的,应当向申请人书面说明理由。

申请材料包括下列书面材料:

(一)营业执照正副本复印件;

(二)申请书,载明单位基本情况及申请事项;

(三)企业章程;

(四)注册资本数额、来源及性质证明;

(五)经营场所情况及使用权证明;

(六)法定代表人及主要负责人的身份证明;

(七)企业信息管理系统情况的证明材料。

第九条 单位、个人从事出版物零售业务,应当具备下列条件:

(一)已完成工商注册登记;

(二)工商登记经营范围含出版物零售业务;

(三)有固定的经营场所。

第十条 单位、个人申请从事出版物零售业务,须报所在地县级人民政府出版行政主管部门审批。

县级人民政府出版行政主管部门应当自受理申请之日起20个工作日内作出批准或者不予批准的决定。批准的,由县级人民政府出版行政主管部门颁发出版物经营许可证,并报上一级出版行政主管部门备案;其中门店营业面积在5000平方米以上的应同时报省级人民政府出版行政主管部门备案。不予批准的,应当向申请单位、个人书面说明理由。

申请材料包括下列书面材料:

(一)营业执照正副本复印件;

(二)申请书,载明单位或者个人基本情况及申请事项;

(三)经营场所的使用权证明。

第十一条 单位从事中小学教科书发行业务,应取得国家新闻出版广电总局批准的中小学教科书发行资质,并在批准的区域范围内开展中小学教科书发行活动。单位从事中小学教科书发行业务,应当具备下列条件:

(一)以出版物发行为主营业务的公司制法人;

(二)有与中小学教科书发行业务相适应的组织机构和发行人员;

(三)有能够保证中小学教科书储存质量要求的、与其经营品种和规模相适应的储运能力,在拟申请从事中小学教科书发行业务的省、自治区、直辖市、计划单列市的仓储场所面积在5000平方米以上,并有与中小学教科书发行相适应的自有物流配送体系;

(四)有与中小学教科书发行业务相适应的发行网络。在拟申请从事中小学教科书发行业务的省、自治区、直辖市、计划单列市的企业所属出版物发行网点覆盖不少于当地70%的县(市、区),且以出版物零售为主营业务,具备相应的中小学教科书储备、调剂、添货、零售及售后服务能力;

(五)具备符合行业标准的信息管理系统;

(六)具有健全的管理制度及风险防控机制和突发事件处置能力;

(七)从事出版物批发业务五年以上。最近三年内未受到出版行政主管部门行政处罚,无其他严重违法违规记录。

审批中小学教科书发行资质,除依照前款所列条件外,还应当符合国家关于中小学教科书发行单位的结构、布局宏观调控和规划。

第十二条 单位申请从事中小学教科书发行业务,须报国家新闻出版广电总局审批。

国家新闻出版广电总局应当自受理之日起 20 个工作日内作出批准或者不予批准的决定。批准的,由国家新闻出版广电总局作出书面批复并颁发中小学教科书发行资质证。不予批准的,应当向申请单位书面说明理由。

申请材料包括下列书面材料:

(一)申请书,载明单位基本情况及申请事项;

(二)企业章程;

(三)出版物经营许可证和企业法人营业执照正副本复印件;

(四)法定代表人及主要负责人的身份证明,有关发行人员的资质证明;

(五)最近三年的企业法人年度财务会计报告及证明企业信誉的有关材料;

(六)经营场所、发行网点和储运场所的情况及使用权证明;

(七)企业信息管理系统情况的证明材料;

(八)企业发行中小学教科书过程中能够提供的服务和相关保障措施;

(九)企业法定代表人签署的企业依法经营中小学教科书发行业务的承诺书;

(十)拟申请从事中小学教科书发行业务的省、自治区、直辖市、计划单列市人民政府出版行政主管部门对企业基本信息、经营状况、储运能力、发行网点等的核实意见;

(十一)其他需要的证明材料。

第十三条 单位、个人从事出版物出租业务,应当于取得营业执照后 15 日内到当地县级人民政府出版行政主管部门备案。

备案材料包括下列书面材料：

（一）营业执照正副本复印件；

（二）经营场所情况；

（三）法定代表人或者主要负责人情况。

相关出版行政主管部门应在10个工作日内向申请备案单位、个人出具备案回执。

第十四条 国家允许外商投资企业从事出版物发行业务。

设立外商投资出版物发行企业或者外商投资企业从事出版物发行业务，申请人应向地方商务主管部门报送拟设立外商投资出版物发行企业的合同、章程，办理外商投资审批手续。地方商务主管部门在征得出版行政主管部门同意后，按照有关法律、法规的规定，作出批准或者不予批准的决定。予以批准的，颁发外商投资企业批准证书，并在经营范围后加注“凭行业经营许可开展”；不予批准的，书面通知申请人并说明理由。

申请人持外商投资企业批准证书到所在地工商行政主管部门办理营业执照或者在营业执照企业经营范围后加注相关内容，并按照本规定第七条至第十条及第十三条的有关规定到所在地出版行政主管部门履行审批或备案手续。

第十五条 单位、个人通过互联网等信息网络从事出版物发行业务的，应当依照本规定第七条至第十条的规定取得出版物经营许可证。

已经取得出版物经营许可证的单位、个人在批准的经营范围内通过互联网等信息网络从事出版物发行业务的，应自开展网络发行业务后15日内到原批准的出版行政主管部门备案。

备案材料包括下列书面材料：

（一）出版物经营许可证和营业执照正副本复印件；

（二）单位或者个人基本情况；

（三）从事出版物网络发行所依托的信息网络的情况。

相关出版行政主管部门应在10个工作日内向备案单位、个人出具备案回执。

第十六条 书友会、读者俱乐部或者其他类似组织申请从事出版物零售业务,按照本规定第九条、第十条的有关规定到所在地出版行政主管部门履行审批手续。

第十七条 从事出版物发行业务的单位、个人可在原发证机关所辖行政区域一定地点设立临时零售点开展其业务范围内的出版物销售活动。设立临时零售点时间不得超过10日,应提前到设点所在地县级人民政府出版行政主管部门备案并取得备案回执,并应遵守所在地其他有关管理规定。

备案材料包括下列书面材料:

(一)出版物经营许可证和营业执照正副本复印件;

(二)单位、个人基本情况;

(三)设立临时零售点的地点、时间、销售出版物品种;

(四)其他相关部门批准设立临时零售点的材料。

第十八条 出版物批发单位可以从事出版物零售业务。

出版物批发、零售单位设立不具备法人资格的发行分支机构,或者出版单位设立发行本版出版物的不具备法人资格的发行分支机构,不需单独办理出版物经营许可证,但应依法办理分支机构工商登记,并于领取营业执照后15日内到原发证机关和分支机构所在地出版行政主管部门备案。

备案材料包括下列书面材料:

(一)出版物经营许可证或者出版单位的出版许可证及分支机构营业执照正副本复印件;

(二)单位基本情况;

(三)单位设立不具备法人资格的发行分支机构的经营场所、经营范围等情况。

相关出版行政主管部门应在10个工作日内向备案单位、个人出具备案回执。

第十九条 从事出版物发行业务的单位、个人变更出版物经营许可证登记事项，或者兼并、合并、分立的，应当依照本规定到原批准的出版行政主管部门办理审批手续。出版行政主管部门自受理申请之日起20个工作日内作出批准或者不予批准的决定。批准的，由出版行政主管部门换发出版物经营许可证；不予批准的，应当向申请单位、个人书面说明理由。

申请材料包括下列书面材料：

（一）出版物经营许可证和营业执照正副本复印件；

（二）申请书，载明单位或者个人基本情况及申请变更事项；

（三）其他需要的证明材料。

从事出版物发行业务的单位、个人终止经营活动的，应当于15日内持出版物经营许可证和营业执照向原批准的出版行政主管部门备案，由原批准的出版行政主管部门注销出版物经营许可证。

第三章 出版物发行活动管理

第二十条 任何单位和个人不得发行下列出版物：

（一）含有《出版管理条例》禁止内容的违禁出版物；

（二）各种非法出版物，包括：未经批准擅自出版、印刷或者复制的出版物，伪造、假冒出版单位或者报刊名称出版的出版物，非法进口的出版物；

（三）侵犯他人著作权或者专有出版权的出版物；

（四）出版行政主管部门明令禁止出版、印刷或者复制、发行的出版物。

第二十一条 内部发行的出版物不得公开宣传、陈列、展示、征订、销售或面向社会公众发送。

第二十二条 从事出版物发行业务的单位和个人在发行活动中应当遵循公平、守法、诚实、守信的原则,依法订立供销合同,不得损害消费者的合法权益。

从事出版物发行业务的单位、个人,必须遵守下列规定:

(一)从依法取得出版物批发、零售资质的出版发行单位进货;发行进口出版物的,须从依法设立的出版物进口经营单位进货。

(二)不得超出出版行政主管部门核准的经营范围经营。

(三)不得张贴、散发、登载有法律、法规禁止内容的或者有欺诈性文字、与事实不符的征订单、广告和宣传画。

(四)不得擅自更改出版物版权页。

(五)出版物经营许可证应在经营场所明显处张挂;利用信息网络从事出版物发行业务的,应在其网站主页面或者从事经营活动的网页醒目位置公开出版物经营许可证和营业执照登载的有关信息或链接标识。

(六)不得涂改、变造、出租、出借、出售或者以其他任何形式转让出版物经营许可证和批准文件。

第二十三条 从事出版物发行业务的单位、个人,应查验供货单位的出版物经营许可证并留存复印件或电子文件,并将出版物发行进销货清单等有关非财务票据至少保存两年,以备查验。

进销货清单应包括进销出版物的名称、数量、折扣、金额以及发货方和进货方单位公章(签章)。

第二十四条 出版物发行从业人员应接受出版行政主管部门组织的业务培训。出版物发行单位应建立职业培训制度,积极组织本单位从业人员参加依法批准的职业技能鉴定机构实施的发行员职业技能鉴定。

第二十五条 出版单位可以发行本出版单位出版的出版物。发行非本出版单位出版的出版物的,须按照从事出版物发行业务的有关规定办理审批手续。

第二十六条 为出版物发行业务提供服务的网络交易平台应向注册地省、自治区、直辖市人民政府出版行政主管部门备案，接受出版行政主管部门的指导与监督管理。

备案材料包括下列书面材料：

（一）营业执照正副本复印件；

（二）单位基本情况；

（三）网络交易平台的基本情况。

省、自治区、直辖市人民政府出版行政主管部门应于10个工作日内向备案的网络交易平台出具备案回执。

提供出版物发行网络交易平台服务的经营者，应当对申请通过网络交易平台从事出版物发行业务的经营主体身份进行审查，核实经营主体的营业执照、出版物经营许可证，并留存证照复印件或电子文档备查。不得向无证无照、证照不齐的经营者提供网络交易平台服务。

为出版物发行业务提供服务的网络交易平台经营者应建立交易风险防控机制，保留平台内从事出版物发行业务经营主体的交易记录两年以备查验。对在网络交易平台内从事各类违法出版物发行活动的，应当采取有效措施予以制止，并及时向所在地出版行政主管部门报告。

第二十七条 省、自治区、直辖市出版行政主管部门和全国性出版、发行行业协会，可以主办全国性的出版物展销活动和跨省专业性出版物展销活动。主办单位应提前2个月报国家新闻出版广电总局备案。

市、县级出版行政主管部门和省级出版、发行协会可以主办地方性的出版物展销活动。主办单位应提前2个月报上一级出版行政主管部门备案。

备案材料包括下列书面材料：

（一）展销活动主办单位；

（二）展销活动时间、地点；

（三）展销活动的场地、参展单位、展销出版物品种、活动筹备等情况。

第二十八条 从事中小学教科书发行业务，必须遵守下列规定：

（一）从事中小学教科书发行业务的单位必须具备中小学教科书发行资质。

（二）纳入政府采购范围的中小学教科书，其发行单位须按照《中华人民共和国政府采购法》的有关规定确定。

（三）按照教育行政主管部门和学校选定的中小学教科书，在规定时间内完成发行任务，确保"课前到书，人手一册"。因自然灾害等不可抗力导致中小学教科书发行受到影响的，应及时采取补救措施，并报告所在地出版行政和教育行政主管部门。

（四）不得在中小学教科书发行过程中擅自征订、搭售教学用书目录以外的出版物。

（五）不得将中小学教科书发行任务向他人转让和分包。

（六）不得涂改、倒卖、出租、出借中小学教科书发行资质证书。

（七）中小学教科书发行费率按照国家有关规定执行，不得违反规定收取发行费用。

（八）做好中小学教科书的调剂、添货、零售和售后服务等相关工作。

（九）应于发行任务完成后30个工作日内向国家新闻出版广电总局和所在地省级出版行政主管部门书面报告中小学教科书发行情况。

中小学教科书出版单位应在规定时间内向依法确定的中小学教科书发行单位足量供货，不得向不具备中小学教科书发行资质的单位供应中小学教科书。

第二十九条 任何单位、个人不得从事本规定第二十条所列出版物的征订、储存、运输、邮寄、投递、散发、附送等活动。

从事出版物储存、运输、投递等活动，应当接受出版行政主管部门的监督检查。

第三十条 从事出版物发行业务的单位、个人应当按照出版行政主管部门的规定接受年度核验，并按照《中华人民共和国统计法》《新闻出版统计管理办法》及有关规定如实报送统计资料，不得以任何借口拒报、迟报、虚报、瞒报以及伪造和篡改统计资料。

出版物发行单位、个人不再具备行政许可的法定条件的，由出版行政主管部门责令限期改正；逾期仍未改正的，由原发证机关撤销出版物经营许可证。

中小学教科书发行单位不再具备中小学教科书发行资质的法定条件的，由出版行政主管部门责令限期改正；逾期仍未改正的，由原发证机关撤销中小学教科书发行资质证。

第四章 法律责任

第三十一条 未经批准，擅自从事出版物发行业务的，依照《出版管理条例》第六十一条处罚。

第三十二条 发行违禁出版物的，依照《出版管理条例》第六十二条处罚。

发行国家新闻出版广电总局禁止进口的出版物，或者发行未从依法批准的出版物进口经营单位进货的进口出版物，依照《出版管理条例》第六十三条处罚。

发行其他非法出版物和出版行政主管部门明令禁止出版、印刷或者复制、发行的出版物的，依照《出版管理条例》第六十五条处罚。

发行违禁出版物或者非法出版物的，当事人对其来源作出说明、指认，经查证属实的，没收出版物和非法所得，可以减轻或免除其他行政处罚。

第三十三条 违反本规定发行侵犯他人著作权或者专有出版权的出版物的，依照《中华人民共和国著作权法》和《中华人民共和国著作权法实施条例》的规定处罚。

第三十四条 在中小学教科书发行过程中违反本规定，有下列行为之一的，依照《出版管理条例》第六十五条处罚：

（一）发行未经依法审定的中小学教科书的；

（二）不具备中小学教科书发行资质的单位从事中小学教科书发行活动的；

（三）未按照《中华人民共和国政府采购法》有关规定确定的单位从事纳入政府采购范围的中小学教科书发行活动的。

第三十五条 出版物发行单位未依照规定办理变更审批手续的，依照《出版管理条例》第六十七条处罚。

第三十六条 单位、个人违反本规定被吊销出版物经营许可证的，其法定代表人或者主要负责人自许可证被吊销之日起10年内不得担任发行单位的法定代表人或者主要负责人。

第三十七条 违反本规定，有下列行为之一的，由出版行政主管部门责令停止违法行为，予以警告，并处3万元以下罚款：

（一）未能提供近2年的出版物发行进销货清单等有关非财务票据或者清单、票据未按规定载明有关内容的；

（二）超出出版行政主管部门核准的经营范围经营的；

（三）张贴、散发、登载有法律、法规禁止内容的或者有欺诈性文字、与事实不符的征订单、广告和宣传画的；

（四）擅自更改出版物版权页的；

（五）出版物经营许可证未在经营场所明显处张挂或者未在网页醒目位置公开出版物经营许可证和营业执照登载的有关信息

或者链接标识的；

（六）出售、出借、出租、转让或者擅自涂改、变造出版物经营许可证的；

（七）公开宣传、陈列、展示、征订、销售或者面向社会公众发送规定应由内部发行的出版物的；

（八）委托无出版物批发、零售资质的单位或者个人销售出版物或者代理出版物销售业务的；

（九）未从依法取得出版物批发、零售资质的出版发行单位进货的；

（十）提供出版物网络交易平台服务的经营者未按本规定履行有关审查及管理责任的；

（十一）应按本规定进行备案而未备案的；

（十二）不按规定接受年度核验的。

第三十八条 在中小学教科书发行过程中违反本规定，有下列行为之一的，由出版行政主管部门责令停止违法行为，予以警告，并处3万元以下罚款：

（一）擅自调换已选定的中小学教科书的；

（二）擅自征订、搭售教学用书目录以外的出版物的；

（三）擅自将中小学教科书发行任务向他人转让和分包的；

（四）涂改、倒卖、出租、出借中小学教科书发行资质证书的；

（五）未在规定时间内完成中小学教科书发行任务的；

（六）违反国家有关规定收取中小学教科书发行费用的；

（七）未按规定做好中小学教科书的调剂、添货、零售和售后服务的；

（八）未按规定报告中小学教科书发行情况的；

（九）出版单位向不具备中小学教科书发行资质的单位供应中小学教科书的；

（十）出版单位未在规定时间内向依法确定的中小学教科书

发行企业足量供货的;

(十一)在中小学教科书发行过程中出现重大失误,或者存在其他干扰中小学教科书发行活动行为的。

第三十九条 征订、储存、运输、邮寄、投递、散发、附送本规定第二十条所列出版物的,按照本规定第三十二条进行处罚。

第四十条 未按本规定第三十条报送统计资料的,按照《新闻出版统计管理办法》有关规定处理。

第五章 附 则

第四十一条 允许香港、澳门永久性居民中的中国公民依照内地有关法律、法规和行政规章,在内地各省、自治区、直辖市设立从事出版物零售业务的个体工商户,无需经过外资审批。

第四十二条 本规定所称中小学教科书,是指经国务院教育行政主管部门审定和经授权审定的义务教育教学用书(含配套教学图册、音像材料等)。

中小学教科书发行包括中小学教科书的征订、储备、配送、分发、调剂、添货、零售、结算及售后服务等。

第四十三条 出版物经营许可证和中小学教科书发行资质证的设计、印刷、制作与发放等,按照《新闻出版许可证管理办法》有关规定执行。

第四十四条 本规定由国家新闻出版广电总局会同商务部负责解释。

第四十五条 本规定自 2016 年 6 月 1 日起施行,原新闻出版总署、商务部 2011 年 3 月 25 日发布的《出版物市场管理规定》同时废止。本规定施行前与本规定不一致的其他规定不再执行。

关于严格禁止买卖书号、刊号、版号等问题的若干规定

（新闻出版署　1997年1月29日　新出图〔1997〕53号）

为了认真贯彻党的十四届六中全会精神，加强出版管理，树立行业新风，进一步繁荣出版事业，根据国务院颁布的《出版管理条例》和中宣部、新闻出版署的有关规定，现重申并补充关于禁止买卖书号、刊号、版号的若干规定如下：

一、严禁出版单位买卖书号、刊号、版号。凡是以管理费、书号费、刊号费、版号费或其他名义收取费用，出让国家出版行政部门赋予的权力，给外单位或个人提供书号、刊号、版号和办理有关手续，放弃编辑、校对、印刷、复制、发行等任何一个环节的职责，使其以出版单位的名义牟利，均按买卖书号、刊号、版号查处。

二、严禁任何单位和个人以任何名义直接或间接地购买书号、刊号、版号，并参与出版、印刷、复制、发行等活动。凡购买书号、刊号、版号从事的出版活动均属非法出版活动，坚决予以取缔。

三、出版工作者在组稿和编辑过程中，不得以任何名义，向供稿单位或个人索取和收受各种费用（如审稿费、编辑费、校对费等），不得索取和收受礼品、礼金或有价证券等。

四、出版工作者不得在出版、印刷、复制、发行等经营活动中索取和收受回扣或提成。

五、严禁出版工作者参与各种非法出版活动。出版工作者不得为不法书商提供证明材料和办理有关手续，以掩盖买卖书号、刊号、版号的非法行为。

六、出版工作者不得利用职务之便在他人作品上署名，以谋取

个人名利;不得利用职务之便以他人名义支取稿费、编审费、校对费等费用。

七、出版单位要严格财务管理,严格审计制度,不得在出版、印刷、复制和发行活动中以任何名义搞任何形式的“体外循环”或虚假“体内循环”。

八、出版单位必须建立健全严格的书号、刊号、版号的管理制度,指定专人负责书号、刊号、版号的管理。不得将书号、刊号、版号和经济创收指标等承包到编辑部或个人,不得在异地设立编辑机构。

九、出版单位或个人不得以出版个人或企事业单位名录或约稿收费等名义,向供稿单位或个人以任何名义索取任何费用。

十、出版单位印刷、复制出版物必须到有印制许可证的印制厂印制;出版单位不得向没有一级批发权的任何发行单位转让或变相转让总发行权,也不得向非发行单位批发出版物。出版单位的一切印制业务和发行业务,必须严格遵守新闻出版署关于实行印刷委托书、复制委托书、书刊发行委托书的有关规定。

十一、出版单位的年度出版计划及涉及国家安全、社会安定等方面的重大选题,应严格按国家出版行政部门的具体规定,办理备案等手续。出版单位对书稿的初审、复审和终审工作要切实到位,严格把关,对编、排、校、印等环节进行全程监督。

十二、对违反上述规定的单位和个人,由国家出版行政部门,根据国务院颁布的《出版管理条例》和其他有关规定,视其情节轻重,给予行政处罚,触犯法律的,移交司法机关处理。

各出版单位必须严格执行上述规定,要根据本单位的实际情况,制定相应的实施细则或实施办法。各省、自治区、直辖市出版行政部门要向社会公布举报电话,以监督执行本规定。

本规定自发布之日起实行。

关于认定淫秽及色情出版物的暂行规定

（新闻出版署　1988年12月27日　〔88〕新出办字第1512号）

第一条　为了实施国务院《关于严禁淫秽物品的规定》和《关于重申严禁淫秽出版物的规定》，明确淫秽及色情出版物的认定标准，特制定本暂行规定。

第二条　淫秽出版物是指在整体上宣扬淫秽行为，具有下列内容之一，挑动人们的性欲，足以导致普通人腐化堕落，而又没有艺术价值或者科学价值的出版物：

（一）淫亵性地具体描写性行为、性交及其心理感受；

（二）公然宣扬色情淫荡形象；

（三）淫亵性地描述或者传授性技巧；

（四）具体描写乱伦、强奸或者其他性犯罪的手段、过程或者细节，足以诱发犯罪的；

（五）具体描写少年儿童的性行为；

（六）淫亵性地具体描写同性恋的性行为或者其他性变态行为，或者具体描写与性变态有关的暴力、虐待、侮辱行为；

（七）其他令普通人不能容忍的对性行为淫亵性描写。

第三条　色情出版物是指在整体上不是淫秽的，但其中一部分有第二条（一）至（七）项规定的内容，对普通人特别是未成年人的身心健康有毒害，而缺乏艺术价值或者科学价值的出版物。

第四条　夹杂淫秽、色情内容而具有艺术价值的文艺作品；表现人体美的美术作品；有关人体的解剖生理知识、生育知识、疾病防治和其他有关性知识、性道德、性社会学等自然科学和社会科学作品，不属于淫秽出版物、色情出版物的范围。

第五条 淫秽出版物、色情出版物由新闻出版署负责鉴定或者认定。新闻出版署组织有关部门的专家组成淫秽及色情出版物鉴定委员会，承担淫秽出版物、色情出版物的鉴定工作。

各省、自治区、直辖市新闻出版局组织有关部门的专家组成淫秽及色情出版物鉴定委员会，对本行政区域内发现的淫秽出版物、色情出版物提出鉴定或者认定意见报新闻出版署。

第六条 本规定所称的出版物包括书籍、报纸、杂志、图片、画册、挂历、音像制品和印刷宣传品。

本规定所称的普通人是指生理和精神正常的成年人。

第七条 本规定由新闻出版署负责解释。

第八条 本规定自公布之日起施行。

关于部分应取缔出版物认定标准的暂行规定

（新闻出版署　1989 年 11 月 3 日　〔89〕新出政字第 1064 号）

中共中央办公厅、国务院办公厅于 1989 年 9 月 16 日发布的《关于整顿、清理书报刊和音像市场严厉打击犯罪活动的通知》明确规定："凡属于下列范围的书报刊和音像制品一律取缔：宣扬资产阶级自由化或其他内容反动的；有严重政治错误的；淫秽色情的；夹杂淫秽色情内容、低级庸俗、有害于青少年身心健康的；宣传封建迷信、凶杀暴力的；封面、插图、广告及其他宣传品存在上述问题的；非法出版的书报刊和音像制品。"据此，为使整顿、清理书报刊和音像市场工作顺利进行，现对部分应取缔的出版物的认定标准作如下具体规定：

一、"夹杂淫秽色情内容、低级庸俗、有害于青少年身心健康的"出版物（简称"夹杂淫秽内容的出版物"），是指尚不能定性为淫秽、色情出版物，但具有下列内容之一，低级庸俗，妨害社会公德，缺乏艺术价值或者科学价值，公开展示或阅读会对普通人特别是青少年身心健康产生危害，甚至诱发青少年犯罪的出版物：

1.描写性行为、性心理，着力表现生殖器官，会使青少年产生不健康意识的；

2.宣传性开放、性自由观念的；

3.具体描写腐化堕落行为，足以导致青少年仿效的；

4.具体描写诱奸、通奸、淫乱、卖淫的细节的；

5.具体描写与性行为有关的疾病，如梅毒、淋病、艾滋病等，令

普通人厌恶的;

6.其他刊载的猥亵情节,令普通人厌恶或难以容忍的。

二、“宣扬封建迷信”的出版物,是指除符合国家规定出版的宗教出版物外,其他违反科学、违反理性,宣扬愚昧迷信的出版物:

1.以看相、算命、看风水、占卜为主要内容的;

2.宣扬求神问卜、驱鬼治病、算命相面以及其他传播迷信谣言、荒诞信息,足以蛊惑人心,扰乱公共秩序的。

三、宣扬“凶杀暴力”的出版物,是指以有害方式描述凶杀等犯罪活动或暴力行为,足以诱发犯罪,破坏社会治安的出版物:

1.描写罪犯形象,足以引起青少年对罪犯同情或赞赏的;

2.描述罪犯践踏法律的行为,唆使人们蔑视法律尊严的;

3.描述犯罪方法或细节,会诱发或鼓动人们模仿犯罪行为的;

4.描述离奇荒诞、有悖人性的残酷行为或暴力行为,令普通人感到恐怖、会对青少年造成心理伤害的;

5.正面肯定抢劫、偷窃、诈骗等具有犯罪性质的行为的。

互联网站从事登载新闻业务管理暂行规定

（国务院新闻办公室　信息产业部　2000年11月）

第一条　为了促进我国互联网新闻传播事业的发展，规范互联网站登载新闻的业务，维护互联网新闻的真实性、准确性、合法性，制定本规定。

第二条　本规定适用于在中华人民共和国境内从事登载新闻业务的互联网站。

本规定所称登载新闻，是指通过互联网发布和转载新闻。

第三条　互联网站从事登载新闻业务，必须遵守宪法和法律、法规。

国家保护互联网站从事登载新闻业务的合法权益。

第四条　国务院新闻办公室负责全国互联网站从事登载新闻业务的管理工作。

省、自治区、直辖市人民政府新闻办公室依照本规定负责本行政区域内互联网站从事登载新闻业务的管理工作。

第五条　中央新闻单位、中央国家机关各部门新闻单位以及省、自治区、直辖市和省、自治区人民政府所在地的市直属新闻单位依法建立的互联网站（以下简称新闻网站），经批准可以从事登载新闻业务。其他新闻单位不单独建立新闻网站，经批准可以在中央新闻单位或者省、自治区、直辖市直属新闻单位建立的新闻网站建立新闻网页从事登载新闻业务。

第六条　新闻单位建立新闻网站（页）从事登载新闻业务，应当依照下列规定报国务院新闻办公室或者省、自治区、直辖市人民政府新闻办公室审核批准：

（一）中央新闻单位建立新闻网站从事登载新闻业务，报国务院新闻办公室审核批准。

（二）中央国家机关各部门新闻单位建立新闻网站从事登载新闻业务，经主管部门审核同意，报国务院新闻办公室批准。

（三）省、自治区、直辖市和省、自治区人民政府所在地的市直属新闻单位建立新闻网站从事登载新闻业务，经所在地省、自治区、直辖市人民政府新闻办公室审核同意，报国务院新闻办公室批准。

（四）省、自治区、直辖市以下新闻单位在中央新闻单位或者省、自治区、直辖市直属新闻单位的新闻网站建立新闻网页从事登载新闻业务，报所在地省、自治区、直辖市人民政府新闻办公室审核批准，并报国务院新闻办公室备案。

第七条 非新闻单位依法建立的综合性互联网站（以下简称综合性非新闻单位网站），具备本规定第九条所列条件的，经批准可以从事登载中央新闻单位、中央国家机关各部门新闻单位以及省、自治区、直辖市直属新闻单位发布的新闻的业务，但不得登载自行采写的新闻和其他来源的新闻。非新闻单位依法建立的其他互联网站，不得从事登载新闻业务。

第八条 综合性非新闻单位网站依照本规定第七条从事登载新闻业务，应当经主办单位所在地省、自治区、直辖市人民政府新闻办公室审核同意，报国务院新闻办公室批准。

第九条 综合性非新闻单位网站从事登载新闻业务，应当具备下列条件：

（一）有符合法律、法规规定的从事登载新闻业务的宗旨及规章制度；

（二）有必要的新闻编辑机构、资金、设备及场所；

（三）有具有相关新闻工作经验和中级以上新闻专业技术职

务资格的专职新闻编辑负责人，并有相应数量的具有中级以上新闻专业技术职务资格的专职新闻编辑人员；

（四）有符合本规定第十一条规定的新闻信息来源。

第十条 互联网站申请从事登载新闻业务，应当填写并提交国务院新闻办公室统一制发的《互联网站从事登载新闻业务申请表》。

第十一条 综合性非新闻单位网站从事登载中央新闻单位、中央国家机关各部门新闻单位以及省、自治区、直辖市直属新闻单位发布的新闻的业务，应当同上述有关新闻单位签订协议，并将协议副本报主办单位所在地省、自治区、直辖市人民政府新闻办公室备案。

第十二条 综合性非新闻单位网站登载中央新闻单位、中央国家机关各部门新闻单位以及省、自治区、直辖市直属新闻单位发布的新闻，应当注明新闻来源和日期。

第十三条 互联网站登载的新闻不得含有下列内容：

（一）违反宪法所确定的基本原则；

（二）危害国家安全，泄露国家秘密，煽动颠覆国家政权，破坏国家统一；

（三）损害国家的荣誉和利益；

（四）煽动民族仇恨、民族歧视，破坏民族团结；

（五）破坏国家宗教政策，宣扬邪教，宣扬封建迷信；

（六）散布谣言，编造和传播假新闻，扰乱社会秩序，破坏社会稳定；

（七）散布淫秽、色情、赌博、暴力、恐怖或者教唆犯罪；

（八）侮辱或者诽谤他人，侵害他人合法权益；

（九）法律、法规禁止的其他内容。

第十四条 互联网站链接境外新闻网站，登载境外新闻媒体和互联网站发布的新闻，必须另行报国务院新闻办公室批准。

第十五条 违反本规定，有下列情形之一的，由国务院新闻办公室或者省、自治区、直辖市人民政府新闻办公室给予警告，责令限期改正；已取得从事登载新闻业务资格的，情节严重的，撤销其从事登载新闻业务的资格：

（一）未取得从事登载新闻业务资格，擅自登载新闻的；

（二）综合性非新闻单位网站登载自行采写的新闻或者登载不符合本规定第七条规定来源的新闻的，或者未注明新闻来源的；

（三）综合性非新闻单位网站未与中央新闻单位、中央国家机关各部门新闻单位以及省、自治区、直辖市直属新闻单位签订协议擅自登载其发布的新闻，或者签订的协议未履行备案手续的；

（四）未经批准，擅自链接境外新闻网站，登载境外新闻媒体和互联网站发布的新闻的。

第十六条　互联网站登载的新闻含有本规定第十三条所列内容之一，构成犯罪的，依法追究刑事责任；尚不构成犯罪的，由公安机关或者国家安全机关依照有关法律、行政法规的规定给予行政处罚。

第十七条　互联网站登载新闻含有本规定第十三条所列内容之一或者有本规定第十五条所列情形之一的，国务院信息产业主管部门或者省、自治区、直辖市电信管理机构依照有关法律、行政法规的规定，可以责令关闭网站，并吊销其电信业务经营许可证。

第十八条　在本规定施行前已经从事登载新闻业务的互联网站，应当自本规定施行之日起60日内依照本规定办理相应的手续。

第十九条　本规定自发布之日起施行。

互联网新闻信息服务管理规定

（2005年9月25日中华人民共和国国务院新闻办公室　中华人民共和国信息产业部令第37号公布）

第一章　总　　则

第一条　为了规范互联网新闻信息服务，满足公众对互联网新闻信息的需求，维护国家安全和公共利益，保护互联网新闻信息服务单位的合法权益，促进互联网新闻信息服务健康、有序发展，制定本规定。

第二条　在中华人民共和国境内从事互联网新闻信息服务，应当遵守本规定。

本规定所称新闻信息，是指时政类新闻信息，包括有关政治、经济、军事、外交等社会公共事务的报道、评论，以及有关社会突发事件的报道、评论。

本规定所称互联网新闻信息服务，包括通过互联网登载新闻信息、提供时政类电子公告服务和向公众发送时政类通讯信息。

第三条　互联网新闻信息服务单位从事互联网新闻信息服务，应当遵守宪法、法律和法规，坚持为人民服务、为社会主义服务的方向，坚持正确的舆论导向，维护国家利益和公共利益。

国家鼓励互联网新闻信息服务单位传播有益于提高民族素质、推动经济发展、促进社会进步的健康、文明的新闻信息。

第四条　国务院新闻办公室主管全国的互联网新闻信息服务监督管理工作。省、自治区、直辖市人民政府新闻办公室负责本行政区域内的互联网新闻信息服务监督管理工作。

第二章 互联网新闻信息服务单位的设立

第五条 互联网新闻信息服务单位分为以下三类:

(一)新闻单位设立的登载超出本单位已刊登播发的新闻信息、提供时政类电子公告服务、向公众发送时政类通讯信息的互联网新闻信息服务单位;

(二)非新闻单位设立的转载新闻信息、提供时政类电子公告服务、向公众发送时政类通讯信息的互联网新闻信息服务单位;

(三)新闻单位设立的登载本单位已刊登播发的新闻信息的互联网新闻信息服务单位。

根据《国务院对确需保留的行政审批项目设定行政许可的决定》和有关行政法规,设立前款第(一)项、第(二)项规定的互联网新闻信息服务单位,应当经国务院新闻办公室审批。

设立本条第一款第(三)项规定的互联网新闻信息服务单位,应当向国务院新闻办公室或者省、自治区、直辖市人民政府新闻办公室备案。

第六条 新闻单位与非新闻单位合作设立互联网新闻信息服务单位,新闻单位拥有的股权不低于51%的,视为新闻单位设立互联网新闻信息服务单位;新闻单位拥有的股权低于51%的,视为非新闻单位设立互联网新闻信息服务单位。

第七条 设立本规定第五条第一款第(一)项规定的互联网新闻信息服务单位,应当具备下列条件:

(一)有健全的互联网新闻信息服务管理规章制度;

(二)有5名以上在新闻单位从事新闻工作3年以上的专职新闻编辑人员;

(三)有必要的场所、设备和资金,资金来源应当合法。

可以申请设立前款规定的互联网新闻信息服务单位的机构,

应当是中央新闻单位，省、自治区、直辖市直属新闻单位，以及省、自治区人民政府所在地的市直属新闻单位。

审批设立本条第一款规定的互联网新闻信息服务单位，除应当依照本条规定条件外，还应当符合国务院新闻办公室关于互联网新闻信息服务行业发展的总量、结构、布局的要求。

第八条 设立本规定第五条第一款第（二）项规定的互联网新闻信息服务单位，除应当具备本规定第七条第一款第（一）项、第（三）项规定条件外，还应当有10名以上专职新闻编辑人员；其中，在新闻单位从事新闻工作3年以上的新闻编辑人员不少于5名。

可以申请设立前款规定的互联网新闻信息服务单位的组织，应当是依法设立2年以上的从事互联网信息服务的法人，并在最近2年内没有因违反有关互联网信息服务管理的法律、法规、规章的规定受到行政处罚；申请组织为企业法人的，注册资本应当不低于1000万元人民币。

审批设立本条第一款规定的互联网新闻信息服务单位，除应当依照本条规定条件外，还应当符合国务院新闻办公室关于互联网新闻信息服务行业发展的总量、结构、布局的要求。

第九条 任何组织不得设立中外合资经营、中外合作经营和外资经营的互联网新闻信息服务单位。

互联网新闻信息服务单位与境内外中外合资经营、中外合作经营和外资经营的企业进行涉及互联网新闻信息服务业务的合作，应当报经国务院新闻办公室进行安全评估。

第十条 申请设立本规定第五条第一款第（一）项、第（二）项规定的互联网新闻信息服务单位，应当填写申请登记表，并提交下列材料：

（一）互联网新闻信息服务管理规章制度；

（二）场所的产权证明或者使用权证明和资金的来源、数额

证明;

(三)新闻编辑人员的从业资格证明。

申请设立本规定第五条第一款第(一)项规定的互联网新闻信息服务单位的机构,还应当提交新闻单位资质证明;申请设立本规定第五条第一款第(二)项规定的互联网新闻信息服务单位的组织,还应当提交法人资格证明。

第十一条 申请设立本规定第五条第一款第(一)项、第(二)项规定的互联网新闻信息服务单位,中央新闻单位应当向国务院新闻办公室提出申请;省、自治区、直辖市直属新闻单位和省、自治区人民政府所在地的市直属新闻单位以及非新闻单位应当通过所在地省、自治区、直辖市人民政府新闻办公室向国务院新闻办公室提出申请。

通过省、自治区、直辖市人民政府新闻办公室提出申请的,省、自治区、直辖市人民政府新闻办公室应当自收到申请之日起20日内进行实地检查,提出初审意见报国务院新闻办公室;国务院新闻办公室应当自收到初审意见之日起40日内作出决定。向国务院新闻办公室提出申请的,国务院新闻办公室应当自收到申请之日起40日内进行实地检查,作出决定。批准的,发给互联网新闻信息服务许可证;不批准的,应当书面通知申请人并说明理由。

第十二条 本规定第五条第一款第(三)项规定的互联网新闻信息服务单位,属于中央新闻单位设立的,应当自从事互联网新闻信息服务之日起1个月内向国务院新闻办公室备案;属于其他新闻单位设立的,应当自从事互联网新闻信息服务之日起1个月内向所在地省、自治区、直辖市人民政府新闻办公室备案。

办理备案时,应当填写备案登记表,并提交互联网新闻信息服务管理规章制度和新闻单位资质证明。

第十三条 互联网新闻信息服务单位依照本规定设立后,应当依照有关互联网信息服务管理的行政法规向电信主管部门办理有关手续。

第十四条 本规定第五条第一款第(一)项、第(二)项规定的互联网新闻信息服务单位变更名称、住所、法定代表人或者主要负责人、股权构成、服务项目、网站网址等事项的,应当向国务院新闻办公室申请换发互联网新闻信息服务许可证。根据电信管理的有关规定,需报电信主管部门批准或者需要电信主管部门办理许可证或者备案变更手续的,依照有关规定办理。

本规定第五条第一款第(三)项规定的互联网新闻信息服务单位变更名称、住所、法定代表人或者主要负责人、股权构成、网站网址等事项的,应当向原备案机关重新备案;但是,股权构成变更后,新闻单位拥有的股权低于51%的,应当依照本规定办理许可手续。根据电信管理的有关规定,需报电信主管部门批准或者需要电信主管部门办理许可证或者备案变更手续的,依照有关规定办理。

第三章 互联网新闻信息服务规范

第十五条 互联网新闻信息服务单位应当按照核定的服务项目提供互联网新闻信息服务。

第十六条 本规定第五条第一款第(一)项、第(二)项规定的互联网新闻信息服务单位,转载新闻信息或者向公众发送时政类通讯信息,应当转载、发送中央新闻单位或者省、自治区、直辖市直属新闻单位发布的新闻信息,并应当注明新闻信息来源,不得歪曲原新闻信息的内容。

本规定第五条第一款第(二)项规定的互联网新闻信息服务单位,不得登载自行采编的新闻信息。

第十七条 本规定第五条第一款第(一)项、第(二)项规定的互联网新闻信息服务单位转载新闻信息,应当与中央新闻单位或者省、自治区、直辖市直属新闻单位签订书面协议。中央新闻单位设立的互联网新闻信息服务单位，应当将协议副本报国务院新闻办公室备案；其他互联网新闻信息服务单位，应当将协议副本报所在地省、自治区、直辖市人民政府新闻办公室备案。

中央新闻单位或者省、自治区、直辖市直属新闻单位签订前款规定的协议，应当核验对方的互联网新闻信息服务许可证，不得向没有互联网新闻信息服务许可证的单位提供新闻信息。

第十八条 中央新闻单位与本规定第五条第一款第(二)项规定的互联网新闻信息服务单位开展除供稿之外的互联网新闻业务合作，应当在开展合作业务10日前向国务院新闻办公室报告；其他新闻单位与本规定第五条第一款第(二)项规定的互联网新闻信息服务单位开展除供稿之外的互联网新闻业务合作，应当在开展合作业务10日前向所在地省、自治区、直辖市人民政府新闻办公室报告。

第十九条 互联网新闻信息服务单位登载、发送的新闻信息或者提供的时政类电子公告服务，不得含有下列内容：

(一)违反宪法确定的基本原则的；

(二)危害国家安全，泄露国家秘密，颠覆国家政权，破坏国家统一的；

(三)损害国家荣誉和利益的；

(四)煽动民族仇恨、民族歧视，破坏民族团结的；

(五)破坏国家宗教政策，宣扬邪教和封建迷信的；

(六)散布谣言，扰乱社会秩序，破坏社会稳定的；

(七)散布淫秽、色情、赌博、暴力、恐怖或者教唆犯罪的；

(八)侮辱或者诽谤他人，侵害他人合法权益的；

(九)煽动非法集会、结社、游行、示威、聚众扰乱社会秩序的；

(十)以非法民间组织名义活动的；

(十一)含有法律、行政法规禁止的其他内容的。

第二十条 互联网新闻信息服务单位应当建立新闻信息内容管理责任制度。不得登载、发送含有违反本规定第三条第一款、第十九条规定内容的新闻信息;发现提供的时政类电子公告服务中含有违反本规定第三条第一款、第十九条规定内容的,应当立即删除,保存有关记录,并在有关部门依法查询时予以提供。

第二十一条 互联网新闻信息服务单位应当记录所登载、发送的新闻信息内容及其时间、互联网地址,记录备份应当至少保存60日,并在有关部门依法查询时予以提供。

第四章 监督管理

第二十二条 国务院新闻办公室和省、自治区、直辖市人民政府新闻办公室,依法对互联网新闻信息服务单位进行监督检查,有关单位、个人应当予以配合。

国务院新闻办公室和省、自治区、直辖市人民政府新闻办公室的工作人员依法进行实地检查时,应当出示执法证件。

第二十三条 国务院新闻办公室和省、自治区、直辖市人民政府新闻办公室,应当对互联网新闻信息服务进行监督;发现互联网新闻信息服务单位登载、发送的新闻信息或者提供的时政类电子公告服务中含有违反本规定第三条第一款、第十九条规定内容的,应当通知其删除。互联网新闻信息服务单位应当立即删除,保存有关记录,并在有关部门依法查询时予以提供。

第二十四条 本规定第五条第一款第(一)项、第(二)项规定的互联网新闻信息服务单位,属于中央新闻单位设立的,应当每年在规定期限内向国务院新闻办公室提交年度业务报告;属于其他新闻单位或者非新闻单位设立的,应当每年在规定期限内通过所在地省、自治区、直辖市人民政府新闻办公室向国务院新闻办公室提交年度业务报告。

国务院新闻办公室根据报告情况，可以对互联网新闻信息服务单位的管理制度、人员资质、服务内容等进行检查。

第二十五条 互联网新闻信息服务单位应当接受公众监督。

国务院新闻办公室应当公布举报网站网址、电话，接受公众举报并依法处理；属于其他部门职责范围的举报，应当移交有关部门处理。

第五章 法律责任

第二十六条 违反本规定第五条第二款规定，擅自从事互联网新闻信息服务，或者违反本规定第十五条规定，超出核定的服务项目从事互联网新闻信息服务的，由国务院新闻办公室或者省、自治区、直辖市人民政府新闻办公室依据各自职权责令停止违法活动，并处1万元以上3万元以下的罚款；情节严重的，由电信主管部门根据国务院新闻办公室或者省、自治区、直辖市人民政府新闻办公室的书面认定意见，按照有关互联网信息服务管理的行政法规的规定停止其互联网信息服务或者责令互联网接入服务者停止接入服务。

第二十七条 互联网新闻信息服务单位登载、发送的新闻信息含有本规定第十九条禁止内容，或者拒不履行删除义务的，由国务院新闻办公室或者省、自治区、直辖市人民政府新闻办公室给予警告，可以并处1万元以上3万元以下的罚款；情节严重的，由电信主管部门根据有关主管部门的书面认定意见，按照有关互联网信息服务管理的行政法规的规定停止其互联网信息服务或者责令互联网接入服务者停止接入服务。

互联网新闻信息服务单位登载、发送的新闻信息含有违反本规定第三条第一款规定内容的，由国务院新闻办公室或者省、自治区、直辖市人民政府新闻办公室依据各自职权依照前款规定的处罚种类、幅度予以处罚。

第二十八条 违反本规定第十六条规定，转载来源不合法的新闻信息、登载自行采编的新闻信息或者歪曲原新闻信息内容的，由国务院新闻办公室或者省、自治区、直辖市人民政府新闻办公室依据各自职权责令改正，给予警告，并处5000元以上3万元以下的罚款。

违反本规定第十六条规定，未注明新闻信息来源的，由国务院新闻办公室或者省、自治区、直辖市人民政府新闻办公室依据各自职权责令改正，给予警告，可以并处5000元以上2万元以下的罚款。

第二十九条 违反本规定有下列行为之一的，由国务院新闻办公室或者省、自治区、直辖市人民政府新闻办公室依据各自职权责令改正，给予警告，可以并处3万元以下的罚款：

（一）未履行备案义务的；

（二）未履行报告义务的；

（三）未履行记录、记录备份保存或者提供义务的。

第三十条 违反本规定第十七条第二款规定，向没有互联网新闻信息服务许可证的单位提供新闻信息的，对负有责任的主管人员和其他直接责任人员依法给予行政处分。

第三十一条 国务院新闻办公室和省、自治区、直辖市人民政府新闻办公室以及电信主管部门的工作人员，玩忽职守、滥用职权、徇私舞弊，造成严重后果，构成犯罪的，依法追究刑事责任；尚不构成犯罪的，对负有责任的主管人员和其他直接责任人员依法给予行政处分。

第六章 附 则

第三十二条 本规定所称新闻单位是指依法设立的报社、广播电台、电视台和通讯社;其中,中央新闻单位包括中央国家机关各部门设立的新闻单位。

第三十三条 本规定自公布之日起施行。

新闻单位驻地方机构管理办法(试行)

(2016 年 11 月 12 日国家新闻出版广电总局局务会议通过,2017 年 6 月 1 日起施行)

第一章　总　　则

第一条　为规范新闻单位驻地方机构(以下称驻地方机构)的新闻采编活动,加强驻地方机构的管理,促进新闻事业健康有序发展,根据国家有关规定,制定本办法。

第二条　本办法所称驻地方机构,是指依法批准的新闻单位设立的从事新闻采编活动的派出机构。

本办法适用于下列新闻单位派出的驻地方机构从事新闻采编活动的管理:

(一)报纸出版单位、新闻性期刊出版单位;

(二)通讯社;

(三)广播电台、电视台、广播电视台;

(四)新闻网站、网络广播电视台;

(五)其他新闻单位。

第三条　国务院新闻出版广电主管部门负责全国驻地方机构的监督管理,制定全国驻地方机构的设立规划,确定总量、布局、结构。

县级以上地方人民政府新闻出版广电主管部门负责本行政区域内驻地方机构的监督管理。

新闻单位负责其驻地方机构从事新闻采编等活动的日常管理,保障驻地方机构依法运行。

第四条 驻地方机构及其人员从事新闻采编活动应当以人民为中心,坚持为人民服务、为社会主义服务,坚持正确舆论导向,弘扬社会主义核心价值观,弘扬民族优秀文化。

第五条 驻地方机构及其人员从事新闻采编活动应当遵守法律法规,尊重社会公德,恪守职业道德,深入基层、深入群众、深入生活,确保新闻报道真实、全面、客观、公正。

第六条 驻地方机构及其人员从事新闻采编等活动受法律保护。

任何单位和人员不得干扰、阻挠驻地方机构及其人员的正常工作,不得假冒、盗用驻地方机构名义开展活动。

第二章 驻地方机构设立

第七条 国家对设立驻地方机构实行许可制度,未经批准不得设立,任何单位和人员不得以驻地方机构名义从事新闻采编活动。

新闻单位不得以派驻地记者方式代替设立驻地方机构从事新闻采编活动。

第八条 本办法第二条规定的新闻单位设立驻地方机构应当符合国务院新闻出版广电主管部门对驻地方机构总量、布局、结构的规划,并具备下列条件:

(一)在派驻地确有新闻采编需要;

(二)有健全的驻地方机构人员、财务、新闻采编活动等管理制度;

(三)有指导、管理驻地方机构的条件和能力;

(四)驻地方机构负责人具有新闻、出版、播音主持等专业的中级以上职称或者有5年以上新闻采编、新闻管理工作经历;

(五)驻地方机构有符合业务需要的持有新闻记者证的新闻

采编人员；

（六）驻地方机构有满足业务需要的固定工作场所和经费；

（七）国家规定的其他条件。

第九条 申请设立驻地方机构的报纸出版单位，仅限于每周出版四期以上的报纸出版单位，不包括教学辅导类报纸、文摘类报纸、高等学校校报等出版单位。

申请设立驻地方机构的新闻网站，仅限于中央主要新闻单位所办中央重点新闻网站。

申请设立驻地方机构的新闻性期刊出版单位、广播电台、电视台、广播电视台、网络广播电视台，应当经国务院新闻出版广电主管部门认定。

第十条 新闻单位在同一城市只能设立一个驻地方机构。

报业集团、期刊集团或者有多家子报子刊的新闻单位应当以集团或者新闻单位名义设立驻地方机构，其下属新闻单位不得再单独设立驻地方机构。

第十一条 新闻单位设立驻地方机构，经其主管单位审核同意后，向驻地方机构所在地省、自治区、直辖市新闻出版广电主管部门提出申请。其中，中央主要新闻单位设立驻地方机构，须先经国务院新闻出版广电主管部门审核同意。

中央重点新闻网站设立驻地方机构，经驻地方机构所在地省、自治区、直辖市网信主管部门审核，并经国家网信主管部门审查同意后，向所在地省、自治区、直辖市新闻出版广电主管部门提出申请。

第十二条 新闻单位设立驻地方机构，应提交申请书及下列材料：

（一）驻地方机构负责人、新闻采编人员等的基本情况及其从业资格证明；

（二）符合本办法规定的驻地方机构人员编制或者劳动合同、

聘用合同等证明;

(三)驻地方机构经费来源的证明;

(四)驻地方机构工作场所的证明;

(五)主管单位同意设立驻地方机构的证明;

(六)报纸出版单位出具报纸刊期的证明;

(七)新闻性期刊出版单位、广播电台、电视台、广播电视台、网络广播电视台出具国务院新闻出版广电主管部门认定的证明;

(八)中央重点新闻网站出具国家网信主管部门审查同意的证明。

第十三条 省、自治区、直辖市新闻出版广电主管部门自受理申请之日起20日内,作出批准或者不批准的决定。批准的,发放新闻单位驻地方机构许可证;不批准的,应当说明理由。

第十四条 驻地方机构名称由新闻单位名称和驻地方机构所在行政区域及单位名称组成。

第十五条 驻地方机构的登记地址、联系方式、负责人、新闻采编人员等发生变更,驻地方机构应当在变更后90日内到所在地省、自治区、直辖市新闻出版广电主管部门办理变更登记手续。

第十六条 新闻单位终止其驻地方机构业务活动,应当在30日内到所在地省、自治区、直辖市新闻出版广电主管部门办理注销登记手续,交回新闻单位驻地方机构许可证。

第十七条 新闻单位驻地方机构许可证由国务院新闻出版广电主管部门统一印制,有效期6年。

第三章　驻地方机构规范

第十八条 新闻单位应当在取得新闻单位驻地方机构许可证后30日内派遣新闻采编人员等到驻地方机构开展工作。

第十九条 新闻单位应当建立健全新闻线索集中管理和统一

安排采访制度，规范驻地方机构的新闻采编活动。

第二十条 新闻单位应当建立规范的驻地方机构人员用工制度，签订劳动合同或者聘用合同，保障员工的薪酬、社会保障等各项权益。

第二十一条 新闻单位应当确保驻地方机构正常开展工作所需经费，不得向驻地方机构及其人员下达经营创收指标、摊派经营任务、收取管理费等。

第二十二条 新闻单位应当建立健全驻地方机构人员培训和在职教育制度，提升从业人员素质。

第二十三条 新闻单位应当建立健全驻地方机构负责人任期、轮岗、审计、约谈、问责等内部管理制度，对出现违法违规问题造成恶劣影响的，要撤换驻地方机构负责人并依法依规追究责任。

第二十四条 新闻单位应当建立健全巡视检查制度，定期开展巡视检查，强化对驻地方机构的日常管理。

第二十五条 新闻单位应当建立健全社会监督机制，公示驻地方机构及其负责人、新闻采编人员名单，接受社会监督。

第二十六条 新闻单位、驻地方机构及其人员不得以承包、出租、出借、合作等任何形式非法转让驻地方机构的名称、证照、新闻业务等。

第二十七条 驻地方机构应当在批准范围内从事与新闻单位业务范围相一致的新闻采编活动。

驻地方机构及其人员不得从事广告、出版物发行、开办经营实体等与新闻采编业务无关的活动。

第二十八条 驻地方机构负责人应当落实国家有关新闻采编的管理规定，对本机构的新闻采编工作全面负责。

驻地方机构应当建立新闻采编工作记录制度、自查评估制度。

第二十九条 驻地方机构及其人员不得有下列违法违规和违反职业道德的行为：

(一)编发虚假报道;

(二)有偿新闻、有偿不闻、新闻敲诈等;

(三)利用职务影响和职务便利要求采访、报道对象及相关单位和人员做广告、订报刊、提供赞助等;

(四)其他谋取不正当利益的行为。

第三十条 驻地方机构不得以任何名义设立分支机构、聘用人员,不得与党政机关混合设立,党政机关工作人员不得在驻地方机构兼职。

驻地方机构负责人原则上不得同时在两个以上驻地方机构任职。

第四章 监督管理

第三十一条 国务院新闻出版广电主管部门负责指导、协调地方新闻出版广电主管部门对全国驻地方机构的监督管理。

国务院新闻出版广电主管部门负责中央主要新闻单位和中央重点新闻网站驻地方机构执行本办法情况的监督抽查;负责督办、查处驻地方机构及其人员违反本办法的重大案件;负责依法将驻地方机构及其人员违反本办法受到行政处罚的情形记入新闻采编不良从业行为记录。

第三十二条 省、自治区、直辖市新闻出版广电主管部门负责本行政区域内驻地方机构的日常监督管理。

省、自治区、直辖市新闻出版广电主管部门应当建立健全准入退出、综合评估、监督抽查、年度核验、信息通报和公告等制度,负责查处本行政区域内驻地方机构及其人员违反本办法的行为。

省、自治区、直辖市新闻出版广电主管部门应当向国务院新闻出版广电主管部门定期报告驻地方机构准入退出、综合评估、监督抽查、年度核验和公告等情况。

第三十三条 地方各级新闻出版广电主管部门应当建立健全社会监督机制,受理对违反本办法行为的投诉、举报,并及时核实、处理、答复。

第三十四条 国务院新闻出版广电主管部门发现中央主要新闻单位和中央重点新闻网站驻地方机构有违反本办法行为的,可以对新闻单位相关负责人进行约谈,向有关部门提出处理建议。

省、自治区、直辖市新闻出版广电主管部门发现本行政区域内驻地方机构有违反本办法行为的,可以对新闻单位相关负责人,或者驻地方机构负责人进行约谈,向有关部门提出处理建议。

第三十五条 省、自治区、直辖市新闻出版广电主管部门应当与网信主管部门建立协作机制,通报本行政区域内中央重点新闻网站驻地方机构准入退出、变更备案、年度核验、案件查处等信息。

第三十六条 新闻单位的主管单位应当督促所属新闻单位及其驻地方机构执行本办法的各项管理规定,及时发现并纠正所属新闻单位、驻地方机构及其人员的违法行为,并依法追究所属新闻单位主要负责人和直接责任人的责任。

第三十七条 省、自治区、直辖市新闻出版广电主管部门每两年对本行政区域内驻地方机构统一组织年度核验,重点核查驻地方机构下列内容:

(一)新闻采编工作情况;

(二)负责人、持有新闻记者证的新闻采编人员等变更情况;

(三)是否存在违反本办法的行为及其处理情况。

第三十八条 驻地方机构应当按时将下列材料报省、自治区、直辖市新闻出版广电主管部门进行年度核验:

(一)驻地方机构年度工作总结报告;

(二)驻地方机构年度主要新闻报道目录或者证明其新闻采编业绩的有关材料;

(三)新闻单位对驻地方机构的年度评估报告;

(四)其他必需的有关材料。

中央重点新闻网站驻地方机构还应当提供省、自治区、直辖市网信主管部门提出的审核意见。

第三十九条 省、自治区、直辖市新闻出版广电主管部门应当及时向社会公告年度核验合格的驻地方机构名录;在年度核验中发现驻地方机构及其人员有违法行为的,应当依法处理;对不再具备行政许可法定条件的,应当责令限期改正,未按期改正的,应当依法撤销行政许可。

第五章 法律责任

第四十条 新闻出版广电主管部门或者其他有关部门工作人员有下列情形之一,尚不构成犯罪的,依法给予处分:

(一)利用职务便利收受他人财物或者其他好处的;

(二)违反本办法规定进行审批活动的;

(三)不履行监督职责的;

(四)发现违法行为不予查处的;

(五)干扰、阻挠驻地方机构及其人员正常的新闻采编活动、妨碍舆论监督的;

(六)其他违反本办法规定滥用职权、玩忽职守、徇私舞弊的情形。

第四十一条 驻地方机构出现下列情形之一的,由国务院新闻出版广电主管部门或者省、自治区、直辖市新闻出版广电主管部门责令新闻单位限期改正;新闻单位未按期改正的,由省、自治区、直辖市新闻出版广电主管部门撤销其新闻单位驻地方机构许可证:

(一)驻地方机构不具备本办法第八条、第九条规定的许可条件的;

(二)违反本办法第十八条,未在法定期限内开展工作的。

第四十二条 新闻单位及其驻地方机构有下列行为之一的,国务院新闻出版广电主管部门或者省、自治区、直辖市新闻出版广电主管部门可以采取通报批评、责令公开检讨、责令整改等行政措施,情节严重的,可以给予警告,可以并处3万元以下罚款:

(一)违反本办法第十五条、第十六条,未在法定期限内办理有关手续的;

(二)违反本办法第十九条、第二十条、第二十二条、第二十三条、第二十四条、第二十五条,未按规定开展工作、落实有关责任的;

(三)违反本办法第二十八条,驻地方机构负责人未按规定落实有关责任或者未建立有关制度的;

(四)违反本办法第三十八条,未按规定参加年度核验的。

第四十三条 新闻单位及其驻地方机构有下列行为之一的,国务院新闻出版广电主管部门或者省、自治区、直辖市新闻出版广电主管部门可以采取通报批评、责令公开检讨、责令整改等行政措施,可以给予警告,可以并处3万元以下罚款,情节严重的,撤销其新闻单位驻地方机构许可证:

(一)违反本办法第二十一条,向驻地方机构及其人员下达经营创收指标、摊派经营任务、收取管理费的;

(二)违反本办法第二十六条,非法转让驻地方机构的名称、证照、新闻业务等的;

(三)违反本办法第二十七条、第二十九条,从事与新闻采编业务无关的活动或者从事违法违规和违反职业道德行为的;

(四)违反本办法第三十条,违规设立分支机构、聘用人员,与党政机关混合设立,党政机关工作人员在驻地方机构兼职的。

第四十四条 违反本办法第六条、第七条,擅自设立驻地方机构或者采取假冒、盗用等方式以驻地方机构或者驻地记者名义开展活动的,由省、自治区、直辖市新闻出版广电主管部门予以取缔,可以并处3万元以下罚款,没收违法所得。

第六章 附 则

第四十五条 本办法施行前已经设立的驻地方机构,自本办法施行之日起6个月内,由新闻单位持原批准文件到驻地方机构所在地省、自治区、直辖市新闻出版广电主管部门换发新闻单位驻地方机构许可证。

第四十六条 本办法自2017年6月1日起施行。2009年8月6日原新闻出版总署颁布的《报刊记者站管理办法》同时废止。

附录

中国标准书号

（中华人民共和国国家质量监督检验检疫总局　中国国家标准化管理委员会　2006年10月18日）

1　适用范围

本标准规定了中国标准书号的结构、显示方式及印刷位置、分配及使用规则、与中国标准书号有关的元数据以及中国标准书号的管理系统。本标准为在中国依法设立的出版者所出版或制作的每一专题出版物及其每一版本提供唯一确定的和国际通用的标识编码方法。

本标准适用的或不适用的专题出版物详见附录A。

2　规范性引用文件

下列文件中的条款通过本标准的引用而成为本标准的条款。凡是注日期的引用文件，其随后所有的修改单（不包括勘误的内容）或修订版均不适用于本标准，然而，鼓励根据本标准达成协议的各方研究是否可使用这些文件的最新版本。凡是不注日期的引用文件，其最新版本适用于本标准。

GB/T 2659　世界各国和地区名称代码（GB/T 2659—2000，eqv ISO 3166-1：1997）

GB/T 3259　中文书刊名称汉语拼音拼写法

GB/T 4880.1—2005 语种名称代码　第1部分：2字母代码（ISO 639-1：2002，MOD）

GB/T 4880.2 语种名称代码　第 2 部分:3 字母代码(GB/T 4880.2—2000,eqv ISO 639-2:1998)

GB/T 7408—2005　数据元和交换格式　信息交换　日期和时间表示法(ISO 8601:2000,IDT)

3　术语和定义

下列术语和定义适用于本标准。

3.1　EAN · UCC 前缀 EAN · UCC prefix

国际物品编码协会分配的产品标识编码。

3.2　校验码 check digit

中国标准书号的最后一位,由校验码前面的 12 位数字通过特定的数学算法计算得出,用以检查中国标准书号编号的正确性。

3.3　连续性资源 continuing resource

计划无限期出版的公开出版物,通常为连续或整合出版,一般具有编号和/或年月标识。

注:连续性资源包括:连续出版物,如报纸、期刊、杂志等。

3.4　版本 edition

由同一出版者出版、内容相同的出版物的所有复制品。

3.5　整合性资源 integrating resource

有限期或无限期出版,以增补或变更方式更新内容,并与原内容整合为一体的公开出版物。

注:整合性资源包括不断更新的活页出版物和网页等。

3.6　ISBN

国际标准书号英文 International Standard Book Number 的缩写,国际上通用的出版物标识编码的标识符。

3.7　专题出版物 monographic publication

由出版者或作者将作品或该作品的一部分或几部分作为一个单行本出版,且可以任何产品形式公开发行的出版物。有别于连续性出版物和整合性出版物。

注:本标准条款中所指“出版物”均为“专题出版物”。

3.8 按需印刷出版物 print on demand publication

根据客户需求加工制作的出版物,而不是发行人或出版者库存的出版物。

3.9 产品形式 product form

产品的尺寸、装帧、载体和/或数据格式。

3.10 出版者 publisher

向中国 ISBN 管理机构申请并获得出版者号的出版机构或组织。

3.11 组区 registration group

由国际 ISBN 管理机构指定的,以国家、地理区域、语言及其他社会集团划分的工作区域。

4 中国标准书号的结构

4.1 中国标准书号的构成

中国标准书号由标识符“ISBN”和 13 位数字组成。其中 13 位数字分为以下五部分:

1)EAN · UCC 前缀;

2)组区号;

3)出版者号;

4)出版序号;

5)校验码。

书写或印刷中国标准书号时,标识符“ISBN”使用大写英文字母,其后留半个汉字空,数字的各部分应以半字线隔开。如下所示:

ISBN EAN · UCC 前缀-组区号-出版者号-出版序号-校验码

示例:ISBN 978-7-5064-2595-7

4.2 EAN · UCC 前缀

中国标准书号数字的第一部分。由国际物品编码（EAN·UCC）系统专门提供给国际ISBN管理系统的产品标识编码。

4.3　组区号

中国标准书号数字的第二部分。它由国际ISBN管理机构分配。中国的组区号为"7"。

4.4　出版者号

中国标准书号数字的第三部分。标识具体的出版者。其长度为2至7位，由中国ISBN管理机构设置和分配。

出版者号的设置见附录D。

4.5　出版序号

中国标准书号数字的第四部分。由出版者按出版物的出版次序管理和编制。

编制规则见附录A。

4.6　校验码

中国标准书号数字的第五部分，也是其最后一位。采用模数10加权算法计算得出。

计算方法见附录C。

5　中国标准书号的分配

5.1　中国ISBN管理机构按照分配规则，根据出版者的出版计划，分配出版者号。

5.2　出版者应向中国ISBN管理机构提供分配中国标准书号的出版物的元数据。

有关元数据要求见附录E。

5.3　一个中国标准书号在任何情况下均不能改变、替换或重复使用。

5.4　各出版者出版发行的每一出版物或其单行本均应使用不同的中国标准书号。内容相同而语种不同的出版物也应使用不同的中国标准书号。

5.5 同一出版物的不同产品形式(例如精装本、平装本、盲文版、录音带、视频、在线电子出版物等)均应使用不同的中国标准书号。已经出版且单独制作、发行的电子出版物的不同格式(例如“.lit”“.pdf”“.html”以及“.pdb”等)均应使用不同的中国标准书号。

5.6 出版物的任何部分有较大改动,形成新的版本时,应分配新的中国标准书号;出版物内容相同题名更改的,应分配新的中国标准书号;版本、形式或者出版者毫无变化的重新印刷或复制的出版物,不分配新的中国标准书号。仅仅是定价改变或者诸如修正打印错误等细微变化的重新印刷或复制的出版物,也不分配新的中国标准书号。

6 中国标准书号在出版物上的位置和显示方式

6.1 总则

中国标准书号应永久性出现在出版物上。

6.2 印刷形式出版物

6.2.1 中国标准书号应同时印刷在出版物的版本记录页和封底(或护封)。

6.2.2 在版本记录页中,中国标准书号应按 4.1 示例格式印刷,字号不小于 5 号。

6.2.3 在封底(或护封)上,中国标准书号应以条码格式印刷在封底(或护封)的右下角,条码符号上方印 OCR-B 字体的中国标准书号。

6.3 电子出版物及其他非印刷形式出版物

6.3.1 以电子形式存储的可视出版物(例如录像带、在线出版物等),中国标准书号应显示在有题名或版权说明的初始页面或屏幕上。

6.3.2 以实物载体形式出版的音像制品和电子出版物,中国标准书号应印刷在音像制品和电子出版物的外装帧面和载体标识面上，并在题名或版权说明的页面或屏幕上显示。

6.3.3　中国标准书号在音像制品和电子出版物外装帧面和载体标识面上应表示为机读条码。其他非印刷形式出版物的外装帧面和载体标识面上，中国标准书号也应当与条码同时显示。

6.4　多个中国标准书号的排印形式

同一出版物的不同产品形式所对应的中国标准书号同时出现，则按上下顺序排列。在一个由各个中国标准书号构成的列表中，每个中国标准书号均受其所标识的具体产品形式的信息限制。

7　ISBN 系统的管理

中国 ISBN 管理机构根据国际标准 ISO 2108 和 ISBN 系统管理的要求，负责中国标准书号系统的监督、协调和管理。

中国 ISBN 管理机构以及出版者的职责见附录 B。

附　录　A

（规范性附录）

中国标准书号的分配及使用规则

A.1　概述

A.1.1　中国标准书号的分配与出版物形式无关，不具有与该出版物权利归属有关的作为法律凭证的意义和价值。

A.1.2　公开出版的每一出版物的每一版本应分配不同的中国标准书号。同一版本出版物产品形式不同或语种不同应分配不同的中国标准书号。

A.1.3　一个中国标准书号不应分配给出版物的多个版本或

产品形式。

A.1.4 一个中国标准书号在任何情况下都不能重复分配。即便发现中国标准书号使用错误,也不得再分配给其他出版物。中国标准书号使用错误的,出版者应将错误的中国标准书号向中国 ISBN 管理机构报告。

A.1.5 出版物的修订版应分配新的中国标准书号。

A.1.6 由同一出版者以相同产品形式出版的同一出版物,在重印或复制时,不应分配新的中国标准书号。

A.1.7 由于产品形式改变而形成的特定出版物,应分配新的中国标准书号。例如,同一出版物的精装本、平装本、盲文版、软件、视听读物以及网络电子版等。

A.1.8 仅是定价改变的出版物,不分配新的中国标准书号。

A.1.9 中国标准书号适用于以下种类的出版物:

1)印刷的图书和小册子(以及此类出版物的不同产品形式);

2)盲文出版物;

3)出版者无计划定期更新或无限期延续的出版物;

4)教育或教学用影片、录像制品和幻灯片;

5)磁带和 CD 或 DVD 形式的有声读物;

6)电子出版物实物载体形式(机读磁带、光盘、CD-ROMs)或是在互联网上出版的电子出版物;

7)印刷出版物的电子版;

8)缩微出版物;

9)教育或教学软件;

10)混合媒体出版物(内容以文字材料为主的);

11)地图及教学制图、图示类出版物。

A.1.10 中国标准书号不适用于以下种类的出版物:

1)连续性资源(例如刊物、无限期出版的丛书以及整合性资源);

2)暂时性印刷材料(例如广告等);

3）印刷的活页乐谱；
4）无书名页和正文的美术印刷品及美术折页印张；
5）个人文件；
6）贺卡；
7）音乐录音制品；
8）用于教育或教学目的之外的软件；
9）电子公告板；
10）电子邮件和其他电子函件。

A.2　多卷册出版物

由多卷组成的出版物，应为出版物分配一个中国标准书号；如果该套出版物的各卷可单独销售，每一卷也应有自己的中国标准书号；各卷的版本记录页应注明该卷的中国标准书号以及整套的中国标准书号。

不单卷销售（例如，每一卷都不单独出售的百科全书）的套书，为便于发行和处理退货，仍可每一卷使用一个中国标准书号。

A.3　作为丛书组成部分的出版物

如果一种出版物既单独销售，也作为丛书之一向公众出售，则应将其视为两个不同的出版物，分配不同的中国标准书号。

A.4　联合出版

由多个出版者共同出版或者联合编辑出版的出版物，每个合作出版者均可使用各自的中国标准书号，并将其显示在版本记录页中，但只能将其中的一个中国标准书号显示为条码形式。

A.5　重印

A.5.1　如果同一出版者使用不同的出版标记出版同一出版

物,则应分配一个新的中国标准书号。

A.5.2 如果同一出版物由不同的出版者使用不同的出版标记出版,也应分配一个新的中国标准书号。

A.6 按需印刷出版物

按照客户要求制定专门内容或者为用户专用的按需印刷出版物,不分配中国标准书号。

A.7 电子出版物

电子出版物中国标准书号的分配,按照本标准第 5 章的有关规定执行。

附 录 B

(规范性附录)

中国 ISBN 系统的管理

B.1 概述

ISBN 系统是用于出版物的标识系统。

ISBN 系统的管理分三级进行:国际管理、各组区管理和出版者管理。

中国 ISBN 系统的管理包括组区管理和出版者管理。依照 ISO 2108、国际 ISBN 管理机构制定的规则和本标准对该系统进行管理。

B.2 中国 ISBN 管理机构的功能和职责

中国 ISBN 管理机构的功能和职责包括:

1)遵照本标准促进、协调及监督中国标准书号的实施;

2）向出版物的出版者发布有关中国标准书号分配的通知；

3）根据国际ISBN管理机构制定的政策管理和保存ISBN号、ISBN元数据以及管理数据的记录；

4）将已分配的中国标准书号的详细信息、元数据及管理数据输入记录；

5）修正错误的中国标准书号及中国标准书号元数据；

6）编制并保存与中国标准书号运行有关的统计数据，向国家新闻出版行政管理机关报送相关数据和报告，向国际ISBN管理机构报送年度报告；

7）对中国标准书号系统的使用者进行宣传、教育和培训；

8）根据国际ISBN管理机构制定的政策，向ISBN系统的其他区域管理机构和用户提供与中国标准书号有关的元数据；

9）编制中国出版者名录，为国际出版者名录（PIID）提供数据，并将信息提供给社会；

10）管理公用出版者号；

11）提供中国标准书号条码软片；

12）执行国际ISBN管理机构按照ISO 2108的规定制定的ISBN政策和程序，保证提供全程服务。

B.3　出版者的责任

出版者的责任包括：

1）按照本标准负责对其出版物分配出版序号并保证使用规范；

2）保证所分配和使用的中国标准书号的唯一性，任何情况下都不得重复使用；

3）正确管理和使用中国ISBN管理机构分配和设置的专用中国标准书号的出版序号编号段，不得以任何方式转给他人；

4）按照本标准规定向中国ISBN管理机构报送出版物元数据；

5)向中国 ISBN 管理机构提供其现有及计划出版物情况,以保证分配的出版者号含有的出版量与出版者实际规模相符。

附 录 C

(规范性附录)

13 位数字中国标准书号的校验码

C.1 校验码用以检查中国标准书号编号的正确性。

C.2 中国标准书号校验码使用阿拉伯数字 0~9 中的 1 位数字字符。

C.3 校验码采用模数 10 的加权算法计算得出。

以 ISBN 978-7-5064-2595-7 为例,其计算方法见表 C.1。

表 C.1 由 13 位数字组成的中国标准书号校验码计算示例

<table>
<tr><th colspan="2"></th><th colspan="3">EAN · UCC 前缀</th><th>组区号</th><th colspan="4">出版者号</th><th colspan="4">出版序号</th><th>校验码</th></tr>
<tr><td>1</td><td>取 ISBN 前 12 位数字</td><td>9</td><td>7</td><td>8</td><td>7</td><td>5</td><td>0</td><td>6</td><td>4</td><td>2</td><td>5</td><td>9</td><td>5</td><td>?</td></tr>
<tr><td>2</td><td>取各位数字所对应的加权值</td><td>1</td><td>3</td><td>1</td><td>3</td><td>1</td><td>3</td><td>1</td><td>3</td><td>1</td><td>3</td><td>1</td><td>3</td><td>—</td></tr>
<tr><td>3</td><td>将各位数字与其相对应的加权值依次相乘</td><td>9</td><td>21</td><td>8</td><td>21</td><td>5</td><td>0</td><td>6</td><td>12</td><td>2</td><td>15</td><td>9</td><td>15</td><td>—</td></tr>
<tr><td>4</td><td>将乘积相加,得出和数</td><td colspan="13">123</td></tr>
<tr><td>5</td><td>用和数除以模数 10,得出余数</td><td colspan="13">123÷10=12 余 3</td></tr>
<tr><td>6</td><td>模数 10 减余数,所得差即为校验码</td><td colspan="13">10-3=7</td></tr>
<tr><td>7</td><td>将所得校验码放在构成中国标准书号的基本数字的末端</td><td colspan="13">978-7-5064-2595-7</td></tr>
</table>

如果步骤 5 所得余数为 0,则校验码为 0。

数学算式为:

校验码 = mod 10{10-[mod 10(中国标准书号前 12 位数字的加权乘积之和)]}

= mod 10{10-[mod 10(123)]}

= 7

验证中国标准书号的方法:加权乘积之和加校验码,被 10 整除。

附 录 D

(资料性附录)

中国标准书号的范围

D.1 概述

本附录提供了中国标准书号适用范围的设置及推导规则。

D.2 组区号设置范围内的出版量

国际 ISBN 管理机构为中国分配的组区号为"7",此组区号设置范围内的允许出版量见表 D.1。

表 D.1 EAN · UCC 前缀 978 内组区号"7"的允许出版量

EAN · UCC 前缀	组区号	允许出版量
978	7	100 000 000

D.3 出版者号的取值范围和出版量的设置

组区号、出版者号和出版序号共 9 位数字,但三部分中的每一部分的位数均是可变的。在组区号不变的情况下,设置出版者号后,即可推导出所含有的出版量,具体见表 D.2。

表 D.2 出版者号的取值范围和出版量

EAN · UCC 前缀-组区号	出版者号设置范围	每一出版者号含有的出版量
978-7	00~09	1 000 000
	100~499	100 000
	5 000~7 999	10 000
	80 000~89 999	1000
	900 000~989 999	100
	9 900 000~9 999 999	10

附 录 E

(规范性附录)

中国标准书号元数据

E.1 概述

E.1.1 为了区分标有中国标准书号的不同出版物,出版者应向中国 ISBN 管理机构提供准确的使用中国标准书号的出版物元数据(描述性信息)。每一与中国标准书号分配有关的元数据均应由中国 ISBN 管理机构或由其指定的书目机构保存。

E.1.2 中国 ISBN 管理机构提供中国标准书号元数据的类型、格式及软件。

E.2 中国标准书号元数据基本要素

E.2.1 中国标准书号系统要求的元数据与国家标准、行业标准以及有关国际标准相兼容。

E.2.2　中国标准书号元数据的基本要素见表 E.1。

表 E.1　中国标准书号元数据的基本要素

数据要素	说明
ISBN	13 位数字的中国标准书号
产品形式	表明出版物载体和/或格式的代码
题名	正题名、副题名、并列题名及其他题名信息和/或其他出版物题名
题名的汉语拼音	使用 GB/T 3259
丛书	丛书题名及其他题名信息
著作者	撰稿人身份代码及姓名
版本	初版以后的版次、类别和声明
语种	使用 GB/T 4880.1-2005
出版标记	出版物得以出版的标志或者商标名称
出版者	拥有该出版标志或者商标名称的法人
出版国家	使用 GB/T 2659
出版日期	使用中国标准书号的首版出版日期,按 GB/T 7408-2005 (YYYY-MM-DD)
原出版物的 ISBN 号	作为原有出版物的一部分的出版物,应保存其原有出版物的 ISBN 号
内容提要	出版物主要内容的概述,其字段长度应在 200 个汉字内
定价	本出版物的价格
备注	

E.3　中国标准书号与中国标准书号元数据之间的联系

中国 ISBN 管理机构既可以利用数据库将中国标准书号与其元数据基本要素联系起来,也可与书目机构合作,以确保公众可以获得这些数据。中国 ISBN 管理机构或由其指定的书目机构可以收取一定的费用。

附　录　F

(资料性附录)

10 位数字中国标准书号

F.1　概述

本标准通过增加 EAN·UCC 前缀作为 13 位数字中国标准书号的第一部分,扩充了中国标准书号标识系统的编号能力。

在以前版本的 GB/T 5795 中,中国标准书号由 10 位数字组成,分为四部分:

1)组区号(原称组号);

2)出版者号;

3)出版序号(原称书名号);

4)校验码。

10 位数字的中国标准书号不能区分不同前缀码的编码范围。因此,自 2007 年的 1 月 1 日起,除非出于历史目的才会使用 10 位数字的中国标准书号。

F.2　10 位数字中国标准书号校验码的计算

10 位数字中国标准书号校验码采用模数 11 的加权算法计算得出。

以 ISBN 7-5064-2595-5 为例,其计算方法见表 F.1。

表 F.1　10 位数字的中国标准书号校验码的计算示例

		组区号	出版者号				出版序号				校验码
1	ISBN	7	5	0	6	4	2	5	9	5	?
2	加权	10	9	8	7	6	5	4	3	2	—

续表

		组区号	出版者号				出版序号				校验码
3	加权乘积	70	45	0	42	24	10	20	27	10	—
4	加权乘积之和	248									
5	和数除以模数,得出余数	248÷11=22 余 6									
6	模数 11 减余数,所得差即为校验码的数值	11-6=5(校验码)									
7	完整的 ISBN	7-5064-2595-5									

数学公式为:

校验码=mod11[11-mod11(加权乘积之和)]

=mod11[11-mod11(248)]=5

注:如果计算结果为 1~9 之间的任何整数,其数值即是校验码;如果计算结果为 10,则校验码用"X"表示;如果计算结果为 11,则校验码用"0"表示。

验证中国标准书号的方法:乘积之和加校验码,被模数 11 整除。

F.3　10 位数字中国标准书号与 13 位数字中国标准书号所计算得出的数值结果不同

10 位数字的中国标准书号校验码依照附录 F.2 给出的方法计算,13 位数字的中国标准书号校验码依照附录 C 给出的方法计算,所得数值结果可能不同。如下所示:

10 位数字中国标准书号:ISBN 7-5064-2595-5

13 位数字中国标准书号:ISBN 978-7-5064-2595-7

F.4　10 位数字的中国标准书号转换为 13 位数字的中国标准书号的方法

如果 10 位数字的中国标准书号转换为 13 位数字的中国标准

书号,则在其前9位数字之前加EAN·UCC前缀978,以模数10加权算法计算得出的校验码取代10位数字中国标准书号的校验码(见附录C)。

示例:

该示例说明10位数字中国标准书号转换为13位数字中国标准书号的方法:

带校验码的10位数字中国标准书号:ISBN 7-5064-2595-5

不带校验码的10位数字中国标准书号:ISBN 7-5064-2595

不带校验码的13位数字中国标准书号:ISBN 978-7-5064-2595

计算出校验码的13位数字中国标准书号:ISBN 978-7-5064-2595-7

F.5 13位数字中国标准书号与10位数字中国标准书号的兼容性

F.5.1 在使用13位数字结构的中国标准书号时,应保证其完整性,以确保产品标识编码的一致性。

F.5.2 建议在图书贸易中将所有10位数字结构中国标准书号的书目都转换成13位数字结构的中国标准书号。

F.5.3 如果在出版物或其附带的材料中出现了10位数字中国标准书号,必须明确地标识为"10位数字中国标准书号",同时也应给出13位数字中国标准书号。

F.5.4 中国标准书号出版者号的最大长度为7位数。为区分不同EAN·UCC前缀中组区号设置范围,在计算机系统和出版物中,组区号的全部信息应包括EAN·UCC前缀和组区号。为区分不同EAN·UCC前缀中出版者号设置范围,在计算机系统和出版物中,出版者的全部信息应包括EAN·UCC前缀、组区号和出版者号。

关于组区号、出版者号的设置规则见附录D。

中国标准连续出版物号

（中华人民共和国国家质量监督检验检疫总局　2001年11月14日）

1　范围

本标准规定了中国标准连续出版物号的结构、内容、印刷格式与位置及其分配原则。

本标准适用于经国家出版管理部门正式许可出版的任何载体的连续出版物。连续出版物包括：期刊、报纸、年度出版物等。

2　引用标准

下列标准所包含的条文，通过在本标准中引用而构成为本标准的条文。本标准出版时，所示版本均为有效。所有标准都会被修订，使用本标准的各方应探讨使用下列标准最新版本的可能性。

GB/T 2260—1999　中华人民共和国行政区划代码

GB/T 2659—2000　世界各国和地区名称代码（eqv ISO 3166-1:1997）

3　定义

本标准采用下列定义。

3.1　中国标准连续出版物号 China Standard Serial Numbering

中国国家出版管理部门批准注册的出版者所出版的每一种连续出版物的代码标识。它由国际标准连续出版物号和国内统一连续出版物号两部分组成。

3.1.1　国际标准连续出版物号 International Standard Serial

Numbering

ISSN

国际标准刊号(被取代术语)

连续出版物的代码标识。它由前缀 ISSN 和 8 位数字组成,由 ISSN 中心负责分配。

3.1.2 国内统一连续出版物号 CN Serial Numbering

CN 号

国内统一刊号(被取代术语)

国家出版管理部门负责分配给连续出版物的代号。它以 CN 为前缀,由 6 位数字以及分类号组成。CN 为中国的国名代码。

3.2 连续出版物 serial

印有编号或年月标识,定期或不断更新并计划无限期地连续出版的出版物。

3.3 识别题名 key title

ISSN 中心给一种连续出版物,在世界范围内指定的一个唯一的名称,该名称与它的 ISSN 不可分割。

4 中国标准连续出版物号的结构

中国标准连续出版物号由一个国际标准连续出版物号和一个国内统一连续出版物号两部分组成,其结构格式为:

$$\frac{\text{ISSN XXXX-XXXX}}{\text{CN XX-XXXX/YY}}$$

4.1 国际标准连续出版物号

国际标准连续出版物号由前缀 ISSN 和 8 位数字组成。ISSN 与 8 位数字之间空半个汉字空。8 位数字分为两段,每段 4 位数字,中间用半字线“-”隔开。8 位数字的最后一位是校验码(见附录 A)。国际标准连续出版物号不反映连续出版物的语种、国别或出版者。

4.2　国内统一连续出版物号

4.2.1　国内统一连续出版物号的前面部分由前缀 CN 和 6 位数字组成。6 位数字由国家出版管理部门负责分配给连续出版物。CN 与 6 位数字之间空半个汉字空。6 位数字的前 2 位与后 4 位之间用半字线“-”隔开。

a)国内统一连续出版物号 6 位数字的前 2 位为地区号,依据 GB/T 2260 中的数字码前两位给出(见附录 B)。

连续出版物较多的北京地区,当地区代码“11”使用完毕后,北京地区的连续出版物使用“10”为扩充代码。

b)国内统一连续出版物号 6 位数字的后 4 位数字为地区连续出版物的序号。各省、自治区、直辖市的国内连续出版物序号范围一律从 0001~9999,其中 0001~0999 为报纸的序号,1000~5999 为印刷版连续出版物的序号,6000~8999 为网络连续出版物的序号,9000~9999 为有形的电子连续出版物(如光盘等)的序号。

4.2.2　国内统一连续出版物号的分类号用以说明连续出版物的主要学科范畴,以便于对连续出版物的分类统计、订阅、陈列和检索。期刊的分类号按《中国图书馆分类法(第 4 版)》的基本大类(见附录 C)给出,其中文化教育类(G)和工业技术类(T)按二级类目给出。报纸暂不分类。

分类号置在国内统一连续出版物号 6 位数字之后,用一斜线“/”隔开。

5　印刷格式与位置

中国标准连续出版物号应印在每期连续出版物显著的、固定的位置上。国际标准连续出版物号(ISSN)与国内统一连续出版物号(CN 号)可以分开印刷。

5.1　在印刷型连续出版物上的印刷

5.1.1　中国标准连续出版物号的印刷

当国际标准连续出版物号(ISSN)和国内统一连续出版物号(CN 号)一起印刷时,中国标准连续出版物号的印刷位置在出版物的封面右上角、版权页(块)或目次页和封四下方。印刷格式举例如下:

$$\frac{\text{ISSN 1008-1798}}{\text{CN 11-3950/D}}$$

5.1.2 国际标准连续出版物号(ISSN)的印刷

国际标准连续出版物号(ISSN)独立印刷时,应印在封面的右上角、版权页(块)或目次页,也可与条码一起印刷。印刷格式举例如下:

ISSN 1009-122X

5.1.3 国内统一连续出版物号(CN 号)的印刷

国内统一连续出版物号(CN 号)独立印刷时,应印在版权页(块)、目次页和封四下方。印刷格式举例如下:

CN 42-1223/TN

5.2 在非纸制型连续出版物的印刷与显示

5.2.1 中国标准连续出版物号应印在非纸制型出版物显著的位置。如:盒、封套、标签和片头等处。

5.2.2 中国标准连续出版物号应印在电子连续出版物的题名屏(第一屏或主菜单);印在有型的电子媒体(如:光盘)永久性标签上。

6 中国标准连续出版物号的分配原则

6.1 一种连续出版物一号

中国标准连续出版物号采用一个号对应一种连续出版物的基本原则。自中国标准连续出版物号分配之日起,便与注册的名称永久地联系在一起,一旦一个中国标准连续出版物号分配给一种连续出版物,在任何情况下这个中国标准连续出版物号都不能分配给其他连续出版物。

6.2 改名改号

连续出版物的题名改变,应分配新的中国标准连续出版物号。

6.3 不同载体不同连续出版物号

一种连续出版物以不同的载体出版,不管其题名是否相同,应为不同载体版本的出版物分配不同的中国标准连续出版物号。

6.4 题名不变,出版地改变,国内统一连续出版物号重新分配

连续出版物题名没有改变,出版地从一个省、直辖市和自治区转移到另一个省、直辖市和自治区,应重新分配国内统一连续出版物号。

7 中国标准连续出版物号系统所使用的数据项目

中国标准连续出版物号系统所使用的基本数据项目如下:

——ISSN;

——CN 号;

——识别题名;

——并列题名;

——主办单位;

——出版地;

——主管单位;

——刊期;

——尺寸;

——物理媒体;

——创/停刊年;

——出版物类型;

——分类号;

——先前题名;

——后继题名；
——有其他文种版本；
——是其他文种版本；
——有其他载体。

附 录 A

ISSN 校验码计算方法

以 ISSN 0317-8471 为例,其校验码计算方法见表 A.1。

表 A.1 ISSN 校验码计算方法

1	取 ISSN 的前 7 位数字(校验位是第 8 位,即最后 1 位)	0 3 1 7 8 4 7
2	取各位数字所对应的加权值(8~2)	8 7 6 5 4 3 2
3	将各位数字与其相应的加权值依次相乘	0 21 6 35 32 12 14
4	将乘积相加,得出和数	0+21+6+35+32+12+14=120
5	用和数除以模数 11,得出余数	120÷11=10 余 10
6	用模数 11 减余数,所得差数即为校验码的值	11-10=1
7	将所得校验码数值放在构成 ISSN 的基本数字的最右边	0317-8471

如果差数为 10,校验码则以大写英文字母“X”表示。如果余数是“0”,则校验码为“0”。

附　录　B

省、自治区、直辖市地区号

11　北京市
12　天津市
13　河北省
14　山西省
15　内蒙古自治区
21　辽宁省
22　吉林省
23　黑龙江省
31　上海市
32　江苏省
33　浙江省
34　安徽省
35　福建省
36　江西省
37　山东省
41　河南省
42　湖北省
43　湖南省
44　广东省
45　广西壮族自治区
46　海南省
50　重庆市
51　四川省
52　贵州省
53　云南省
54　西藏自治区
61　陕西省
62　甘肃省
63　青海省
64　宁夏回族自治区
65　新疆维吾尔自治区

附　录　C

期刊分类表

A　马克思主义、列宁主义、毛泽东思想、邓小平理论
B　哲学、宗教

C 社会科学总论
D 政治、法律
E 军事
F 经济
G 文化、科学、教育、体育
  G0 综合性文化
  G1 世界各国文化与文化事业
  G2 信息与知识传播
  G3 科学、科学研究
  G4 教育
  G8 体育
H 语言、文字
I 文学
J 艺术
K 历史、地理
N 自然科学总论
O 数理科学和化学
P 天文学、地球科学
Q 生物科学
R 医药、卫生
S 农业科学
T 工业技术
  TB 一般工业技术
  TD 矿业工程
  TE 石油、天然气工业
  TF 冶金工业
  TG 金属学与金属工业
  TH 机械、仪表工业

TJ 武器工业
TK 能源与动力工程
TL 原子能技术
TM 电工技术
TN 无线电电子学、电信技术
TP 自动化技术、计算机技术
TQ 化学工程
TS 轻工业、手工业
TU 建筑科学
TV 水利工程
U 交通运输
V 航空、航天
X 环境科学、安全科学
Z 综合类

校对符号及其用法

（国家技术监督局　1993年11月16日）

1　主题内容与适用范围

本标准规定了校对各种排版校样的专用符号及其用法。

本标准适用于中文（包括少数民族文字）各类校样的校对工作。

2　引用标准

GB 9851　印刷技术术语

3　术语

3.1　校对符号 proofreader's mark

以特定图形为主要特征的、表达校对要求的符号。

4　校对符号及用法示例

编号	符号形态	符号作用	符号在文中和页边用法示例	说明
		一、字符的改动		
1		改正	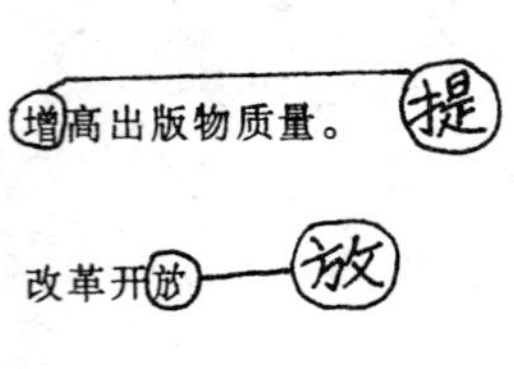	改正的字符较多，圈起来有困难时，可用线在页边画清改正的范围 必须更换的损、坏、污字也用改正符号画出

续表

编号	符号形态	符号作用	符号在文中和页边用法示例	说明
2		删除	提高出版物物质质量。	
3		增补	要搞好校工作。 对	增补的字符较多，圈起来有困难时，可用线在页边画清增补的范围
4		改正上下角	16 = 42　　H_2SO4 尼古拉·费欣 0.25 + 0.25 = 0.5 举例：2 × 3 = 6 X:Y = 1:2	
		二、字符方向位置的移动		
5		转正	字符颠倒要转正。	
6		对调	认真经验总结 认真验结经总。	用于相邻的字词 用于隔开的字词
7		接排	要重视校对工作， 提高出版物质量。	
8		另起段	完成了任务。明年……	
9	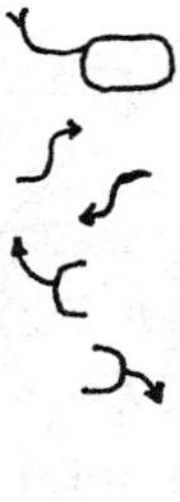	转移	校对工作，提高出 版物质量要重视。 "。以上引文均见中文新版《 列宁全集》。 编者　年　月 …… 各位编委：	用于行间附近的转移 用于相邻行首末衔接字符的推移 用于相邻页首末衔接行段的推移

续表

编号	符号形态	符号作用	符号在文中和页边用法示例	说明
10	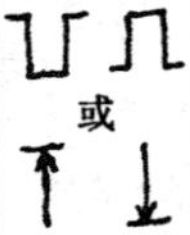	上下移	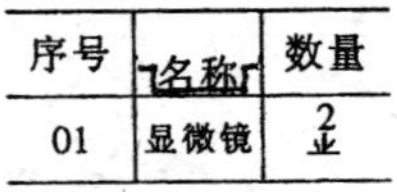	字符上移到缺口左右水平线处 字符下移到箭头所指的短线处
11		左右移	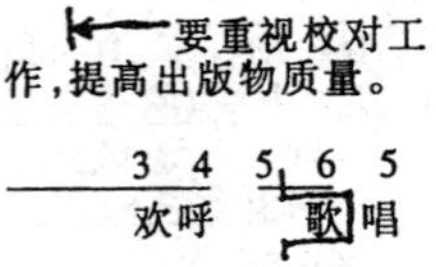	字符左移到箭头所指的短线处 字符左移到缺口上下垂直线处 符号画得太小时，要在页边重标
12		排齐	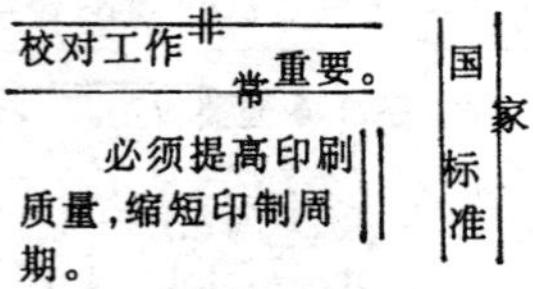	
13	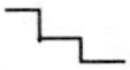	排阶梯形		
14		正图		符号横线表示水平位置，竖线表示垂直位置，箭头表示上方

三、字符间空距的改动

编号	符号形态	符号作用	符号在文中和页边用法示例	说明
15		加大空距	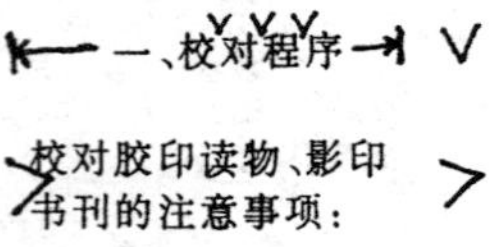	表示在一定范围内适当加大空距 横式文字画在字头和行头之间

续表

编号	符号形态	符号作用	符号在文中和页边用法示例	说明
16	∧ <	减小空距	二、校对程　序 校对胶印读物、影印书刊的注意事项：	表示不空或在一定范围内适当减小空距 横式文字画在字头和行头之间
17	# 空1字距 空1/2字距 空1/3字距 空1/4字距	空1字距 空1/2字距 空1/3字距 空1/4字距	第一章校对职责和方法 1. 责任校对	多个空距相同的，可用引线连出，只标示一个符号
18	Y	分开	Goodmorning	用于外文
		四、其　他		
19	△	保留	认真搞好校对工作。	除在原删除的字符下画△外，并在原删除符号上画两竖线
20	○ =	代替	兰色的程度不同，从淡兰色到深兰色具有多种层次，如天兰色、湖兰色、海兰色、宝兰色 ○ = 蓝	同页内有两个或多个相同的字需要改正的，可用符号代替，并在页边注明
21	○○○	说明	第一章　校对的职责 改黑体	说明或指令性文字不要圈起来，在其字下画圈，表示不作为改正的文字。如说明文字较多时，可在首末各三字下画圈

5 使用要求

5.1 校对校样,必须用色笔(墨水笔、圆珠笔等)书写校对符号和示意改正的字符,但是不能用灰色铅笔书写。

5.2 校样上改正的字符要书写清楚。校改外文,要用印刷体。

5.3 校样中的校对引线要从行间画出。墨色相同的校对引线不可交叉。

附 录 A

校对符号应用实例

（参考件）

〔例〕今用伏安之法测一线圈的电感。当接入 36V 直流电源时，的过流电流为 6A；当插入 220V、50Hz 的交流电源时时流过的电流为 22A。算计线圈的电感。

〔解〕在直流电路中电感不起作用，即 $XL = 2\pi f = 0$（直流电也可看成是频率 $f = 0$ 的交流电）。由此可算 出线圈的电阻为

$$R = \frac{U}{I} = \frac{36}{6} = 6\Omega$$

接在交流电源上，线圈的阴抗为

$$Z = \frac{U}{I} = \frac{220}{22} = 10\Omega$$

线圈的感抗为　$X_L = \sqrt{Z^2 - R^2} = \sqrt{10^2 - 62} = 8\Omega$

故线圈的电感为

$$L = \frac{X_L}{2\pi f} = \frac{8}{2\pi \times 50} = 0.025\text{H} = 25\text{mH}$$

第七节　电 容 电 路

电容器接在直流电源上，如图 3－13 甲所示。电路呈断路状态。若把它接在交流电源上，情况就不一样。电容器板上的电荷与其两端电压的关系为 $q = c_{u_c}$。当电压 u 升高时，极板上

附加说明：

本标准由中华人民共和国新闻出版署提出。

本标准由全国印刷标准化技术委员会归口。

本标准由人民出版社负责起草。

图书出版合同(标准样式)

(国家版权局 1999年3月修订)

甲方(著作权人): 地址:
乙方(出版者): 地址:
作品名称:
作者署名:

甲乙双方就上述作品的出版达成如下协议:

第一条 甲方授予乙方在合同有效期内,在 (中国大陆、中国香港、中国台湾,或其他国家和地区、全世界)* 以图书形式出版发行上述作品(汉文、×文)* 文本的专有使用权。

第二条 根据本合同出版发行的作品不得含有下列内容:

(一)反对宪法确定的基本原则;

(二)危害国家统一、主权和领土完整;

(三)危害国家安全、荣誉和利益;

(四)煽动民族分裂,侵害少数民族风俗习惯,破坏民族团结;

(五)泄露国家机密;

(六)宣扬淫秽、迷信或者渲染暴力,危害社会公德和民族优秀文化传统;

(七)侮辱或者诽谤他人;

(八)法律、法规规定禁止的其他内容。

第三条 甲方保证拥有第一条授予乙方的权利。因上述权利的行使侵犯他人著作权的,甲方承担全部责任并赔偿因此给乙方造成的损失,乙方可以终止合同。

第四条　甲方的上述作品含有侵犯他人名誉权、肖像权、姓名权等人身权内容的,甲方承担全部责任并赔偿因此给乙方造成的损失,乙方可以终止合同。

第五条　上述作品的内容、篇幅、体例、图表、附录等应符合下列要求:

第六条　甲方应于　　年　　月　　日前将上述作品的誊清稿交付乙方。甲方不能按时交稿的,应在交稿期限届满前　　日通知乙方,双方另行约定交稿日期。甲方到期仍不能交稿的,应按本合同第十一条约定报酬的　　%向乙方支付违约金,乙方可以终止合同。

甲方交付的稿件应有作者的签章。

第七条　乙方应于　　年　　月　　日前出版上述作品,最低印数为　　册。乙方不能按时出版的,应在出版期限届满前　　日通知甲方,并按本合同第十一条约定报酬的　　%向甲方支付违约金,双方另行约定出版日期。乙方在另行约定期限内仍不出版的,除非因不可抗力所致,乙方应按本合同第十一条约定向甲方支付报酬和归还作品原件,并按该报酬的　　%向甲方支付赔偿金,甲方可以终止合同。

第八条　在合同有效期内,未经双方同意,任何一方不得将第一条约定的权利许可第三方使用。如有违反,另一方有权要求经济赔偿并终止合同。一方经对方同意许可第三方使用上述权利,应将所得报酬的　　%交付对方。

第九条　乙方尊重甲方确定的署名方式。乙方如需更动上述作品的名称,对作品进行修改、删节,增加图表及前言、后记,应征得甲方同意,并经甲方书面认可。

第十条　上述作品的校样由乙方审校。

(上述作品的校样由甲方审样。甲方应在　　日内签字后退还乙方。甲方未按期审校,乙方可自行审校,并按计划付印。因甲方修改造成版面改动超过　　%或未能按期出版，甲方承担改版费用或推迟出版的责任。）*

第十一条　乙方采用下列方式及标准之一向甲方支付报酬：

（一）基本稿酬加印数稿酬：　　元/每千字×千字+印数（以千册为单位）×基本稿酬　　%

或

（二）一次性付酬：　　元

或

（三）版税：　　元（图书定价）×　　%（版税率）×印数。

第十二条　以基本稿酬加印数稿酬方式付酬的，乙方应在上述作品出版后　　日内向甲方支付报酬，但最长不得超过半年。

或

以一次性支付方式付酬的，乙方在甲方交稿后　　日内向甲方付清。

或

以版税方式付酬的，乙方在出版后　　日内向甲方付清。

乙方在合同签字后　　日内，向甲方预付上述报酬的　　%（　　元）*。

乙方未在约定期限内支付报酬的，甲方可以终止合同并要求乙方继续履行付酬的义务。

第十三条　甲方交付的稿件未达到合同第五条约定的要求，乙方有权要求甲方进行修改，如甲方拒绝按照合同的约定修改，乙方有权终止合同并要求甲方返还本合同第十二条约定的预付报酬。如甲方同意修改，且反复修改仍未达到合同第五条的要求，预付报酬不返还乙方；如未支付预付报酬，乙方按合同第十一条约定报酬的　　%向甲方支付酬金，并有权终止合同。

第十四条　上述作品首次出版　　年内，乙方可以自行决定重印。首次出版　　年后，乙方重印应事先通知甲方。如果甲方需要对作品进行修改,应于收到通知后　　日内答复乙方,否则乙方可按原版重印。

第十五条　乙方重印、再版,应将印数通知甲方,并在重印、再版　　日内按第十一条的约定向甲方支付报酬。

第十六条　甲方有权核查乙方应向甲方支付报酬的账目。如甲方指定第三方进行核查,需提供书面授权书。如乙方故意少付甲方应得的报酬,除向甲方补齐应付报酬外,还应支付全部报酬　　%的赔偿金并承担核查费用。如核查结果与乙方提供的应付报酬相符,核查费用由甲方承担。

第十七条　在合同有效期内,如图书脱销,甲方有权要求乙方重印、再版。如甲方收到乙方拒绝重印、再版的书面答复,或乙方收到甲方重印、再版的书面要求后　　月内未重印、再版,甲方可以终止合同。

第十八条　上述作品出版后　　日内乙方应将作品原稿退还甲方。如有损坏,应赔偿甲方　　元;如有遗失,赔偿　　元。

第十九条　上述作品首次出版后　　日内,乙方向甲方赠样书　　册,并以　　折价售予甲方图书　　册。每次再版后　　日内,乙方向甲方赠样书　　册。

第二十条　在合同有效期内乙方按本合同第十一条(一)基本稿酬加印数稿酬方式,或者按本合同第十一条(二)一次性付酬方式向甲方支付报酬的,出版上述作品的修订本、缩编本的付酬的方式和标准应由双方另行约定。

第二十一条　在合同有效期内,甲方许可第三方出版包含上述作品的选集、文集、全集的,须取得乙方许可。

在合同有效期内,乙方出版包含上述作品的选集、文集、全集或者许可第三方出版包含上述作品的选集、文集、全集的,须另行取得甲方书面授权。乙方取得甲方授权的,应及时将出版包含上述作品选集、文集、全集的情况通知甲方,并将所得报酬的　　%

交付甲方。

第二十二条 在合同有效期内,甲方许可第三方出版上述作品的电子版的,须取得乙方的许可。

在合同有效期内,乙方出版上述作品电子版或者许可第三方出版上述作品电子版的,须另行取得甲方书面授权。乙方取得甲方授权的,应及时将出版上述作品电子版的情况通知甲方,并将所得报酬的　　%交付甲方。

第二十三条 未经甲方书面许可,乙方不得行使本合同第一条授权范围以外的权利。

[甲方授权乙方代理行使　　(本合同第一条授权范围以外)*使用上述作品的权利,其使用所得报酬甲乙双方按　　比例分成。]

第二十四条 双方因合同的解释或履行发生争议,由双方协商解决。协商不成将争议提交　　仲裁机构仲裁(向人民法院提起诉讼)。*

第二十五条 合同的变更、续签及其他未尽事宜,由双方另行商定。

第二十六条 本合同自签字之日起生效,有效期为　　年。

第二十七条 本合同一式两份,双方各执一份为凭。

甲方:	乙方:
(签章)	(签章)
年　月　日	年　月　日

注:带*的为选择性内容。